UX×AI 인사이트

인공지능 시대의 UX 디자인 원칙과
UX 리서치 노하우

오의택 지음

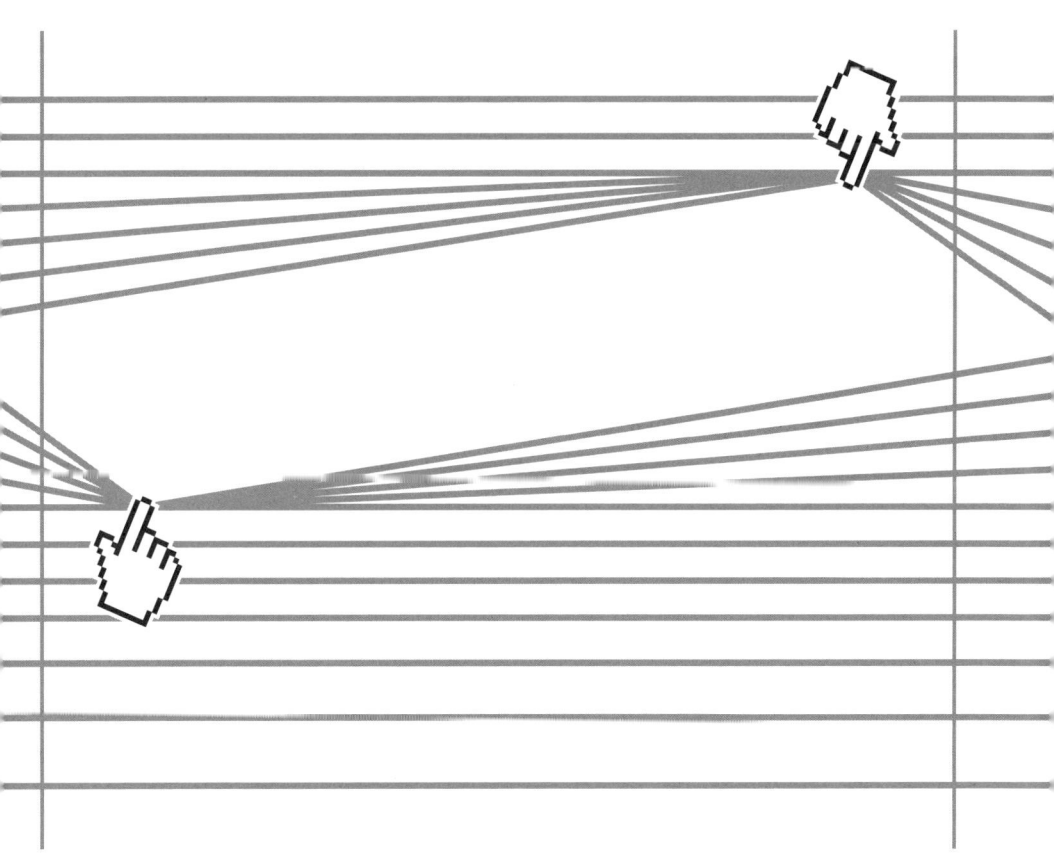

UX×AI 인사이트

인공지능 시대의 UX 디자인 원칙과
UX 리서치 노하우

오의택 지음

저자 소개

오의택

기술경영학 박사이자 인간공학 기술사.

LG전자에서 UX 리서처로 일하며 인공지능 UX와 UX 리서치에 대한 글을 쓰고 있습니다.

- 이메일 masaru3595@naver.com
- 브런치 brunch.co.kr/@masaru3595

추천사

『UX×AI 인사이트』는 인공지능(Artificial Intelligence, AI) 기술이 일상화된 디지털 환경 속에서 사용자 경험(User eXperience, UX)의 설계가 어떻게 진화되어야 하는지 다각도에서 조망한 전문서입니다. 단순한 이론서가 아니라 실무자와 교육자 모두에게 통합적이고 실천적인 지식을 제공하는 UX/UI 분야의 현대적인 교과서라 해도 손색이 없습니다. 특히 검색, 추천, 챗봇, 생성형 콘텐츠 등 다양한 형태로 우리의 일상과 프로덕트에 스며들고 있는 AI 기술과 그로 인한 변화에 대해 UX 디자이너와 개발자가 어떤 방식으로 능동적으로 대응할 수 있을지 분명하게 제시합니다.

풀스택 개발자·교육자 영코디 킴쌤 김세지

UX는 그 적용 범위와 학문적 스펙트럼이 방대하여 기존 대부분의 UX 관련 서적들이 특정 관점이나 주제에 치우치는 경향이 있었습니다. 반면, 이 책은 UX의 핵심 개념과 이론은 물론 실제 적용을 위한 방법론과 다채로운 사례를 아우르며 균형 잡힌 구성을 보여 줍니다. UX를 처음 접하는 입문자에게는 기초 개념부터 실제 적용까지 폭넓게 학습할 수 있도록 돕는 길잡이가, 실무자에게는 체계적인 정리와 최신 트렌드를 함께 제공하는 훌륭한 참고서가 될 것입니다.

국민은행 고객경험디자인센터 홍지영

모바일 메신저 앱에 등록된 친구들의 프로필 이미지 때문에 놀란 적이 있습니다. 지브리 풍 그림으로 온통 도배가 되어 있었던 것입니다. 디자이너로서 위협을 느낀 것도 같았습니다. '누가 전문가일까?', '인간이 기계보다 나을 수 있을까?', '과연 AI는 나를 도와주는 존재가 맞을까?', 'AI를 어떻게 이용하면 나의 능력에 도움이 될까?' 다양한 각도에서 고민할 수밖에 없었습니다. 이 책에서는 이러한 고민들에 대한 해답을 전문 지식을 통해 논리적으로 정리합니다. UX와 AI의 관계를 어떤 관점에서 바라보고 어떻게 접목할 수 있을지 생각을 정리하는 데에 큰 도움이 되었습니다.

UX/UI 디블리셔 홍지영

프로덕트 디자이너로서 다른 디자이너, 리서처 들은 AI가 도래한 시대를 어떻게 기대하고 있는지 궁금해지는 요즘입니다. 이 책에는 UX 디자인에 대한 넓은 이해와 서비스 디자인 및 인간공학에 대한 깊은 지식이 가득 담겨 있습니다. 프로덕트 디자인의 기본기부터 고급 트릭과 AI 기술에 대한 깊은 고찰을 자세하게 다루고 있습니다. 서비스 및 프로덕트와 관련된 모든 분께 꼭 책장 한 켠에 두었다가 필요할 때마다 꺼내서 참고하기를 주천합니다.

10년 차 UX 디자인 전문가

프롤로그

인공지능 시대가 도래했습니다. 이제는 AI 기술이 적용되지 않은 프로덕트를 골라내는 것이 더 쉬울 정도로 AI에 익숙한 환경에 살게 되었습니다. AI 기술을 필두로 한 디지털 전환(Digital Transformation, DX)은 사용자들의 생활을 빠르게 변화시키고 있습니다.

그렇지만 최신 기술을 적용하는 것만으로는 사용자의 니즈를 충족시키지 못합니다. 이전보다 더 현명하고 까다로워진 사용자들은 단순히 첨단 기능의 적용과 성능 개선만으로 만족하지 않습니다. 결국, 이제는 최신의 디지털 기술을 통해 어떻게 사용자들에게 차별화된 가치와 혁신적인 경험을 선사하는지가 비즈니스 성공의 열쇠가 될 것입니다.

이에 따라 프로덕트의 성공을 이끄는 핵심 요소로 사용자 경험(User eXperience, UX)이 큰 주목을 받기 시작했습니다. 좋은 UX는 사용자의 만족을 높여주어 프로덕트 구매나 구독과 같은 사업적 성과를 이끌 뿐만 아니라 브랜드 충성도를 끌어올려 다른 브랜드로 떠나지 못하게 하는 로크인 효과(lock-in effect)를 발휘하기도 합니다.

1 UX의 정의

좋은 경험을 제공하는 프로덕트에는 어떤 비법이 숨겨져 있을까요? 사용자에게 좋은 경험을 제공하려면 먼저 UX가 무엇인지에 대해 정확하게 이해해야 합니다. UX는 서비스 및 프로덕트를 사용할 때 사용자가 느끼는 총체적인 경험을 말합니다. 여기서 짚고 넘어가야 할 점은 '프로덕트 경험'이 아니라 '사용자 경험'이라는 것입니다. 이러한 정의는 좋은 경험을 제공하려면 사용자를 이해하고 배려하는 것이 중요하다는 의미를 내포합니다.

이 관점으로 사용자 인터페이스(User Interface, UI)까지 살펴보면 UI는 사용자가 프로덕트와 상호 작용하는 접점을, UX는 이러한 상호 작용을 통해 사용자가 인식하고 느끼는 경험을 의미한다고 할 수 있습니다. 즉 UI는 UX를 위한 매개체로서 화면이나 버튼처럼 명확한 물리적인 대상이 존재하는 반면, UX는 사용자가 UI를 조작하면서 느끼는 생각과 심리적 반응의 결과입니다. 이에 따라 UX는 사용자라는 인간을 대상으로 하므로 총체성(holistic), 주관성(subjectivity), 맥락성(contextuality)이라는 특징을 지니게 됩니다.

첫 번째로 UX는 총체적입니다. 사용자는 프로덕트를 이용하는 순간순간들을 인식하여 이를 통합된 경험으로 기억합니다. 예를 들어 조작 방법의 직관성, 화면에서 느껴지는 심미성, 탐색 과정의 효율성, 제공되는 정보와 기능의 유용함 등 순간순간을 인식하고 통합하여 사용 경험으로 기억하게 됩니다. 이러한 경험의 총체성으로 인해 순간의 단위 경험 요소들을 효과적으로 디자인해야 사용자에게 프로덕트에 대한 긍정적인 기억을 남길 수 있습니다.

두 번째로 UX는 주관적입니다. 동일한 UI라도 사용자 개인의 특성과 조건에 따라 각자 다른 경험을 할 수 있습니다. 누군가에게는 아주 쉬운 UI가 초보자나 고령자에게는 어렵게 느껴질 수 있습니다. 이뿐만 아니라 개인의 개성이나 취향에 따라 니즈나 선호도가 달라지기도 합니다. 이러한 경험의 주관성으로 인해 단순히 일반적이고 보편화된 UI를 통해서는 각기 다른 특성과 취향을 가진 사용자 모두를 만족시키기에 충분하지 않습니다.

세 번째로 UX는 맥락적입니다. 즉 경험은 사용 맥락에 따라 그때그때 달라질 수 있습니다. 사람의 심리와 행동은 외부의 상황과 환경에 영향을 받기 때문에 동일한 사용자라도 맥락에 따라 다른 반응을 보이고 니즈 자체가 바뀌기도 합니다. 예를 들어, 같은 사용자라도 혼자 집에 있을 때와 지하철과 같은

| 프롤로그 |

대중 장소에 있을 때 필요한 기능이나 나타나는 반응이 다를 수 있습니다. 따라서 실제 사용 환경에 뛰어들어 사용자를 관찰하거나 인터뷰하는 등 생생한 사용 맥락을 파악할 필요가 있습니다.

이처럼, 좋은 경험을 제공하려면 UX가 지닌 총체성, 주관성, 맥락성을 고려해야 합니다. 기본적으로는 타깃 사용자의 특성을 이해하고 배려하여 매 순간 보편적으로 좋은 경험을 제공할 수 있어야 합니다. 그렇지만 UX의 주관성과 맥락성이 '보편적으로 좋은 경험'이 지닌 한계를 지적하기에, 더 좋은 방향으로 진화한 UX를 제공하기 위해서는 개인화된 경험을 존중하고 다양한 사용 환경과 맥락을 파악하여 디자인에 반영하는 것이 중요합니다.

2 사용자 이해에서 시작되는 UX 디자인

매 순간 사용자에게 좋은 경험을 제공하려면 먼저 인간의 특성을 이해해야 합니다. 사용자를 한 인간으로 보고 그 특성과 한계를 배려하여 UI를 디자인한다면 보편적으로 좋은 경험을 제공할 수 있을 것입니다. 인간의 특성은 크게 인지적(cognitive), 감성적(affective), 신체적(physical) 영역으로 구분됩니다.

인지적 특성에서는 시각 및 청각 정보를 지각하고 그 정보를 처리하는 인지 과정에 대해 다룹니다. 즉, 사용자가 쉽게 이해할 수 있게 UI를 디자인해야 한다는 것입니다. 대부분의 디지털 서비스 및 프로덕트에서 유용성을 위해 다양한 기능을 제공하는데, 이에 따라 UI의 복잡성이 높아질 수 있기에 사용자의 인지적인 부담을 반드시 고려해야 합니다. 높은 효용을 제공하는 프로덕트라도 사용이 어려우면 잘 이용하지 않게 되거나 더 편리한 다른 프로덕트로 이탈하게 됩니다.

감성적 특성에서는 인간의 감성과 정서에 대해 다룹니다. 사용자의 마음을 사로잡기 위해 심미성을 향상하고, 사용 과정에서의 즐거움을 제공하고자 창의적인 노력을 기울입니다. 미적 가치는 구매욕을 불러일으키는 매우 중요한 요소입니다. 또한, 프로덕트에 부가된 재미 요소는 사용자가 프로덕트에 자주 방문하고 오래 머물노록 삭용합니나. 이러한 감성적 만족은 브랜드 경쟁력과 사업적 성공에 직결되는 중요한 경험 요소입니다.

신체적 특성에서는 운동 기능과 인체 치수 등 사용자의 신체적 특성과 한계에 대해 다룹니다. 프로덕트의 버튼이나 터치 영역은 사용자가 신체적으로 부담 없이 조작할 수 있도록 디자인되어야 합니다. 이를 위해서는 손의 크기, 손가락으로 누르는 힘과 반응 속도, 손가락이 닿을 수 있는 범위와 같은 신체적 특성과 한계를 연구해야 합니다. 최근에는 가상현실(Virtual Reality, VR) 기기나 무선 이어폰과 같이 신체에 착용하는 웨어러블 디바이스(wearable device)가 널리 사용되고 있습니다. 이에 따라 프로덕트의 형상이나 크기를 디자인할 때 신체의 크기나 형태와 같은 정적(static) 치수와 도달 범위와 같은 동적(dynamic) 치수를 고려하여 사용자 경험을 최적화하는 것이 더욱 중요해졌습니다.

이러한 인간의 3가지 특징을 잘 고려하면 보편적으로 좋은 경험을 제공할 수 있습니다. 애플(Apple)은 경험을 중심으로 프로덕트를 디자인하여 특히 MZ 세대의 절대적인 팬덤을 구축한 브랜드입니다. 애플의 대표 프로덕트인 아이폰(iPhone)은 사용이 쉽고 UI가 직관적일 뿐만 아니라 심플하고 예쁜 디자인과 감성적인 인터랙션 효과로 구매욕을 불러일으킵니다. 또한, 한 손으로 조작할 수 있는 최적화된 사이즈를 제공하는 것은 스티브 잡스(Steve Jobs)의 철학으로도 잘 알려져 있습니다. 이처럼, 아이폰에는 사용자의 인지적, 감성적, 신체적 특성을 배려한 비밀들이 숨어 있습니다. 1부에서는 이러한 일상 속의 다양한

프롤로그

UX 디자인 사례를 분석해 보며, 그 이면에 숨겨져 있는 사용자의 니즈를 충족시키는 UX 비법들에 대해 살펴봅니다.

3 인공지능과 새로운 사용자 경험

좋은 경험을 제공하기 위해 반드시 최첨단 기술이 필요한 것은 아닙니다. 기발한 아이디어와 완성도 높은 디자인으로도 충분할 수 있습니다. 그렇지만 기존에 없던 혁신적인 경험을 위해서라면 최신 기술이 필요한 경우가 많습니다. 혁신적인 경험을 구현하기 위해서는 전에 없던 기술적 지원이 필요하기 때문입니다.

AI는 인간의 지능 활동을 모방한 컴퓨터 과학 기술입니다. 딥러닝(deep learning), 대규모 언어 모델(Large Language Model, LLM), 자연어 이해, 컴퓨터 비전과 같은 기술은 사용자가 해야 할 일을 대신하는 자동화의 매개체가 됩니다. AI를 통한 자동화를 잘 활용하면 사용자에게 다양한 형태의 새로운 경험을 제공할 수 있고, UX에 적용하면 UI적인 접근으로는 한계가 있는 영역을 업그레이드할 수 있습니다. 예를 들어, 사용 맥락에 따라 반복해야 하는 과정을 AI로 자동화하면 사용자는 좀 더 고차원적인 일에 집중할 수 있습니다. 또한, AI를 통한 개인화된 추천 서비스를 제공하면 넘쳐나는 정보의 홍수 속에서 탐색 없이 원하는 콘텐츠와 기능을 사용할 수 있습니다. 이처럼, 프로덕트에 AI를 적용하는 것은 사용자 개인과 사용 맥락에 따라 맞춤화된 경험을 제공할 수 있어 일상을 더 편리하게 살도록 도와줍니다. 2부에서는 AI를 통해 사용자에게 제공할 수 있는 새로운 UX, 그리고 AI가 적용된 프로덕트를 디자인할 때 고려해야 할 부분들에 대해 소개합니다.

4 더 나은 경험을 위한 UX 리서치

사용자 중심 디자인은 사용자를 이해하고 공감하는 데에서 시작됩니다. 좋은 경험을 전달한다는 것은 프로덕트에 사용자의 니즈를 잘 반영한다는 것입니다. 그렇다면, 사용자의 니즈를 더 구체적으로 파악하기 위해서는 무엇이 필요할까요? 바로 UX 리서치입니다.

UX 리서치로는 서비스 대상이 되는 사용자 개인, 그리고 그들을 둘러싼 실제 사용 환경과 맥락으로부터 살아 있는 생생한 데이터를 수집합니다. 관찰이나 인터뷰와 같은 조사를 통해 수집된 데이터를 분석하면 유의미한 인사이트를 도출할 수 있고, 이는 사용자를 더욱 잘 이해하고 공감할 수 있게 합니다. 또한, 분석 결과를 통해 AI로 충족시킬 수 있는 미지의 사용자 니즈를 발굴하기도 하고, AI로 인한 변화에의 사용자 수용성을 검증하기도 합니다. 이러한 UX 리서치 과정은 서비스를 제공하는 사람들이 단순히 직관에 의지하지 않고 객관적인 관점에서 합리적인 의사결정을 할 수 있도록 돕습니다.

생성형 AI의 등장, 가속화되어 가는 경쟁, 온라인에 넘쳐나는 정보들과 더욱 촘촘하게 세분되고 있는 사용자의 니즈. 이 모든 것이 시장의 불확실성을 더욱 가중합니다. 불확실성이 높은 시장 환경에서 UX 리서치는 나침반과 같은 역할을 합니다. 3부에서는 UX 리서치와 데이터 분석을 통해 사용자의 니즈를 읽고 더 나은 프로덕트를 구축해 나가는 과정에 대해 알아봅니다. UX 리서치 및 데이터 분석 방법론인 사용성 평가(usability test), 수용도 조사(acceptance test), 디지털 에스노그래피(digital ethnography) 등을 살펴보고 여기에 AI를 활용하는 방법까지 소개합니다.

목차

저자 소개	V
추천사	VI

프롤로그   VIII
1 UX의 정의   VIII
2 사용자 이해에서 시작되는 UX 디자인   X
3 인공지능과 새로운 사용자 경험   XII
4 더 나은 경험을 위한 UX 리서치   XIII

1부 일상 속 UX 디자인과 변화

1 바쁜 일상 속 능률을 올려주는 효율성 UX   2
    1.1 접근 경로의 단축   3
    1.2 과업 실행 단계의 최소화   5
    1.3 시선 및 물리적 동선의 최소화   6
    1.4 AI로 더 효율적인 경험 제공하기   8
    1.5 모든 과업을 효율적으로 디자인해야 할까?   9

2 프로덕트 사용을 손쉽게 하는 UX   11
    2.1 사용 방법에 대한 예측 용이성   13
    2.2 정보량의 최소화   16
    2.3 현재 상태에 대한 가시성   18
    2.4 이해하기 쉬운 문구   19
    2.5 AI로 더 쉬운 경험 제공하기   20
    2.6 사용 용이성 vs 효율성   21

3 일관성은 왜 중요할까?   25
    3.1 일관성의 원칙   26
    3.2 일관성을 높여주는 디자인   29
    3.3 AI 프로덕트에서의 일관성   31
    3.4 일관성 vs 사용 맥락   32

4 실수를 막아주는 히어로 UX   35
    4.1 휴먼 에러의 방지 방안   36
    4.2 휴먼 에러의 복구 방안   40
    4.3 AI로 더 안전한 경험 제공하기   42
    4.4 안전성 vs 효율성   43

5 누구나 쓸 수 있는 착한 UX   46
    5.1 누구나 쉽게 인식할 수 있는 정보   48
    5.2 누구나 조작할 수 있는 인터페이스   49
    5.3 능력에 맞게 조절 가능한 기능   51
    5.4 AI로 누구나 쓸 수 있는 경험 제공하기   52
    5.5 접근성 vs 사용성   53
    5.6 시니어를 위한 UX는 사업적으로 성공할 수 있을까?   54

목차

6 UX 디자인의 기본, PUI 디자인   56
   6.1 과업에 적합한 PUI   57
   6.2 인체 공학적 디자인   58
   6.3 AI로 인한 인터페이스의 진화   62

7 즐거움을 제공하는 감성 디자인   65
   7.1 감성과 정서   66
   7.2 감성과 디자인   67
   7.3 AI로 더 즐거운 경험 제공하기   71
   7.4 사용자를 즐겁게 하는 디자인   72

8 시너지 높은 경험을 제공하는 연결성 UX   74
   8.1 쉬운 연결 방법   75
   8.2 끊김 없이 매끄러운 전환   77
   8.3 연결을 통한 시너지   79
   8.4 통합 제어를 통한 간결한 경험   80
   8.5 AI와 연결성 UX의 관계   82

2부 인공지능과 새로운 사용자 경험

9 사용자 가치 중심의 인공지능 활용법   86
   9.1 AI와 UX의 관계   87
   9.2 어떤 과업을 자동화해야 할까?   90
   9.3 어떻게 자동화해야 할까?   93
   9.4 사용자 가치를 위한 AI의 적용   95

10 나만을 위한 맞춤형 UX   97
10.1 개인 취향 기반의 커스터마이징   98
10.2 개인 사용 이력 기반의 맞춤형 추천   100
10.3 주변 환경 기반의 맥락적 추천   102
10.4 개인화 시대에 알맞은 경험 제공하기   104

11 사용자의 수고를 덜어주는 자동화 UX   106
11.1 반복적인 과업의 자동화   107
11.2 주변 환경 및 행동 변화에 따른 자동화   109
11.3 자동화에 대한 통제권   111
11.4 자동화에 대한 모니터링   112
11.5 AI와의 긍정적 협력 관계 구축하기   113

12 사용자의 능력을 끌어올리는 증강 UX   115
12.1 더 똑똑하게 만들어 주는 증강 UX   116
12.2 더 잘 보이고 잘 들리게 만들어 주는 증강 UX   119
12.3 더 창의적으로 만들어 주는 증강 UX   121
12.4 증강 지능으로 새로운 경험 제공하기   123

13 윤리적인 인공지능 UX   126
13.1 투명성   127
13.2 데이터 프라이버시   129

목차

13.3	공정성	131
13.4	안정성	132
13.5	윤리적인 AI 경험 제공하기	133

14 생성형 AI에는 어떤 UX가 고려되어야 할까? 134
- 14.1 생성형 AI란? 135
- 14.2 생성형 AI와 사용자 경험 136
- 14.3 생성형 AI를 통해 더 나은 경험 제공하기 141

15 대화형 AI 에이전트의 UX 디자인 144
- 15.1 챗봇 vs 보이스봇 144
- 15.2 대화 UX 디자인 150
- 15.3 퍼소나 디자인 154
- 15.4 대화형 AI 에이전트로 인한 UX 업무 영역의 변화 156

16 사용자와 교감하는 인공지능 UX 158
- 16.1 의인화의 정의 159
- 16.2 의인화는 UX에 어떤 영향을 미칠까? 161
- 16.3 AI 의인화 디자인 기법 162
- 16.4 사용자와 교감하는 AI 디자인하기 165

17 SF 영화로 전망해본 인공지능 UX의 미래 169
  17.1 미래 예측 방법론으로서의 SF 영화 169
  17.2 SF 영화로 인공지능 UX의 미래 예측하기 171
  17.3 앞으로 고민해 봐야 할 인공지능 UX 이슈 176

3부 더 나은 경험을 위한 UX 리서치

18 사용자 조사는 어떻게 써야 할까? 182
  18.1 사용자 조사는 꼭 필요할까? 182
  18.2 사용자 조사의 종류 189
  18.3 사용자 조사의 분류와 활용 192
  18.4 사용자 조사의 신뢰성을 높이는 방법 194
  18.5 사용자 대상의 조사 vs 전문가 대상의 조사 196
  18.6 AI를 활용한 UX 리서치 197
  18.7 고려해야 할 현실적인 부분 198

19 사용자 경험은 어떻게 측정될까? 202
  19.1 사용자 경험의 구성 요소와 평가 방법 202
  19.2 AI가 적용된 프로덕트의 UX 평가 209
  19.3 빅데이터 분석의 측정 요소 210
  19.4 우리 프로덕트에 적합한 UX 평가 기준 212

목차

**20 생생한 피드백으로 프로덕트를
개선시키는 사용성 평가**   216
    20.1   사용성 평가란?   216
    20.2   사용성 평가 기획하기   218
    20.3   사용성 평가 수행하기   223
    20.4   AI를 통한 사용성 평가의 효율화   226
    20.5   사용성 평가의 활용   227

21 개발 리스크를 줄여주는 수용도 조사   229
    21.1   혁신의 수용   230
    21.2   수용도 조사란?   231
    21.3   수용도 조사 vs 사용성 평가   234
    21.4   수용도 조사의 한계와 활용   237

**22 사용자 니즈를 효율적으로 검증하는
설문 조사**   240
    22.1   설문 조사란?   240
    22.2   설문 조사 방법 선정하기   241
    22.3   설문지 개발하기   242
    22.4   설문 조사 수행하기   247

23 디지털 흔적을 통해 사용자를 이해하는 디지털 에스노그래피 250
- 23.1 디지털 에스노그래피란? 250
- 23.2 디지털 에스노그래피 분석 방법 252
- 23.3 AI를 통한 디지털 에스노그래피의 효율화 257

24 사용자 경험 데이터는 어떻게 분석해야 할까? 260
- 24.1 정량적 데이터 분석 260
- 24.2 정성적 데이터 분석 272
- 24.3 좋은 데이터 분석이란? 276

1부
일상 속 UX 디자인과 변화

좋은 경험을 제공하는 일상 속 프로덕트를 심리학이나 인간 공학과 같은 이론적인 틀로 뜯어보면, 그 이면에서 사용자의 니즈를 충족시키는 사용자 경험(User Experience, UX) 비법이 발견되곤 합니다. 이러한 UX 비법은 사용자가 프로덕트를 사용하는 목적이나 사용 맥락에 따라 달라집니다. 바쁜 일상에 효율성을 올려주는 UX, 복잡한 과업을 쉽게 만들어 주는 UX, 큰 손실이 잠재된 과업으로부터 보호하는 UX, 누구나 쉽게 쓸 수 있는 UX처럼 좋은 UX는 다양한 형태를 지닙니다.

UX적인 시선은 AI 기술의 급격한 발전으로 단순히 사용자 인터페이스(User Interface, UI)적인 접근으로 한계가 있는 영역에서 더욱 혁신적인 경험을 제공합니다. 이에 따라 일상 속 UX 디자인은 형태를 유지하며 기능적으로 진화하거나 형태부터 완전히 새롭게 변화하고 있습니다. 이렇듯 AI로 인한 UX의 발전 방향을 미리 감지하고 사용자 니즈를 충족하는 데 AI를 활용하는 것은 더 나은 UX를 제공할 새로운 기회 영역이 될 것입니다.

1부에서는 일상 속의 다양한 UX 디자인 사례를 살펴보며 어떻게 하면 좋은 경험을 사용자에게 제공할 수 있는지 알아보겠습니다. 또한 AI로 인해 일상 속 UX 디자인이 어떻게 변화되고 있는지도 함께 확인해 보겠습니다.

1 바쁜 일상 속 능률을 올려주는 효율성 UX

디지털 기술의 눈부신 발전은 일상의 일들을 더욱 편리하게 처리 해 줍니다. 그렇지만 역설적으로 사용자들은 다른 방면에서 이전보다 더 많은 일을 하게 되었습니다. 넘쳐나는 정보의 홍수 속을 탐색해 나가고 여러 앱을 넘나들며 기능을 실행합니다. 심지어 다수의 디지털 디바이스로 여러 가지 일을 동시다발적으로 처리하기도 합니다.

사용자는 디지털 기술의 집약체인 스마트폰으로 도대체 얼마나 많은 일을 하고 있을까요? 현대인들은 스마트폰으로 하루를 시작해서 스마트폰으로 하루를 마무리한다고 해도 과언이 아닙니다. 뉴스 읽기, 메일 회신하기, 송금하기, 장보기와 같은 간단한 업무뿐만 아니라 소셜 네트워크 서비스(Social Network Service, SNS)로 소통하기, 게임이나 영상 콘텐츠 감상하기와 같은 여가 활동을 하기도 합니다.

특히 디지털 네이티브(digital native)라고 불리는 Z세대는 더 많은 일을 디지털 기기로 처리합니다. Z세대는 여러 화면을 통해 한 번에 다양한 일을 처리하는 멀티태스킹(multitasking)에 능숙합니다. 디지털화된 복잡한 환경에서 빠르게 정보와 일을 처리하는 진화된 신인류라고 할 수 있습니다.

이와 같은 사회적 변화에 대한 단서들은 무엇을 의미할까요? 사용자가 해야 할 많은 일을 프로덕트를 통해 처리할 수 있도록 효율적인 사용자 경험을 제공해야 합니다. 이는 사무적인 목적 중심의 기업 대 기업(Business to Business, B2B) 서비스뿐만 아니라 여가나 소통과 같은 다양한 목적을 지닌 기업 대 소비자(Business to Customer, B2C) 서비스에서도 중요합니다. 특히 디지털 네이티브인 Z세대를 대상으로 한 프로덕트에서는 그들이 원하는 다양한 목적을 빠르게 처리해 줄 수 있도록 효율적으로 디자인하는 것이 더욱 중요합니다.

여기에서는 프로덕트의 효율성을 향상해줄 수 있는 3가지 비법에 대해 알아보겠습니다. 더 나아가 AI를 활용해 어떻게 더욱 효율적인 경험을 제공할 수 있는지도 살펴보겠습니다.

1.1 접근 경로의 단축

사용자의 행동과 사용 맥락에 대한 이해를 바탕으로 사용자가 자주 쓰는 기능이나 중요한 정보에 즉시 접근할 수 있도록 디자인해야 합니다. 단축 실행 방법인 쇼트커트(shortcut)나 단축키를 그 예로 들 수 있습니다. [그림 1-1]은 스마트폰 잠금 화면에서 제공하는 쇼트커트입니다. 화면 하단에서 순간 포착이 중요한 카메라 앱과 어두운 환경에서 즉시 실행이 필요한 손전등 기능을 쇼트커트로 제공합니다. 이러한 쇼트커트를 통해 개인 인증 해제 및 앱 진입을 하지 않아도 잠금 화면에서 제스처를 통해 곧바로 해당 기능들에 접근할 수 있습니다. 이뿐만 아니라 자주 사용하는 알림 정보를 확인할 때도 제스처를 통해 바로 접근할 수 있습니다.

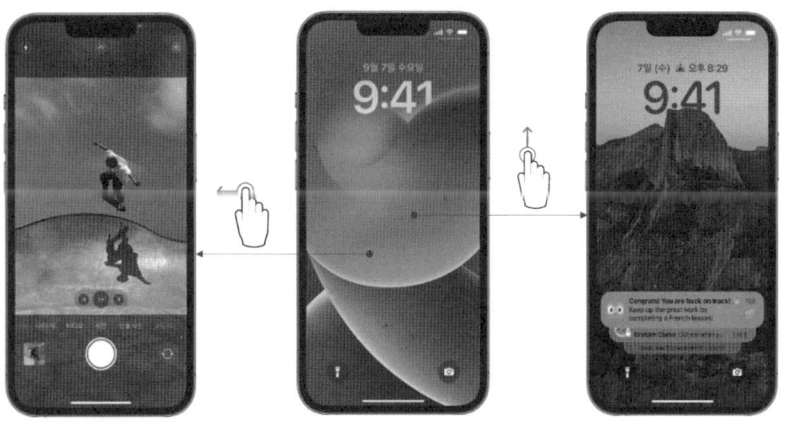

[그림 1-1] 제스처로 기능에 바로 접근[1]

---

1. 애플 공식 홈페이지 중 「iPhone 잠금 화면에서 기능에 접근하기」, support.apple.com/ko-kr/guide/iphone/iphcd5c65ccf/ios

쇼트커트뿐만 아니라 자주 사용하는 기능이나 정보를 상위 단계의 화면에 제공하는 것만으로도 사용자의 탐색 과정을 줄여줄 수 있습니다. [그림 1-2]와 같이 내비게이션 앱의 메인 화면에서는 자주 검색한 목적지 리스트를 사용 빈도와 최근 사용 이력을 기반으로 우선순위를 두어 추천합니다. 자주 검색했던 장소로 다시 이동하는 사용 맥락에서 사용자는 목적지 입력 없이도 추천 리스트를 터치하는 것만으로 빠른 길 안내 기능을 실행할 수 있습니다.

[그림 1-2] 자주 찾는 장소 추천

앱의 첫 화면은 노른자위 땅처럼 접근성이 좋지만 제공할 수 있는 정보가 한정적일 수밖에 없습니다. 그렇다면 이러한 제약 사항을 고려하려면 어떻게 디자인하는 것이 좋을까요? 이에 대한 힌트는 파레토 원칙(Pareto principle)으로 알려진 80:20 법칙(80/20 rule)에서 찾아볼 수 있습니다. 80:20 법칙에 따르면 80%의 결과가 전체 원인 중 20%에 의해 발생합니다. 즉, 프로덕트 사용량 중 80%가 프로덕트에서 제공하는 전체 기능 중 20%만으로 이루어진다고 가정할 수 있습니다. 따라서 이 20%의 기능을 파악해 첫 화면에 배치하는 것이 효과적입니다. 이를 위해서 사용 로그 데이터를 분석하거나 사용자 조사를 통해 자주 쓰는 기능이나 정보가 무엇인지 파악하는 작업이 필요합니다.

1.2 과업 실행 단계의 최소화

UI의 정보 구조(Information Architecture, IA)를 디자인할 때는 메뉴의 폭과 깊이를 어느 정도로 할지 고민해야 합니다. 만약 메뉴의 경로가 여러 단계를 거쳐 깊숙이 들어가야만 한다면 사용자는 인지적으로 길을 잃어버릴 수 있습니다. 이와 관련하여 PC와 모바일 환경에서의 메뉴 구조에 대한 연구 결과를 살펴보면 넓은 정보 구조가 깊은 정보 구조보다 수행 시간이 적게 소요된다는 것을 알 수 있습니다.[2] 그러므로 효율적인 프로덕트의 정보 구조를 위해 깊이를 줄여 과업 실행 단계를 최소화하는 것이 필요합니다. 그렇지만 메뉴의 폭과 깊이는 상충 관계(trade-off)라 정보 구조를 디자인하는 데는 항상 동일한 답이 정해져 있지는 않습니다. 다만 정보 구조를 과도하게 깊게 디자인하지는 않되 화면의 크기에 따라 폭과 깊이의 균형을 잘 맞추는 것이 필요합니다.

과업의 실행 단계를 줄일 효율적인 방안으로 하위 단계로 이동하지 않아도 사용자가 원하는 기능을 바로 실행할 수 있도록 디자인하는 것을 고려할 수 있습니다. [그림 1-3]처럼 메시지 알림에서 바로 답장할 수 있도록 하는 것을 그 예로 들 수 있습니다. 사용자는 메시지 앱에 진입하지 않고도 알림으로 내용을 확인하고 바로 답장하여 과업을 효율적으로 수행할 수 있습니다.

[그림 1-3] 알림으로 메시지 바로 확인

---

2. 「Web navigation structures in cellular phones: the depth/breadth trade-off issue」, (Parush, A., Yuviler-Gavish, N., 2004)

또 다른 예로 [그림 1-4]와 같이 콘텐츠 리스트에서 스와이프를 통해 특정 요소를 바로 삭제하는 것을 들 수 있습니다. 사용자는 메일 리스트에서 대략의 내용을 파악할 수 있기에, 끝까지 읽을 필요 없는 스팸성 메일은 굳이 클릭하고 싶지 않을 것입니다. 이때, 왼쪽으로 쓸어 넘기는 제스처로 메일을 삭제해 불필요한 시간을 아낄 수 있습니다.

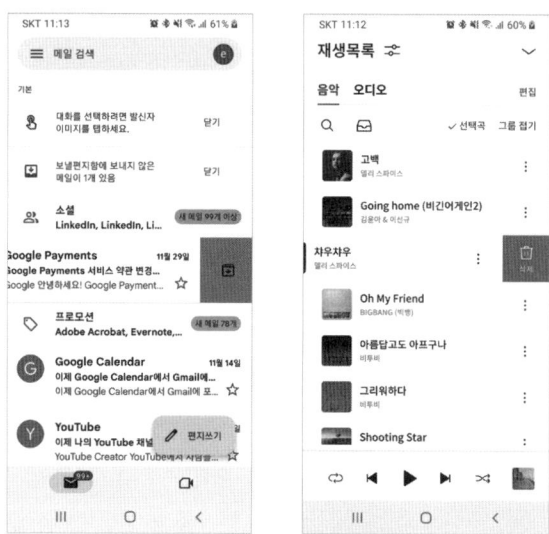

[그림 1-4] 제스처로 콘텐츠 바로 삭제

1.3 시선 및 물리적 동선의 최소화

화면의 레이아웃을 디자인할 때는 정보를 파악하는 시선과 기능을 조작하는 물리적 동선을 최적화하여 사용자에게 요구되는 불필요한 행동을 줄여야 합니다. 구텐베르크 법칙(Gutenberg rule)에 따르면 사용자의 시선은 정보를 스캔할 때 좌측에서 우측으로, 위에서 아래로 이동합니다. 따라서 시지각 특성을 배려하여 상단에는 중요한 정보를 순차적으로 배치해 자연스럽게 내용을 파악하게 하고 하단에는 버튼을 배치해 최종적인 선택을 하도록 하는 것이 효과적입니다. 이러한 개념이 잘 적용된 사례는 커머스 앱에서 자주 살펴볼 수 있습니다. 다음과 같이 상단에는 상품 정보를 중심으로 제공하되 하단에는 구매하기 버튼을 제공해 구매 결정 시 바로 버튼을 눌러 과업을 완료할 수 있도록 디자인되어 있습니다.

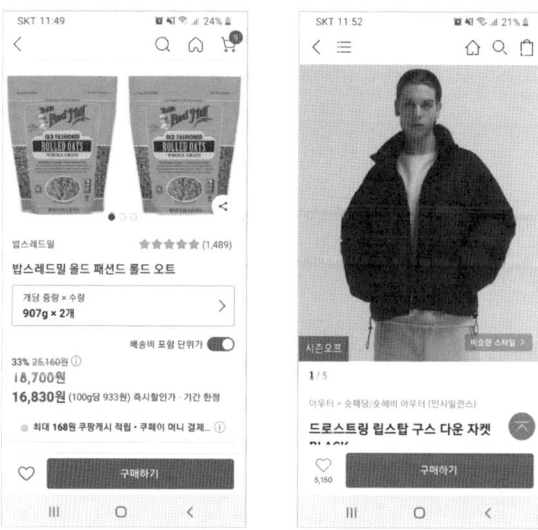

[그림 1-5] 시선 및 동선을 고려한 정보 배치

실행할 때 여러 단계를 거쳐야 하는 기능을 디자인할 때는 사용자의 조작 동선을 배려해 버튼 배치를 최적화하여야 합니다. 피츠의 법칙(Fitts' law)에 따르면 버튼의 크기가 작거나 버튼과의 거리가 멀면 조작하는 데 소요되는 시간이 늘어납니다. [그림 1-6]은 순간 포착이 중요한 스마트폰 카메라 화면입니다. 엄지 손가락과 가까운 영역에 촬영 버튼이 배치되어 있어 사용자가 원하는 타이밍에 엄지로 버튼을 눌러 빠르게 촬영할 수 있습니다.

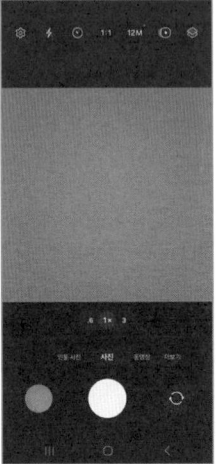

[그림 1-6] 위치별 접근성과 촬영 버튼의 위치

1.4 AI로 더 효율적인 경험 제공하기

AI를 어떻게 활용해야 사용자가 프로덕트를 더욱 효율적으로 사용할 수 있을까요? 사용자가 필요로 하거나 관심이 있을 만한 정보를 AI 알고리즘이 추천하면 번거로운 탐색 없이도 원하는 콘텐츠나 기능을 바로 사용할 수 있습니다. [그림 1-7]은 AI가 알림 리스트의 내용을 분석해 우선순위에 따라 나열하고, 각 내용을 한눈에 확인할 수 있도록 요약한 모습입니다. 이에 따라 사용자는 중요한 알림 리스트를 빠르게 훑어볼 수 있어 시간을 절약합니다.

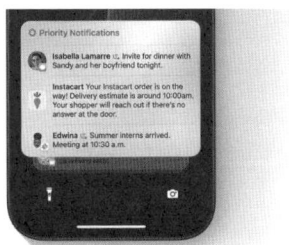

[그림 1-7] AI의 알림 요약[3]

---

3. 애플 공식 홈페이지 중 「iPhone, iPad, Mac에 강력한 생성형 모델을 심어주는 개인용 인공 지능 시스템인 Apple Intelligence 공개」, apple.com/kr/newsroom/2024/06/introducing-apple-intelligence-for-iphone-ipad-and-mac

AI로 효율성을 높일 수 있는 또 다른 방법으로는 반복 수행해야 하는 과업에 대한 자동화가 있습니다. 사용 맥락에 따라 반복해야 하는 과정을 AI로 자동화하면 사용자에게 추가적인 노력을 요구하지 않아도 됩니다.

또한, 음성 AI를 활용할 수도 있습니다. 최근에는 스피커, 스마트폰뿐만 아니라 자동차에도 음성 AI 비서가 탑재되어 있습니다. 사용자는 화면의 복잡한 정보 구조를 모두 탐색하지 않아도 음성 AI 비서에게 명령어를 내리는 것만으로 원하는 기능에 바로 접근할 수 있습니다. 특히 즉시성이 필요한 과업이나 여러 단계를 거쳐 깊숙이 정보 구조에 들어가야만 하는 기능을 명령어로 바로 실행할 수 있다는 것은 사용자에게 큰 도움이 됩니다.

1.5 모든 과업을 효율적으로 디자인해야 할까?

그렇다면 디지털 프로덕트에서 효율적으로 디자인하는 것만이 능사일까요? 반드시 그렇지는 않습니다. 과업에 따라 적합한 UX 원칙을 우선순위로 두어 디자인해야 합니다. 가끔은 효율적으로만 디자인된 UX가 사용자에게 치명적인 손실을 줄 수도 있습니다. 사용자의 의도치 않은 실수로 인해 데이터 손실이나 금융 사고와 같은 리스크가 발생할 수 있는 과업에서는 안전성의 원칙에 더 우선순위를 두어야 합니다. 그러므로 사용자의 실수가 치명적인 손실로 이어질 수 있는 과업에서는 절차가 늘어나더라도 최종 결정 전에 다시 한번 의사를 물을 필요가 있습니다.

디지털 기술의 발전으로 사용자는 역설적으로 이전보다 더 많은 일을 하고 있습니다. 반복적이고 귀찮은 여러 가지 과업을 효율적으로 디자인해 더욱더 삶의 본질에 집중하고 여유를 되찾을 수 있길 바라봅니다.

☑ 디지털 네이티브(digital native)

태어나면서부터 스마트폰, PC, 인터넷 등 디지털 환경에 둘러싸여 성장한 세대를 말합니다. 디지털 언어를 마치 특정 언어의 원어민처럼 자유자재로 구사한다는 뜻으로 디지털 원어민이라고도 부릅니다.

☑ 정보 구조(Information Architecture, IA)

웹사이트나 앱 내의 정보를 조직화하고 배치하는 방식을 의미합니다. 프로덕트의 정보 구조가 효과적으로 디자인되어 있다면 사용자는 원하는 정보와 기능에 쉽고 빠르게 접근할 수 있습니다.

☑ 파레토 원칙(Pareto principle)

전체 결과의 80%가 전체 원인의 20%로부터 발생한다는 일종의 규칙입니다. 80:20 법칙으로도 불립니다. 이탈리아 경제학자인 파레토(Pareto)가 국민의 20%가 부의 80%를 차지한다는 사실을 밝히면서 주장한 이론으로, 경제 분야뿐만 아니라 다른 여러 분야에도 널리 활용되고 있습니다.

☑ 구텐베르크 법칙(Gutenberg rule)

사용자의 시선이 화면에서 어떻게 움직이는지 설명하는 이론입니다. 구텐베르크 법칙에 따르면 시선은 중력을 가진 것처럼 좌측 상단에서 시작해서 우측 하단으로 이동합니다. 따라서 이러한 시선 흐름을 고려하여 화면의 정보를 배치하는 것이 효율적이라고 할 수 있습니다.

☑ 피츠의 법칙(Fitts' law)

버튼을 조작할 때 사용자의 동작 시간을 예측하는 이론입니다. 피츠의 법칙에 따르면 버튼까지의 거리가 가까울수록, 버튼의 크기가 클수록 동작 시간은 적게 소요됩니다. 따라서 버튼까지의 거리가 짧고 버튼의 크기를 크게 설계하는 것이 효율적인 사용을 위해 필요합니다.

2 프로덕트 사용을 손쉽게 하는 UX

디지털 전환(Digital Transformation, DX)으로 우리의 일상생활은 점점 더 편리해지고 있습니다. 은행이나 식당에 직접 찾아가지 않아도 터치 몇 번만으로 손쉽게 원하는 것을 해결할 수 있습니다. 가상의 메타버스 공간에서는 사람들을 만나 소통하며 미팅과 업무를 진행할 뿐만 아니라 심지어 경제 활동을 이어가기도 합니다.

그렇지만 사용이 어려운 프로덕트를 만나게 되면 사용자는 좌절하며 심지어 그 프로덕트를 다시는 찾지 않게 되기도 합니다. 거대한 세상을 작은 디지털 화면 안에 옮겨놓다 보면 그 복잡성이 증폭될 수밖에 없습니다. 특히 다음과 같이 하나의 앱에 여러 서비스가 통합되어 과도한 정보와 기능이 제공된다면 복잡성이 올라가 사용하는 데 어려움이 생길 수 있습니다.

[그림 2-1] 다양한 정보를 한꺼번에 보여주는 뱅킹 서비스

그렇다면 어떤 UI가 프로덕트 사용을 어렵게 만들까요? 기대와 일치하지 않는 사용 방법, 복잡한 화면 구성 및 구조, 부적절하게 배치되어 찾기 어려운 정보들, 이해가 어려운 레이블이나 아이콘 등이 프로덕트 사용을 어렵게 만듭니다. 크리스토퍼 위켄스(Christopher Wickens)가 제안한 [그림 2-2]의 인간의 정보 처리 모형(information processing model)은 사용자의 뇌에서 어떻게 정보를 처리하는지에 대한 이해를 제공합니다.[4] 결국 어려운 UI는 사용자의 정보 처리 과정에서 많은 주의 자원을 요구하게 되며 이는 사용자의 인지적 부담(cognitive load)을 유발하게 됩니다.

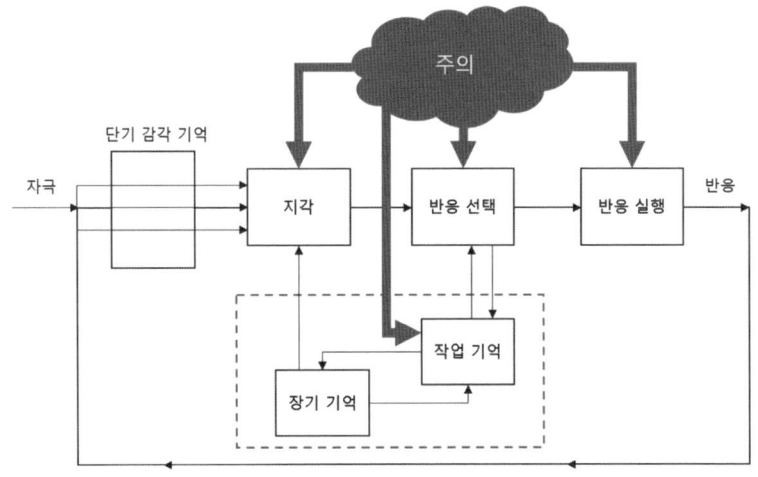

[그림 2-2] 인간의 정보 처리 모형

그렇다면 어떻게 프로덕트 사용을 쉽게 만들어줄 수 있을까요? UI가 유발하는 인지적 부담을 줄여야 합니다. 여기에서는 이러한 인지적 부담을 최소화할 수 있는 사용 용이성(ease of use)에 대한 4가지 비법에 대해 알아보겠습니다. 더 나아가 AI를 활용해 어떻게 더욱 프로덕트 사용을 쉽게 만들어줄 수 있는지에 대해서도 살펴보겠습니다.

---

4. 『Engineering psychology and human performance』, (Wickens, C. D., Helton, W. S., Hollands, J. G., Banbury, S., 2003)

2.1 사용 방법에 대한 예측 용이성

프로덕트에서 제공하는 정보나 사용 방법은 사용자의 멘탈 모델(mental model)에 부합되도록 디자인해야 합니다. 여기서 멘탈 모델은 유사한 디지털 프로덕트나 실제 물리적 환경에서 경험을 통해 축적되는 정신적인 모델입니다. 사용자는 이를 통해 프로덕트의 작동 원리나 상호 작용하는 방법을 예측하게 됩니다. 멘탈 모델에 부합되는 UI로 디자인하면 사용자는 초기 학습 없이도 쉽게 사용할 수 있을 뿐만 아니라 예기치 않은 실수도 줄어듭니다.

새로운 프로덕트를 디자인할 때는 현실 세계에서 동작하는 방식이나 사용자가 익숙한 스테레오 타입을 디자인에 반영하는 것이 중요합니다. 예를 들면 스큐어모피즘(skeuomorphism)은 대상을 원래 그대로의 모습으로 사실적으로 표현하는 기법입니다. 애플(Apple)은 스큐어모피즘을 활용해 물리적 행위와 더불어 외향적 디자인까지 아날로그적 경험을 디지털에 충실히 반영하여 친근하면서도 직관적인 사용 경험을 제공하는 것으로 널리 알려져 있습니다.

멘탈 모델과 유사한 개념으로 양립성(compatibility)이 있습니다. 양립성은 자극과 반응 간의 관계가 인간의 기대와 일치되는 정도를 말합니다. 양립성에는 운동 양립성, 공간 양립성, 개념적 양립성으로 구성되며 이러한 양립성이 높을수록 사용자가 처리할 정보의 양이 줄어들어 프로덕트를 더 쉽게 사용할 수 있습니다.

여기서 운동 양립성은 표시 장치와 조작 장치 그리고 이 둘 간의 움직임에 대해 다룹니다. 예를 들면 [그림 2-3]과 같이 용두(digital crown)를 돌려 표시된 항목을 확대하거나 축소하고 스크롤할 수 있습니다. 용두를 위로 돌렸을 때 대상이 확대되거나 위쪽으로 스크롤되는 것은 운동 양립성에 부합되는 직관적인 사용 방법입니다. 즉, 사용자의 기대와 동작이 일치한다고 할 수 있습니다.

[그림 2-3] 운동 양립성에 부합되는 용두의 조작 방식[5]

공간 양립성은 표시 장치나 조작 장치의 공간적 배치에 대해 다룹니다. 예를 들면 [그림 2-4]의 리듬 게임처럼 여러 표시 장치와 여러 조작 장치가 함께 배치된 경우에 공간 양립성이 중요한 디자인 요소로 작용하게 됩니다. 만약 표시 장치와 조작 장치의 공간적 배치가 일치한다면 사용자는 별도의 학습 없이도 쉽게 사용할 수 있습니다.

[그림 2-4] 공간 양립성이 반영된 리듬 게임기

---

5. 애플 공식 개발자 웹 페이지 중 「Digital Crown」, developer.apple.com/design/human-interface-guidelines/digital-crown

개념 양립성은 사용자가 가진 개념적인 연상과 관련됩니다. 예를 들면 정수기의 냉수는 파란색으로 표시되고 온수는 빨간색으로 표시됩니다. 또한 [그림 2-5]와 같이 미세먼지 상태를 안전하면 파란색과 녹색, 경고이면 노란색, 위험하면 빨간색으로 표시하는 것도 개념 양립성이 반영된 예입니다. 이렇게 개념 양립성에 부합된다면 사용자는 깊이 생각하지 않아도 정보 의미를 한눈에 파악할 수 있습니다.

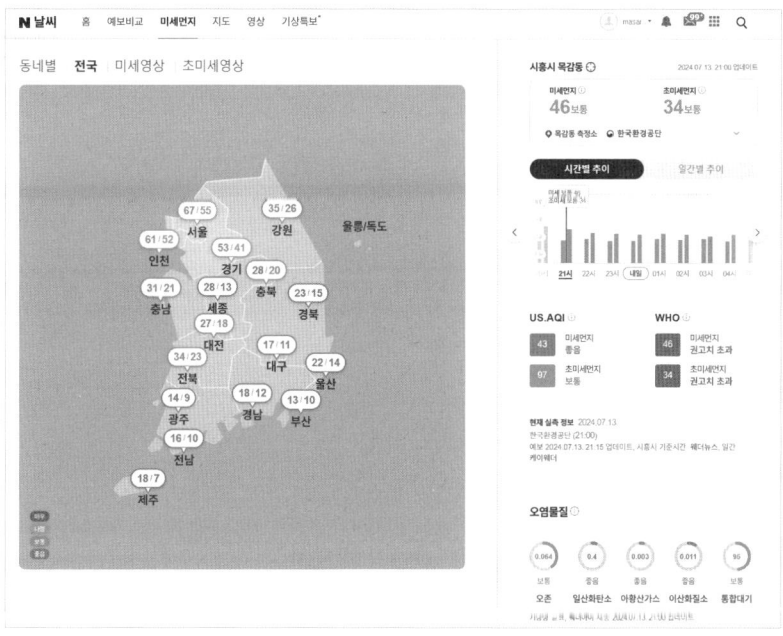

[그림 2-5] 개념 양립성이 반영된 미세 먼지 상태

그렇지만 이러한 멘탈 모델과 양립성은 본능적으로 습득되는 부분도 있지만 주로 학습에 의해 형성되어 문화나 국가에 따라 차이가 있을 수 있습니다. 그러므로 글로벌 타깃의 프로덕트를 기획할 때는 사전에 해당 국가의 문화적 차이에 대해 파악하는 것이 필요합니다.

2.2 정보량의 최소화

프로덕트의 사용을 쉽게 하려면 화면에서 전달하는 정보량을 최소화하여 사용자의 인지적 부담을 줄여 주어야 합니다. 인지 과정에서 사용자가 일정 시간 동안 기억하고 처리할 수 있는 정보량은 한정됩니다. 신뢰성 있게 정보를 전달할 수 있는 정보량의 수준은 일반적으로 7±2개 내외로 한정되는데 이는 밀러(Miller)의 매직 넘버 세븐(magic number 7)으로 알려져 있습니다.[6] 이와 관련하여 힉스의 법칙(Hick's law)에 따르면 [그림 2-6]과 같이 화면 내 메뉴의 수가 많아지면 사용자가 처리해야 할 정보량이 늘어나 이에 따라 반응 시간이 늘어나게 됩니다.[7] 그러므로 한 화면에 배치하기 알맞은 핵심 메뉴 위주로 제공하는 것이 필요합니다.

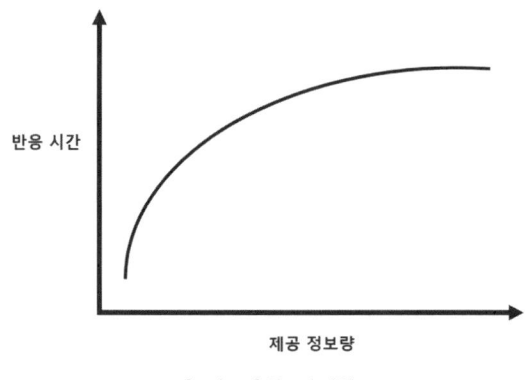

[그림 2-6] 힉스의 법칙

예를 들면 앱의 첫 화면에는 최소한의 메뉴만 제공하고 더 필요하면 상세 메뉴에서 확인할 수 있도록 디자인하는 방법을 고려해볼 수 있습니다. 파레토 원칙에 따라 사용 비중의 80%를 차지하는 20%의 주 사용 기능을 첫 화면에 배치하면 사용자의 인지적 부담은 줄고 효율성은 향상합니다.

---

6. 「The magical number seven, plus or minus two: Some limits on our capacity for processing information」, (Miller, G. A., 1956)
7. 「On the rate of gain of information」, (Hick, W. E., 1952)

다음과 같이 스마트폰 앱의 첫 화면에는 꼭 필요한 기능만 간결하게 제공해 사용을 쉽게 하고 나머지 기능은 더 보기 메뉴를 통해 확인하도록 디자인하는 것은 이에 대한 좋은 예입니다.

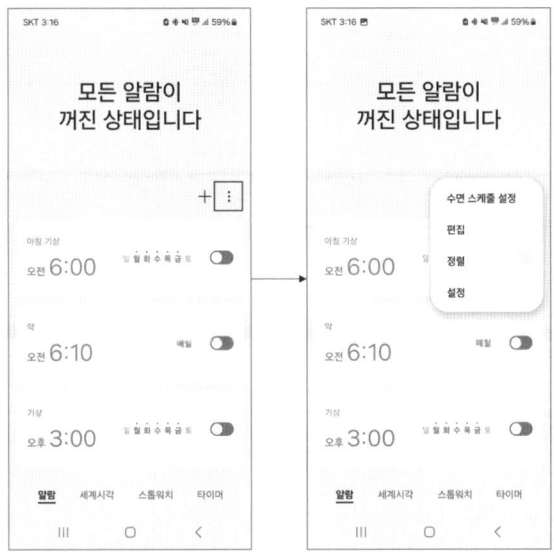

[그림 2-7] 더 보기 메뉴를 통해 제공되는 상세 메뉴

사용자의 시각 정보를 고려하여 정보량이 동일할 때 인지적 부담을 줄이는 방안을 고안할 수 있습니다. 게슈탈트 심리학(Gestalt psychology)에 따르면 인간은 형태를 지각할 때 작은 부분들을 전체로 체계화하여 보려는 경향이 있습니다. 대표적으로 근접성 법칙(law of proximity)은 요소들의 거리가 서로 가까울수록 하나의 집단으로 지각하려는 경향을 의미합니다. 이러한 시지각 특성을 고려한 청킹(chunking)은 관련성이 높은 정보끼리 그루핑하는 방법으로 유사한 정보들끼리 근접하게 배치하거나 한데 묶어서 제공합니다. 이러한 정보의 청킹을 통해 사용자는 유사한 정보를 함께 처리해 인지적 부담이 줄어듭니다. 그 예로 다음과 같이 관련 정보를 묶어서 제공하면 사용자는 관련 정보들을 한눈에 파악할 수 있습니다.

 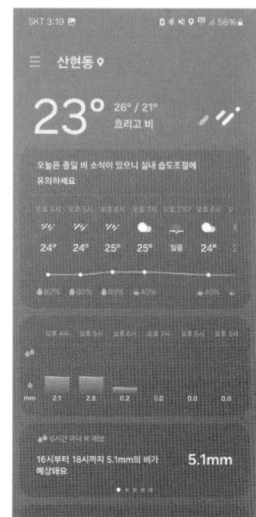

[그림 2-8] 청킹 처리된 연관 정보들

2.3 현재 상태에 대한 가시성

프로덕트의 현재 상태나 진행 중인 일을 사용자에게 가시적으로 보여 주어야 합니다. 즉 가시성(visibility)을 유지해야 합니다. 다음 액션을 취하기 위해서는 이전에 어디까지 실행했는지를 기억해야 하는데 이는 인지적 부담을 가중합니다. 그러므로 현재 상태를 표시하여 사용자가 이전 행위를 기억하고 있지 않아도 괜찮도록 배려해야 합니다. 가시성의 대표적인 예로 [그림 2-9]의 진행 표시줄(progress bar)을 들 수 있습니다. 진행 표시줄을 통해 사용자는 이전에 어떤 단계까지 진행하였고 현재에는 어떤 단계에 얼마나 진행되고 있는지를 손쉽게 알 수 있습니다.

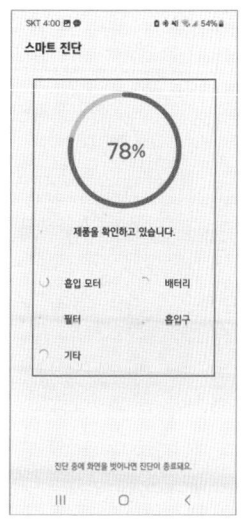 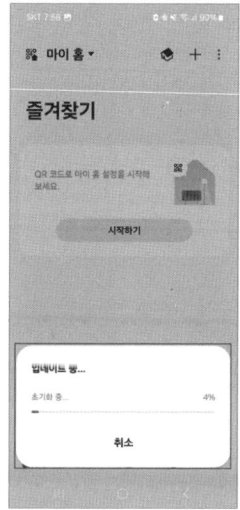 

[그림 2-9] 다양한 형태의 진행 표시줄

프로덕트의 변화 또는 이상 현상은 적절한 피드백(feedback)을 통해 사용자에게 즉각적으로 알려 주어야 합니다. 사용자는 피드백을 통해 무슨 일이 일어나고 있는지 이해할 수 있을 뿐만 아니라 그 정보를 바탕으로 적절한 의사 결정을 할 수 있습니다. 예를 들면 공기청정기에 필터 교체가 필요하다는 이상 상황이 발생하면 공기청정기 디스플레이나 연동된 스마트폰에 알림을 제공해야 합니다. 사용자는 알림만 확인하면 되기 때문에 필터를 교체해야 하는 시섬을 따로 기억해둘 필요가 없습니다.

2.4 이해하기 쉬운 문구

사용자가 쉽게 이해할 수 있는 적절한 단어와 정확한 표현으로 프로덕트의 문구 및 설명을 작성해야 합니다. 특히 [그림 2-10]과 같이 한 화면에 여러 가지 메뉴를 제공하거나 특정 사용법을 처음 설명할 때는 화면에 문구와 설명이 많을 수밖에 없습니다. 이는 사용자의 인지적 부담을 유발할 수 있습니다. 그러므로 명확하면서 이해하기 쉽게 문구와 설명을 제공하는 것은 사용자의 인지적 부담을 줄여주는 데 아주 중요합니다.

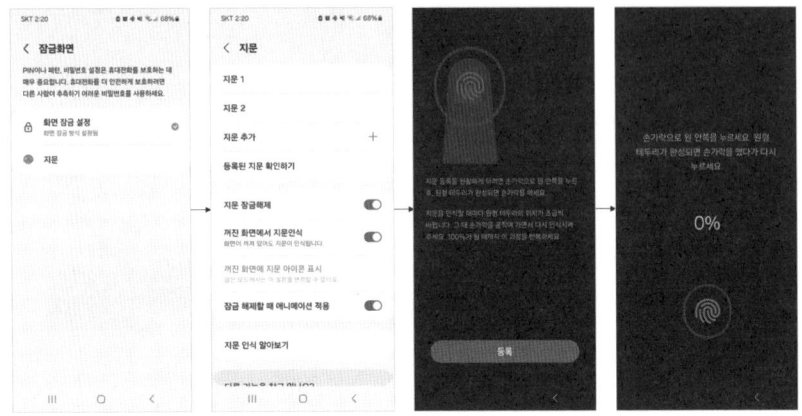

[그림 2-10] 많은 메뉴를 탐색해야 하는 지문 등록 화면

2.5 AI로 더 쉬운 경험 제공하기

AI를 프로덕트에 어떻게 활용하면 사용자의 과업을 더욱 쉽게 만들어줄 수 있을까요? 사용자의 목적에 따라 필요한 정보와 기능은 달라집니다. 따라서 AI가 사용 맥락을 분석해 필요할 만한 정보만을 추려 추천해 주면 전달되는 정보량이 줄어들어 사용자의 인지적 부담은 적어집니다. 또한 사용자가 모두 직접 기억하여 처리하기에는 부담이 되는 어려운 과업을 AI가 대신 해주면 사용자의 인지적 부담을 줄여줄 수 있습니다.

더 쉬운 경험을 제공하고자 AI를 통해 대화형 UX를 프로덕트에 적용하는 것을 고려해볼 수도 있습니다. 대화형 UX의 대표적인 예로 [그림 2-11]과 같은 음성 AI 비서를 들 수 있습니다. 대화형 UX는 인간 고유의 의사소통 방식인 언어와 음성을 통해 인간과 자연스럽게 대화합니다. 이에 따라 사용자는 별도의 학습 없이도 쉽고 직관적으로 프로덕트를 사용할 수 있습니다. 특히 PC나 스마트폰에 익숙하지 않은 어린아이나 시니어도 대화형 UX를 통해 프로덕트를 쉽게 사용할 수 있다는 강점을 지닙니다.

[그림 2-11] 음성 AI 스피커[8]

그렇지만 AI가 작동하는 방식은 블랙박스와도 같아 가시성을 확보하기 어렵다는 한계점을 지닙니다. 그러므로 정보의 가시성을 확보한 시스템과 사용자의 멘탈 모델에 부합된 디자인이 필요합니다. 프롬프트(prompt) 입력 방식은 버튼 선택이나 검색어 입력에 익숙한 사용자들에게 학습을 요구하게 됩니다. 따라서 프롬프트의 예측성 제공 등 AI가 적용된 프로덕트에서의 초기 사용성을 확보하려는 노력이 필요합니다.

2.6 사용 용이성 vs 효율성

인지적 부담을 줄여주는 사용 용이성(ease of use)의 원칙은 빠른 과업 수행을 지원하는 효율성(efficiency)의 원칙과 교환 관계가 발생할 수 있습니다. 예를 들어 효율성을 높이려면 첫 화면에 많은 기능을 배치하여 접근성이 좋게 디자인해야 할 것입니다. 그렇지만 이는 화면의 복잡성을 높여 사용 용이성을 떨어뜨립니다. 반면에 사용 용이성을 높이고자 첫 화면에 최소한의 기능만 배치하

---

8. 아마존 공식 홈페이지 중 「Amazon Echo, 2nd generation, Charcoal Fabric - UK version」, amazon.ae/Amazon-Echo-generation-Charcoal-Fabric/dp/B07N6P2WLW

면 인지적 부담을 줄여줄 수 있습니다. 그렇지만 사용자가 원하는 기능이 첫 화면에 없다면 오히려 과업 수행의 단계가 많아져 효율성을 떨어트립니다.

여러 디자인 제약 사항이 있는 경우에는 단순히 UX 원칙을 지키기만 해서는 좋은 사용자 경험을 제공하기 어렵습니다. 사용자에게 좋은 경험을 제공하려면 좀 더 심도 있는 고민이 요구됩니다. 예를 들면 어떤 가치에 우선순위가 있는지 검토해볼 수 있습니다. 만약 기획 중인 프로덕트에서 인지적 부담을 줄여주는 데 우선순위가 있다면 터치 횟수가 늘어나더라도 정보의 복잡성을 낮추어 주는 방향으로 디자인하는 것이 적합합니다.

프로덕트 목적이나 정의된 사용자가 누구인지에 따라서도 우선순위가 달라집니다. [그림 2-12]와 같이 누구나 접근해서 쓸 수 있는 초보자 대상 프로덕트는 범용성이 더욱 중요해 복잡성을 낮추어 디자인하는 것이 중요합니다. 반면에 일부 전문가가 주로 사용하는 프로덕트의 경우 효율성이 더욱 중요합니다. 이러한 전문가 대상의 프로덕트는 다소 복잡성이 높더라도 학습을 통해 사용이 익숙해지면 프로덕트를 효율적으로 사용할 수 있습니다.

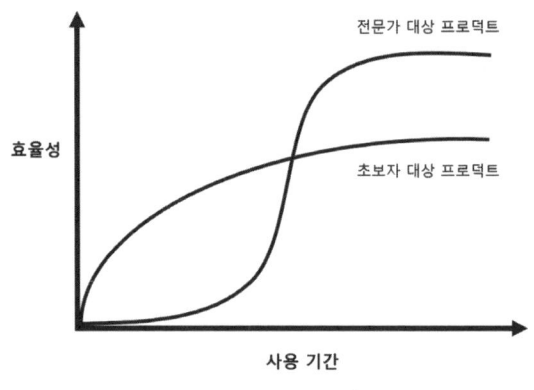

[그림 2-12] 학습 곡선[9]

---

9. 『Usability engineering』, (Nielsen, J., 1993)

다행히도 대부분 사용 용이성과 효율성의 원칙을 잘 지켰을 때 서로 긍정적인 시너지가 있습니다. 프로덕트가 사용하기 쉽다면 사용자는 고민 없이 빠르게 정보 처리를 할 수 있을 것입니다. 이뿐만 아니라 교환 관계가 있는 정보량에 대해서도 80:20 법칙에 따라 균형을 맞추었다면 인지적 부담이 낮으면서도 기능에 빠르게 접근할 수 있는 시너지 효과를 기대할 수 있습니다.

☑ **디지털 전환**(Digital Transformation, DX)

인공지능, 빅데이터, 사물 인터넷, 클라우드와 같은 디지털 기술을 다양한 분야에 적용하여 전통적인 산업군의 디지털화를 촉진하는 것을 의미합니다.

☑ **인간의 정보 처리 모형**(information processing model)

인간이 정보를 수집하고 처리하는 과정을 설명하는 인지 심리학의 이론입니다. 컴퓨터가 정보를 입력, 연산 및 기억, 출력하는 일련의 정보 처리 과정을 인간의 인지 및 학습 능력과 연관 지어서 설명하는 이론입니다.

☑ **멘탈 모델**(mental model)

사용자가 특정 시스템이나 프로덕트에 대해 머릿속에 가지고 있는 이해와 믿음을 말합니다. 사용자는 자신만의 배경지식이나 경험을 통해 멘탈 모델을 형성하며, 이를 통해 시스템이나 프로덕트가 어떻게 작동할 것인지 예상하고 상호 작용하게 됩니다.

☑ **힉스의 법칙**(Hick's law)

사용자가 화면 내 정보를 보고 반응할 때의 반응 시간을 예측하는 이론입니다. 힉스의 법칙에 따르면 선택할 수 있는 대안의 수가 늘어날수록 반응 시간은 증가됩니다. 따라서 과업 수행에 필요한 정보량을 최소화하는 것이 쉽고 효율적인 사용을 위해 필요합니다.

☑ 게슈탈트 심리학(Gestalt psychology)

게슈탈트(Gestalt)는 독일어로 '통합된 전체로서의 형태'를 의미하며, 게슈탈트 심리학은 인간의 시각적 정보를 지각하는 과정을 설명하는 이론입니다. 게슈탈트 심리학에서는 인간이 어떻게 시각적으로 분리된 자극들을 의미 있는 패턴으로 통합하는지에 대해 초점을 둡니다.

시각적 정보를 지각하는 특성을 다음과 같은 6가지 법칙으로 설명합니다. 단순성 법칙(law of simplicity)은 모든 자극 패턴을 가능한 한 가장 간단한 구조로 인식하려는 특성을 말합니다. 유사성 법칙(law of similarity)은 색이나 형체, 크기 등이 비슷한 것들을 집단으로 지각하는 특성을 말합니다. 좋은 연속성 법칙(law of good continuation)은 직선이나 완만한 곡선으로 연결되는 점들을 함께 속한 것으로 지각하는 특성을 말합니다. 근접성 법칙(law of proximity)은 가까운 사물들을 집단으로 지각하는 특성을 말합니다. 공통 운명 법칙(law of common fate)은 같은 방향으로 움직이는 사물들을 집단으로 지각하는 특성을 말합니다. 친숙성 법칙(law of familiarity)은 사물들이 친숙하게 보일 때 집단으로 지각하는 특성을 말합니다.

☑ 사용 용이성(ease of use)

사용자가 프로덕트를 얼마나 쉽게 사용하고 이해할 수 있는지를 의미합니다. 사용 방법에 대한 예측 용이성의 제공, 전달되는 정보량의 최소화 등을 통해 확보할 수 있습니다.

☑ 효율성(efficiency)

사용자가 프로덕트를 통해 목적을 달성하기까지 투입하는 자원의 정도와 관련됩니다. 노력이나 시간 등에 비해 산출된 결과가 클 때 효율성이 높다고 합니다.

3 일관성은 왜 중요할까?

세상의 많은 것들이 점점 더 서로 연결되고 있습니다. 네트워크나 클라우드(cloud)와 같은 기술이 급격히 발전했기 때문입니다. 온라인을 통한 사람과 사람 간의 연결뿐만 아니라 디바이스와 디바이스 간 그리고 앱과 앱 간의 연결도 마치 거미줄처럼 더욱더 긴밀하게 이어지고 있습니다. 이러한 개념은 사물 인터넷(Internet of Things, IoT), N스크린(N-screen)과 같은 용어로 쓰이며 최근 우리 주변에서도 쉽게 찾아볼 수 있게 되었습니다.

대표적인 사례로 애플의 서비스 생태계를 들 수 있습니다. 이는 연결성이나 연속성이라는 UX로 불립니다. 이러한 연결성 UX를 통해 사용자는 동일한 서비스를 서로 다른 디바이스를 통해 자유롭게 넘나들며 이어갈 수 있게 되었습니다. 아이폰에서 확인한 문자 메시지에 대해 맥북에서 답변을 보낼 수 있고 애플워치 또는 아이패드에서 아이폰의 전화를 받을 수도 있습니다. 또한 작은 아이폰 화면으로 보던 동영상이나 작성하던 이메일을 큰 화면의 맥북이나 아이패드로 옮겨와서 마무리할 수도 있습니다. 이뿐만 아니라 맥북의 키보드와 마우스를 이용해 아이패드를 제어할 수 있고 두 기기 간을 오가며 문서나 이미지 작업을 수행할 수도 있습니다.

[그림 3-1]과 같이 네이버나 카카오톡과 같은 서비스 플랫폼에서도 사용자는 하나의 통합 앱을 통해 여러 서비스를 자유롭게 넘나들며 즐길 수도 있습니다. 이러한 서비스들은 모바일뿐만 아니라 PC나 태블릿 심지어 스마트 TV를 통해서 사용자의 사용 맥락에 따라 자유롭게 이동하며 사용할 수 있습니다.

[그림 3-1] 다양한 서비스로 구성된 플랫폼 앱

그렇다면 다양한 디바이스와 서비스가 서로 연결된 사용 환경에서는 사용자에게 어떤 경험을 제공하는 것이 중요할까요? 바로 일관성(consistency) 있는 UX를 통한 익숙하면서도 끊김이 없는 매끄러운 사용 경험일 것입니다. 하나의 세상에서는 동일한 언어로 말해야 혼란스럽지 않으면서도 자연스러움을 경험할 수 있습니다. 일관성이 있는 경험은 단순히 사용성뿐만 아니라 브랜드 아이덴티티나 디자인 효율성 측면에서도 중요합니다.

이제 프로덕트 디자인에서 일관성이 중요한 이유와 어떻게 일관성 높은 디자인을 제공할 수 있는지 알아보겠습니다. 또한 AI가 적용된 프로덕트에서의 일관성은 어떤 부분에서 고려되어야 하는지도 함께 살펴보겠습니다.

3.1 일관성의 원칙

사용자에게 왜 일관성 있는 경험을 제공해야 할까요? 사용성 관점에서 일관성 있는 UX는 사용자에게 익숙한 경험을 제공합니다. 만약 하나의 익숙한 프로덕트에서 그와 연관된 새로운 프로덕트로 넘어왔을 때 일관성이 유지되면 사용자는 새로운 프로덕트를 별도의 학습이 없이도 쉽게 사용할 수 있습니다.

행동 경제학(behavioral economics)의 핵심 이론인 전망 이론(prospect theory)의 특성 중 손실 회피(loss aversion) 성향은 이러한 개념을 잘 설명해 줍니다. 손실 회피 성향에 따르면 사용자는 이득보다는 손실에 더 민감하게 반응합니다. 다음의 가치 함수(value function) 그래프처럼 이득과 손실의 절대치가 같을 경우 사용자는 이익보다 손실을 약 2배 더 크게 인식합니다.[10]

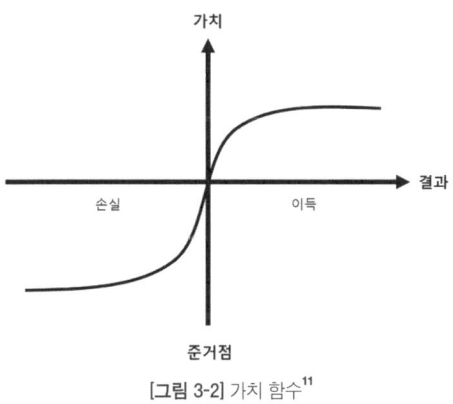

[그림 3-2] 가치 함수[11]

만약 새로운 프로덕트가 기존의 익숙한 프로덕트와 일관성이 없어서 그 사용 경험이 다르다면 학습 비용이 요구됩니다. 사용자에게 노력이 요구되기 때문에 손실로 작용합니다. 그러므로 사용자들은 기존 시스템 대비 2배 이상 상회할 만큼 유용하지 않다면 새로운 시스템을 채택하지 않고 익숙한 시스템을 유지하는 현상 유지 편향(status quo bias)을 보이게 됩니다.

그 대표적인 예로 드보락 키보드를 들 수 있습니다. 드보락 키보드는 쿼티 키보드에 비해 자주 쓰는 키가 근접하도록 디자인되어 타이핑 속도 향상과 피로 감소와 같은 명백한 장점이 있습니다. 그런데도 사용자 대부분은 익숙한 쿼티 키보드의 사용을 유지하고 새로운 드보락 키보드를 채택하지 않습니다. 그런 이유로 아직도 쿼티 키보드가 표준 키보드로 사용되고 있습니다.

---

10. 「Experimental tests of the endowment effect and the Coase theorem」, (Kahneman, D., Knetsch, J. L., Thaler, R. H., 1990)
11. 「Prospect theory: An analysis of decision under risk」, (Kahneman, D., Tversky, A., 1979)

결국 사용자에게 일관성 있는 경험을 제공한다는 것은 새로운 프로덕트에 익숙한 사용 경험을 반영한다는 것입니다. 이러한 프로덕트는 사용자에게 최소한의 학습만을 요구하기에 사용성을 쉽게 확보할 수 있도록 합니다. 즉 사용자 경험에서 일관성은 새로운 프로덕트에 대한 사용자의 채택과 수용의 장벽을 낮춰주는 촉진제의 역할을 합니다.

단일 제품이나 앱 내 경험의 일관성뿐만 아니라 연결된 디바이스와 디바이스 간 그리고 앱과 앱 간의 경험에서도 일관성이 제공되어야 합니다. 사용자는 앞서 살펴본 애플 서비스 생태계와 같이 동일한 서비스를 서로 다른 디바이스에서 자유롭게 사용하길 원합니다. 즉, 아이폰과 같이 사용자에게 접근성이 좋은 디바이스의 경험을 기준으로 맥북, 애플워치, 아이패드 등 새로운 디바이스에 일관성 있는 UX를 제공하는 것이 중요하다고 할 수 있습니다. 이는 단순히 익숙한 경험을 제공하여 학습을 최소화하는 것뿐만 아니라 끊김이 없는 매끄러운(seamless) 사용 경험을 만듭니다. 이뿐만 아니라 브랜드가 사용자에게 전달하고 싶은 가치나 철학을 일관된 경험에 녹여 제공한다면 추구하고자 하는 브랜드 아이덴티티를 효과적으로 확보할 수 있습니다.

제품 또는 앱 내의 일관성, 제품과 제품 간의 일관성, 앱과 앱 간의 일관성뿐만 아니라 시간이 지남에 따라 일관적인 경험을 계승하고 발전시키는 것도 중요합니다. [그림 3-3]과 같이 마이크로소프트(Microsoft)의 윈도우 8에서는 윈도우의 상징이었던 시작 버튼을 없애고 타일 모양의 시작 화면을 혁신적으로 도입하였습니다. 그렇지만 이전 시작 화면에 익숙했던 사용자들의 불만이 쏟아졌고 윈도우 8을 수용하지 않고 이전 버전을 사용했습니다. 이에 마이크로소프트의 최고 운영 책임자인 타미 렐러(Tami Reller)가 윈도우 8의 UI를 수정하겠다고 발표하는 것으로 일단락났습니다.

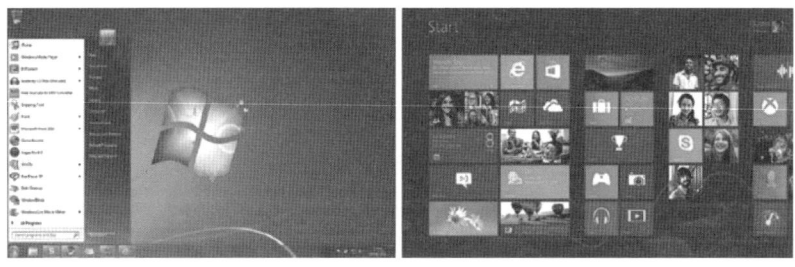

[그림 3-3] 윈도우 시작 버튼 화면의 이전 버전과 윈도우 8 버전

반면, 애플의 맥은 2001년 버전과 최근 버전을 비교해 보아도 시작 화면 모습에 큰 변화가 없습니다. 사용자에게 일관성 있는 경험을 제공하려고 노력했다는 것을 알 수 있습니다.

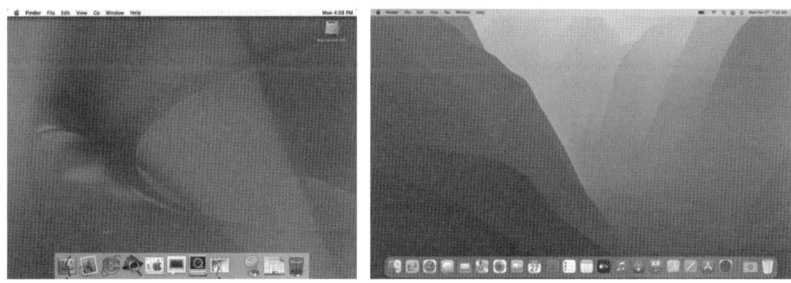

[그림 3-4] 맥 시작 화면의 2001년 버전과 최근 버전[12]

3.2 일관성을 높여주는 디자인

그렇다면 어떤 부분에서 일관성을 제공해야 할까요? 단순히 아이콘, 이미지, 컬러, 모션, 타이포그래피와 같은 시각적 디자인(visual design) 요소뿐만 아니라 화면 레이아웃이나 UI 컴포넌트, 레이블과 같은 인터페이스 디자인(interface design) 요소들도 일관성 있게 디자인할 수 있어야 합니다. 더 나아가 태스크 수행 절차나 조작 방식, 정보 구조처럼 사용 방법과 관련된 인터랙션 디자인(interaction design) 요소들도 일관성 있게 디자인하는 것을 고려해볼 수 있습니다.

---

12. The history of user interfaces 웹 페이지 중 「THE HISTORY OF USER INTERFACES」, history.user-interface.io

일관성을 잘 유지하면서도 아이덴티티까지 잘 살리는 브랜드는 애플이 대표적입니다. 동일한 시각적 디자인 요소들을 각기 다른 디바이스에 적용하여 화면만 보아도 애플이라는 것을 느낄 수 있습니다. 이뿐만 아니라 동질성 높은 레이아웃, 컴포넌트, 레이블 등의 UI 요소를 제공하기에 동일한 서비스를 여러 디바이스를 넘나들며 사용하여도 일관성 높은 경험을 할 수 있습니다.

[그림 3-5] 일관성 높은 디바이스들의 홈 화면[13]

이러한 일관성이 있는 경험은 단순히 사용성과 브랜드 아이덴티티를 확보하는 것을 넘어 디자인 효율성 측면에서도 중요합니다. 공통적인 UX 요소를 각기 다른 디바이스나 앱에 따라 별도로 디자인해 적용하는 것은 일관성을 해치는 것뿐만 아니라 디자인 효율성을 낮추고 리소스 낭비를 유발합니다. 이러한 관점에서 [그림 3-6]과 같이 운영체제(Operating System, OS) 제공 기업에서는 디자인 시스템(design system)을 구축하고 이를 외부에 공개해 일관성뿐만 아니라 디자인 효율성을 확보하려고 노력하고 있습니다.

---

13. 애플 공식 웹 페이지 중 「Apple Support」, support.apple.com

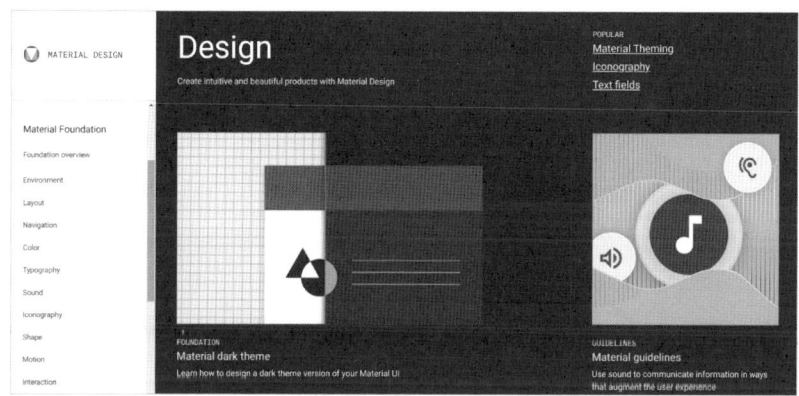

[그림 3-6] 운영체제 기업의 디자인 시스템[14]

3.3 AI 프로덕트에서의 일관성

AI가 적용된 프로덕트에서도 일관성을 확보하여 사용자의 학습 부담을 줄여주고 끊김 없이 매끄러운 경험을 제공해야 합니다. 그 예로 다양한 디바이스에서 동일한 방식으로 사용할 수 있는 AI 에이전트 시리(Siri)를 들 수 있습니다. AI 에이전트를 호출하면 시리를 표현하는 그래픽 요소가 아이폰, 애플워치, 아이패드, 애플 TV와 같은 다양한 디바이스 화면 하단에 동일한 형태로 일관성 있게 나타납니다. 이러한 AI 에이전트의 일관성은 동일한 대상과 대화한다는 것을 인식하게 해주어 다양한 디바이스를 넘나들며 사용하더라도 연속성 있는 경험을 이어나갈 수 있게 합니다.

---

14. 구글 디자인 시스템 웹 페이지 중 「Material Design」, material.io/design

[그림 3-7] 다양한 디바이스에서 동일하게 표시되는 AI 에이전트[15]

특히 AI 에이전트에서는 시각적 요소뿐만 아니라 목소리, 대화 스타일, 디자인 요소 또한 일관성 있게 디자인하는 것이 중요합니다. 일관적인 퍼소나(persona)로 디자인된 AI 에이전트는 예측 가능한 결과를 얻는 데 도움을 줍니다. 또한 실제 사람과의 관계와 유사한 경험을 제공하기에 심리적 안정감과 신뢰감을 주기도 합니다. 그러므로 단순히 AI 에이전트의 퍼소나를 매력적으로 구축하는 것뿐만 아니라 일관성 있게 디자인하는 것이 필요합니다.

3.4 일관성 vs 사용 맥락

일관성(consistency)은 학습을 최소화하고 끊김 없이 매끄러운 사용 경험을 제공하는 사용자 관점의 혜택을 제공합니다. 또한, 브랜드 아이덴티티를 확보하고 디자인 효율을 좋게 하기 때문에 기업 관점에서의 장점도 있습니다.

---

15. 애플 공식 홈페이지 중 「Siri」, apple.com/kr/siri

그렇다면 서로 다른 디바이스와 앱에서도 맹목적으로 일관성을 지켜야만 할까요? 반드시 그렇지는 않습니다. 일관성은 좋은 사용자 경험과 브랜드 아이덴티티를 제공하지만 디자인의 자유도를 낮추는 교환 관계를 발생시킵니다.

이는 어느 정도의 수준까지 일관성을 맞추어야 하느냐는 새로운 질문을 던져줍니다. 오히려 사용자에게 일관성보다 사용 맥락(context)이 더 중요한 순간도 있습니다. 그런 상황에서는 사용 맥락을 우선시한 디자인이 목적 달성에 효과적일 수 있습니다. 화면의 크기 또는 입력 방식과 같은 디바이스의 특성과 태스크의 맥락, 프로딕트의 목적이 무엇인지에 따라 일관성의 확보가 우선일지 아니면 사용 맥락이 우선일지 판단해야 합니다.

> ☑ **클라우드**(cloud)
>
> 인터넷을 통해 접근 가능한 서버, 소프트웨어, 데이터베이스 등을 제공하는 IT 환경입니다. 인터넷에 접속하기만 하면 언제 어디서든 클라우드를 이용해 데이터를 불러올 수 있습니다.
>
> ☑ **사물 인터넷**(Internet of Things, IoT)
>
> 가전, 모바일 디바이스, 웨어러블 디바이스 등과 같은 각종 사물에 센서와 통신 기능을 내장하여 인터넷에 연결하는 기술입니다. 이렇게 IoT로 연결된 디바이스들은 서로 자율적으로 정보를 주고받을 수 있습니다.
>
> ☑ **N스크린**(N-screen)
>
> 여러 개의 디바이스에서 동일한 멀티미디어 콘텐츠를 이용할 수 있게 하는 네트워크 기술을 말합니다. 이를 통해 TV나 PC, 스마트폰 등 다양한 디바이스에서 하나의 콘텐츠를 끊김이 없이 이용할 수 있습니다.
>
> ☑ **행동 경제학**(behavioral economics)
>
> 행동 경제학에서는 인간의 행동을 제한된 합리성(bounded rationality)을 기반으로 이해합니다. 이러한 접근은 전통적인 경제학이 인간은 합리적이고 이성적이라는 가정이 실제 인간의 행동을 충분히 설명하지 못한다는 점을 보완합니다. 행동 경제학에서는 인간의 어림짐작, 직관과 감정, 사회적 영향 등과 같은 비합리적인 행동에 대해 연구합니다.

☑ **전망 이론**(prospect theory)

불확실성하에서 사람이 내리는 판단에 관해 설명하는 행동 경제학의 대표적인 이론입니다. 전망 이론에 따르면 사람들은 이익보다 손실에 더 민감하게 반응하며 이에 따라 손실을 최소화하는 방향으로 판단합니다. 또한 사람은 작은 확률의 사건은 과대평가하고 큰 확률의 사건은 과소평가하는 경향이 있어 불확실한 상황에서 비합리적인 판단을 내립니다.

☑ **현상 유지 편향**(status quo bias)

사람들이 현재 상태를 유지하려는 심리적 경향을 말합니다. 사람들은 익숙한 상황에서 안정감을 선호하는 반면 변화로 인한 불확실성을 선호하지 않아 현재 상태를 유지하려고 합니다.

☑ **디자인 시스템**(design system)

다양한 웹이나 앱 서비스의 디자인에 재사용 가능한 요소와 패턴을 정의해 일관성을 관리하는 디자인 표준입니다. 디자인 시스템에서는 일관성 있게 적용할 수 있는 색상이나 아이콘, 모션 등 디자인 시각적 디자인 요소뿐만 아니라 버튼, 메뉴, 레이아웃 등 인터페이스 디자인 요소에 대해서도 정의합니다.

☑ **일관성**(consistency)

유사한 상황에서 유사한 방식으로 표현되는지를 의미합니다. 용어, 시각적 요소, 동작 방식 등을 동일하거나 비슷하게 디자인하여 확보할 수 있습니다.

☑ **사용 맥락**(context)

프로덕트 사용에 영향을 주는 모든 요소들이라고 할 수 있습니다. 사용 시간이나 장소와 같은 물리적 요소, 사회적 요소, 문화적 요소 등을 들 수 있습니다.

☑ **AI 퍼소나**(AI persona)

AI 에이전트의 대화 방식, 시각적 모습, 목소리 등 전반적인 인격과 스타일을 의미합니다. 사용자가 AI 에이전트를 어떤 느낌으로 인식하게 할지 결정한 후에 그에 부합되도록 AI 퍼소나를 디자인해야 합니다.

4 실수를 막아주는 히어로 UX

디지털 전환이 가속화되며 사용자들은 더 많은 것을 더 빨리할 수 있게 되었습니다. 하지만 그에 따라 서비스를 이용하는 도중 발생하는 실수도 잦아졌습니다. 더 많은 일을 더 빨리 처리하다 보면 인지적 부하나 스트레스 지수가 높은 상황이 이어지기 때문입니다. 이는 부주의로 인한 실수, 즉 휴먼 에러(human error)를 유발합니다.

그렇다면 디지털 기술의 사용에서 어떤 휴먼 에러들이 발생하고 있을까요? PC로 작업하던 자료나 데이터를 날려버려 눈물이 날 뻔했던 경험은 누구에게나 있을 것입니다. 수신인을 잘못 지정하거나 오타가 있는 메일이나 메시지를 보내고 당혹감을 느끼기도 합니다. 보이스 피싱과 같은 금융 사고는 뉴스뿐만 아니라 주변에서도 볼 수 있습니다. 자동차를 운전하다 사각지대에 있는 옆 차를 못 보고 차선 변경을 하다 놀랐던 경험도 있을 것입니다. 이런 섬찟한 경험은 누구나 두 번 다시 하고 싶지 않을 것입니다.

사람은 누구나 실수를 하기 마련입니다. 그렇지만 우리 프로덕트를 이용하는 사용자가 이러한 실수로 인해 부정적인 경험을 하는 것은 원치 않을 것입니다. 사용자의 실수로 사고가 발생하더라도 우리 프로덕트에 대한 이미지가 안 좋아질 수 있습니다.

그렇다면 UX 관점에서 어떻게 해야 할까요? 불가항력적으로 발생할 수밖에 없는 휴먼 에러를 사전에 방지하거나 줄여 주어야 합니다. 몇 시간 동안 노력했던 자료나 데이터의 손실을 막아주는 사소한 것에서 금융 사고로 인한 재산 손실, 더 나아가 인명 피해를 막아주는 이러한 UX는 사용자의 안전을 지켜주는 마치 히어로와 같습니다.

여기에서는 사용자의 휴먼 에러를 최소화하기 위해 어떻게 프로덕트를 디자인해야 하는지 알아보도록 하겠습니다. 더 나아가 AI를 어떻게 활용하면 프로덕트 사용을 더 안전하게 만들어줄 수 있는지에 대해서도 살펴보겠습니다.

4.1 휴먼 에러의 방지 방안

프로덕트 사용 중에 우연히 발생하게 되는 휴먼 에러로 인해 사용자는 중요한 정보의 손실이나 오결제와 같은 금융적 손실을 경험하기도 합니다. 따라서 이러한 위험이 내포된 과업을 디자인할 때는 부정적인 경험이나 손실을 방지할 수 있는 포용적인 방안이 제공되어야 합니다.

휴먼 에러가 발생하더라도 사고로 이어지지 않도록 이를 사전에 방지하는 디자인 개념을 근원적 안전 설계라고 합니다. 대표적인 근원적 안전 설계 원리로 풀 프루프(fool proof) 개념을 들 수 있습니다. 풀 프루프를 직역하면 어리석은 사람이라도 아무 문제없이 사용할 수 있다는 뜻입니다. 작업 중에 조작 실수를 하더라도 사용자에게는 피해를 주지 않도록 시스템을 디자인하는 방법입니다. 이와 유사한 개념으로 제약(constraints)은 행동 유도성(affordance)과는 달리 사용자에게 무엇이 불가능한지 미리 알려주어 잘못된 사용 방법을 사전에 차단합니다. 즉 사용자가 선택할 수 있는 선택 항목의 수를 제한해 올바르지 않은 사용 방법을 방지하는 것입니다.

예를 들면 [그림 4-1]과 같이 메뉴의 일부 영역이나 버튼을 비활성화하여 사용자가 선택할 수 없도록 디자인할 수 있습니다. 이는 사용자가 디자이너가 기획하지 않은 의도치 않은 과업을 수행하는 것을 제한하여 휴먼 에러를 예방하려는 것입니다.

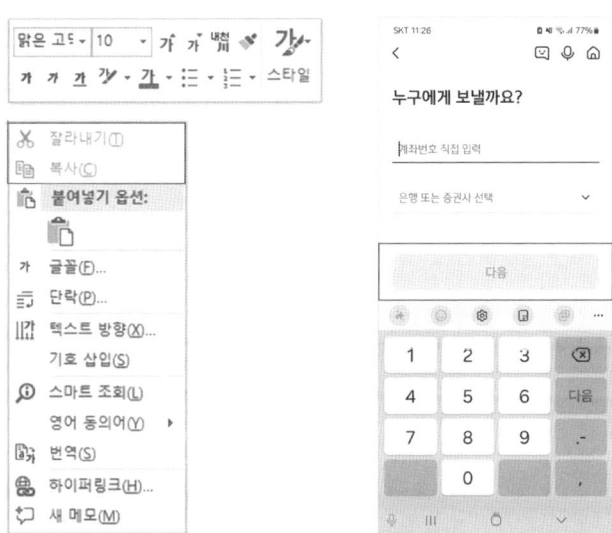

[그림 4-1] 선택할 수 없도록 메뉴 및 버튼 비활성화

특정 단계에서 사용할 수 없는 기능은 비활성화하는 것처럼, 사용자의 의도치 않은 행위를 사전에 차단해 버리는 제약의 개념은 실수 방지에 강력하면서도 효과적입니다. 그렇지만 사용자에게 선택권과 자유도를 제공하는 것도 제이콥 닐슨의 10가지 사용성 휴리스틱(Jakob Nielsen's 10 usability heuristics) 중 하나일 정도로 중요합니다. 그러므로 사용자에게 선택권과 자유도를 제공하되 사전에 적절한 정보를 알려주어 정확한 판단을 유도해야 합니다. 선택에 따른 위험 요인이 있다면 이를 경고하여 사용자의 실수를 줄여줄 수 있어야 합니다.

이제 적절한 처방을 위해 휴먼 에러가 어떻게 발생하는지 좀 더 자세히 살펴 보겠습니다. 통상적으로 프로덕트 사용 중 사용자의 잘못으로 발생하는 일련의 것들을 실수라고 부릅니다. 사실 실수는 휴먼 에러의 한 가지 유형입니다. 휴먼 에러는 착오(mistake), 망각(lapse), 실수(slip)로 구분됩니다. 휴먼 에러의 각 타입이 어떻게 발생하게 되는지 살펴보고 그에 따른 휴먼 에러를 최소화할 방안에 대해 알아보도록 하겠습니다.

착오는 사용자가 상황을 제대로 파악하지 못하여 잘못된 목표를 설정하고 행동해 발생하는 휴먼 에러입니다. 사용자는 문제적인 상황이 발생했다는 것 자체를 인지하지 못하고 있기에 사고가 발생하면 그 피해 규모가 클 수도 있습니다. 착오는 주로 관련 지식이 부족하거나 상황을 파악하는 데 필요한 정보가 불완전할 때 발생합니다. 그러므로 착오를 줄이기 위해서는 사용자가 사전에 상황을 제대로 파악할 수 있도록 정확한 정보를 적절한 시점에 제공해야 합니다.

대표적인 예로 자동차의 운전자 보조 시스템을 들 수 있습니다. [그림 4-2]와 같이 사이드 미러로 보기 힘든 사각지대의 위험을 센서로 감지하여 경고합니다. 사각지대를 보지 못해 발생하는 접촉 사고가 많은 점을 고려했을 때 운전자 보조 시스템은 사용자의 착오를 줄여주어 재산 손실과 인명 피해를 막아주는 역할을 하고 있습니다.

[그림 4-2] 사각지대의 위험을 경고해 주는 운전자 보조 시스템[16]

망각은 깜빡 잊고 해야 할 행동을 하지 않은 경우에 발생하는 휴먼 에러입니다. 특히 과업의 수행 과정이 길거나, 기능을 작동시킨 후에 완료되는 데까

---

16. 폭스바겐 공식 홈페이지 중 「Advanced driving assistant system」, volkswagen.co.kr/ko/technology/drivers_assistance_system.html

지 시간이 많이 소요되거나, 정보량이 너무 많은 경우에 흔히 발생합니다. 이러한 망각을 최소화하려면 사용자가 직접 기억하지 않아도 과업을 수행할 수 있도록 프로덕트에서 먼저 관련 정보를 제공해야 합니다. 예를 들면 현재 프로덕트의 상태 또는 과업의 진행 단계를 표시하거나 피드백을 제공하는 방법이 망각을 방지하는 데 효과적입니다. 이 외에 알림을 통해서도 사용자의 기억을 상기시켜 줄 수 있습니다.

[그림 4-3]은 동영상 공유 플랫폼 유튜브(YouTube)에서 제공하는 이어서 시청하기 기능입니다. 이전에 영상을 정확히 어디까지 시청했는지 기억이 나지 않았던 경험이 있을 것입니다. 이때 이어서 시청하기 기능은 시청이 중단된 콘텐츠와 함께 진행률 표시줄을 보여주어 기억을 상기시켜 줍니다.

[그림 4-3] 이어서 시청하기 기능

마지막으로 실수는 사용자가 상황 파악은 제대로 하였지만 의도와는 다른 행동을 하여 발생하는 휴먼 에러입니다. 실수는 사용자의 목표와 이에 대한 결과의 불일치를 알려주면 쉽게 발견할 수 있습니다. 따라서 최종 행위를 실행하기 직전에 피드백 정보를 제공하는 것으로 줄여줄 수 있습니다.

대표적인 실수의 예로 문자 입력 중에 종료 버튼을 누르거나 전화 번호 전체 삭제 버튼을 실행하는 것이 있습니다. 사용자는 의도치 않은 실수로 중요한 정보를 손실할 수 있습니다. 다음과 같이 앱을 삭제하기 전에 팝업을 제공하면 사용자가 실수를 인지하여 데이터 손실이 방지됩니다.

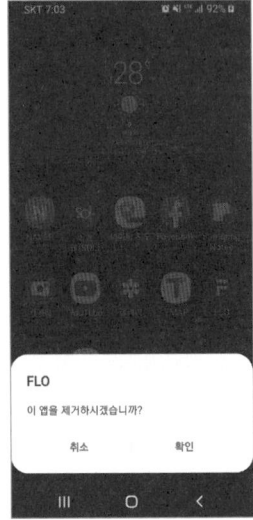

[그림 4-4] 삭제 확인 팝업

4.2 휴먼 에러의 복구 방안

다양한 안전 대책에도 불구하고 어쩔 수 없이 실수가 일어났다면 되돌릴 수 있는 방안이 있어야 합니다. 이처럼 실수를 되돌릴 수 있는 것을 오류 회복성(error recovery)이라고 합니다. 오류 회복성은 크게 후방 회복성과 전방 회복성으로 구분됩니다. 후방 회복성은 사용자가 과거에 저지른 오류의 결과를 취소하고 오류를 저지르기 이전의 상태로 돌아가는 것으로, 이전(back)이나 실행 취소(undo) 버튼이 대표적인 예입니다. 전방 회복성은 사용자가 이미 범한 오류를 취소할 수는 없지만 초기의 상태로 다시 돌아갈 수 있는 경로를 제공하는 것으로 기본값 복원이나 초기화(reset)가 그 대표적인 예입니다.

[그림 4-5]는 메일을 전송하고 난 후의 화면입니다. 화면의 좌측 하단을 보면 토스트 팝업으로 메일을 보냈다는 피드백과 함께 실행 취소 버튼이 제공됩니다. 사용자가 실수로 메일 보내기 버튼을 클릭했거나 발송 후 메일상의 오류를 기억해 냈을 때 이를 취소하여 실수를 바로잡을 기회를 제공합니다.

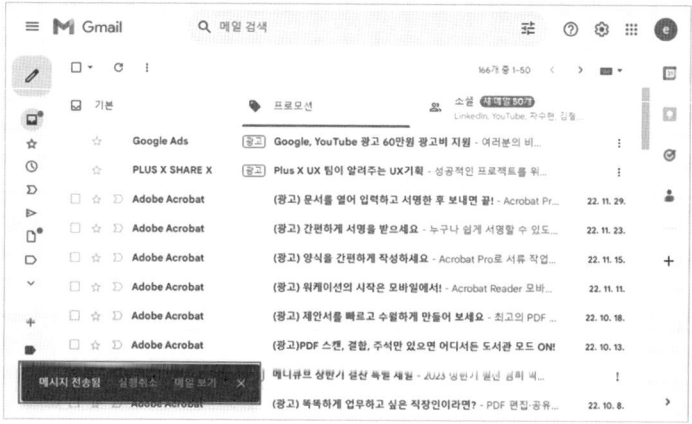

[그림 4-5] 이미 전송된 메일에 대한 실행 취소 버튼

누구나 한 번쯤은 잘못된 메시지를 보내본 경험이 있을 것입니다. [그림 4-6]과 같이 SNS 메시지 앱에서도 삭제 기능을 제공하고 있습니다. 사용자는 이 기능을 이용해 잘못 보낸 메시지를 삭제하여 실수를 되돌릴 수 있습니다. 이러한 포용적인 기능을 통해 사용자는 만일의 상황에 실수를 되돌릴 수 있어 더욱 자유롭게 커뮤니케이션을 하게 됩니다.

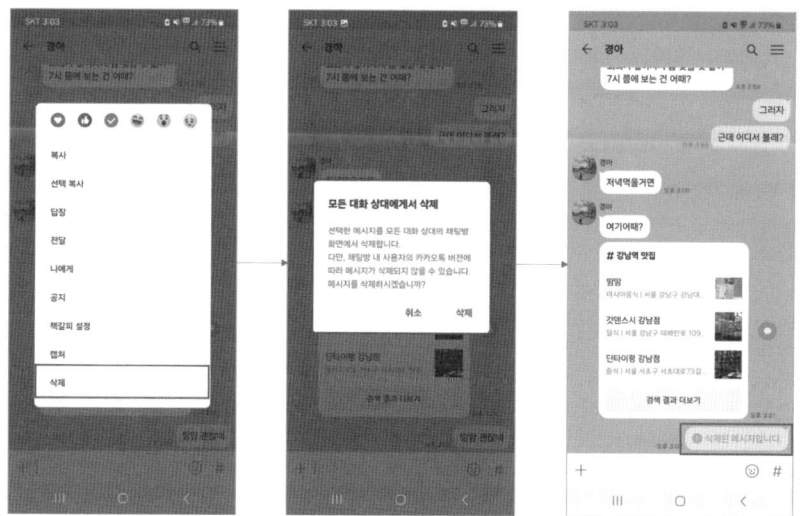

[그림 4-6] 이미 보낸 메시지 삭제

4.3 AI로 더 안전한 경험 제공하기

AI는 사용자의 휴먼 에러를 줄이는 데 활용될 수 있습니다. AI는 인간과 달리 반복해서 수행해야 하는 일에서 피로를 느끼지도 않고 실수 없이 꼼꼼하게 일을 처리할 수 있습니다. 이뿐만 아니라 복잡한 정보도 인간보다 더 빠르고 정확하게 처리할 수 있습니다. 그러므로 AI는 사용자에게 제공되는 서비스 내에서 과업의 현황을 지속적으로 분석하여 위험한 상황이 발생하면 곧바로 실수를 경고하거나 교정해줄 수 있습니다.

사용자의 대표적인 실수로 오타를 들 수 있습니다. 다음과 같이 키보드 앱의 AI 맞춤법 검사 기능이 추천어를 제공하거나 빨간색 밑줄을 표시하여 사용자가 실수를 인지하고 수정할 수 있도록 돕기도 합니다.

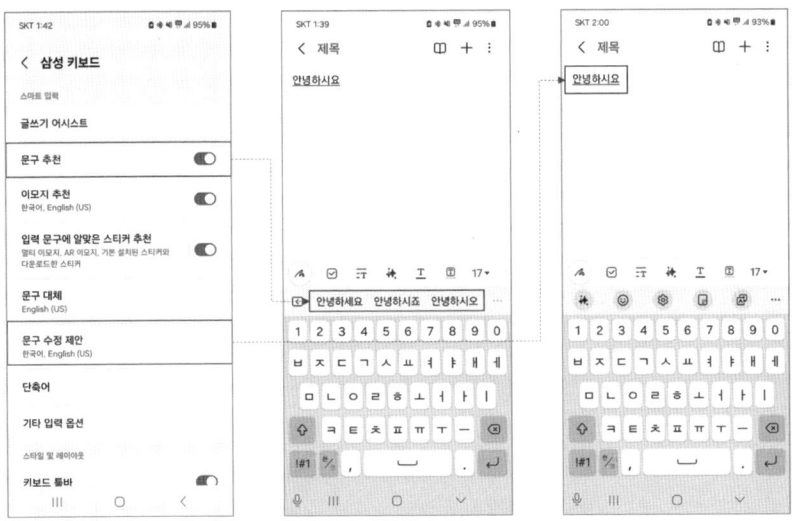

[그림 4-7] 키보드 앱의 AI 맞춤법 검사 기능

AI가 휴먼 에러를 방지하는 또 다른 예로 카카오톡의 페이크 시그널 기능을 들 수 있습니다. 페이크 시그널 기능에서는 AI가 프로필 정보와 계정 및 사용 이력 등을 분석하여 사칭 가능성이 높은 프로필을 자동으로 탐지합니다. 이렇게 탐지된 사칭 의심 프로필에는 경고 표시를 제공하고 만약 친구를 추가하거나 대화를 시도한다면 팝업 정보를 통해 사용자에게 경고합니다. 이를 통해 사용자는 사칭 사기와 피싱 범죄의 가능성을 미리 감지해 사기 피해를 최소화할 수 있습니다.

4.4 안전성 vs 효율성

사용자의 실수를 최소화해 준다는 개념은 사용성이 높다는 것과 연관됩니다. 사용자에게 쉽고 익숙한 경험은 결국은 사용자의 실수를 줄여주기 때문입니다. 그렇지만 안전성(safety)의 원칙 중 일부 개념은 사용자의 실수를 줄여주고자 사전에 정보를 추가로 제공한다거나 경고하는 등 사용의 절차를 늘리기도 합니다. 이는 결국 사용의 효율성을 저하시킬 수 있습니다. 또한, 효율성의 원칙 중 자주 사용하는 기능을 바로 실행할 수 있는 쇼트커트의 개념은 정확성을 향상하고자 의도적으로 단계를 늘려 준다는 안전한 사용 원칙의 개념과 상반되기도 합니다.

두 가지 원칙이 상충되는 피업에서는 어떻게 디자인해야 할까요? [그림 4.0]은 쿠팡의 결제 화면과 배달의 민족 결제 화면입니다. 쿠팡은 결제 정보와 함께 밀어서 결제하기를 한 화면에서 제공해 속도면에서 효율적인 프로세스를 채택했습니다. 반면에 배달의 민족은 별도의 화면으로 결제 정보를 확인하고 최종 결제 전 비밀번호를 입력한 후에 결제가 진행될 수 있는 안전한 프로세스를 채택했습니다.

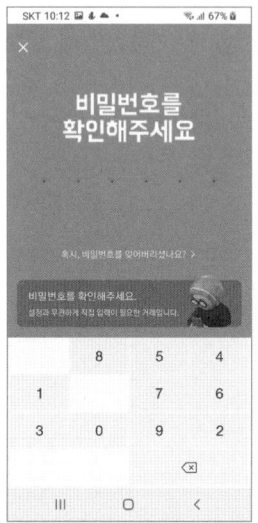

[그림 4-8] 쿠팡 결제 화면과 배달의 민족 결제 화면

그렇다면 쿠팡은 안전하지 못한 결제 시스템을 가진 것일까요? 좀 더 자세히 과업의 특성을 살펴보면 쿠팡은 결제 내역을 취소하거나 환불할 수 있는 오류 회복성을 제공합니다. 반면 배달의 민족은 결제가 이루어진 뒤에 바로 가맹점의 조리가 시작되어 이를 되돌리기 어렵다는 차이가 있습니다. 이는 디자인 문제에서 천편일률적인 솔루션은 없다는 것을 보여 줍니다. 당연히 UX 원칙 간의 시너지를 통해 사용자에게 최적의 경험을 제공하면 좋겠지만 예시에서처럼 효율성과 안전성에 교환 관계가 있는 경우도 존재합니다.

아마도 쿠팡은 결제 취소나 환불이라는 오류 회복성을 제공해 안정성보다는 효율성을 우선시한 것으로 보입니다. 반면에 배달의 민족은 조리가 필요해 취소나 환불이 어려운 배달 음식과 관련된 서비스이기에 오류 회복성을 제공할 수 없습니다. 따라서 사전에 실수를 최대한 방지할 수 있는 안전성에 집중한 것으로 보입니다.

과업의 특성이나 실수로 인해 발생할 수 있는 위험성의 정도에 따라 다르겠지만 사용자에게 안전한 사용을 보장하는 것은 어쩌면 가장 중요한 가치일 수 있습니다. 위험하고 어려울 때 사용자에게 힘이 되어주는 UX는 감동 그 자체일 것입니다.

☑ 근원적 안전 설계

제품, 시스템 또는 프로세스를 설계할 때 위험을 근본적으로 제거하거나 줄이는 것을 목표로 합니다. 근원적 안전 설계로는 사용자가 실수하더라도 피해를 주지 않도록 설계하는 풀 프루프(fool proof)와 문제가 발생해도 비상 장치 등이 작동해 사고로 이어지지 않도록 설계하는 페일 세이프(fail safe)가 있습니다.

☑ 제이콥 닐슨의 10가지 사용성 휴리스틱(Jakob Nielsen's 10 usability heuristics)

가장 널리 알려진 사용성 휴리스틱입니다. 여기서 휴리스틱(heuristic)은 정확한 이론적 배경이나 실증적인 근거가 있는 것은 아니지만 오래전부터 사용되어 이미 널리 알려진 일반적인 설계 법칙(principle)을 말합니다. 휴리스틱 평가에서는 프로덕트의 디자인 요소들이 휴리스틱 기준을 얼마나 잘 준수하고 있는지를 평가합니다.

제이콥 닐슨이 제안한 10가지 사용성 휴리스틱은 시스템 상태의 가시성, 시스템과 현실의 일치, 사용자의 통제와 자유, 일관성 및 표준, 오류 방지, 기억보다는 직관, 사용의 유연성과 효율성, 심미적이고 간결한 디자인, 오류의 인식과 진단 및 복구, 도움말과 설명서로 구성됩니다.

☑ 행동 유도성(affordance)

프로덕트의 형태나 이미지 등이 사용자의 어떤 행동을 유도하는 것을 말합니다. 행동 유도성이 높은 프로덕트는 사용자가 어떻게 사용할 수 있을지 직관적으로 알 수 있습니다.

☑ 안전성(safety)

위험에 대비하고 안전을 보장하는 성질을 의미합니다. 프로덕트 사용 과정에서 일어날 수 있는 위험으로는 데이터 손실, 금융 손실, 자동차 주행 중 충돌 등을 들 수 있습니다.

5 누구나 쓸 수 있는 착한 UX

최근 의료 기술의 발전으로 이전보다 더 건강한 생활을 유지할 수 있을 뿐만 아니라 기대 수명도 길어지고 있습니다. 이에 따라 최근 시니어들에게도 많은 변화가 나타나고 있습니다.

대표적인 예로 액티브 시니어(active senior)를 들 수 있습니다. 액티브 시니어는 50대 이상의 중산층으로 건강한 삶을 유지하면서 활동적인 일상생활을 누리는 시니어들을 일컫습니다. 건강, 외모, 문화생활, 레저 및 자기 계발 등에 적극적으로 소비하는 시니어들을 의미합니다. 액티브 시니어는 탄탄한 경제력을 기반으로 왕성한 소비 활동을 할 뿐만 아니라 젊은 세대들과 같이 스마트폰을 통해 SNS나 동영상 플랫폼을 자유롭게 사용합니다. 이러한 시니어들의 진화된 행동으로 인해 디지털 기기에 능숙한 고령층을 뜻하는 실버 서퍼(silver surfer)라는 신조어가 나올 정도로 예전과 달리 시니어들의 일상생활에 디지털 기술은 깊숙이 자리 잡고 있습니다.

그렇지만 예전보다 훨씬 젊게 사는 액티브 시니어라도 인간으로서의 숙명인 노화를 피할 수는 없습니다. 인간의 노화(aging)는 신체 능력의 저하뿐만 아니라 정보를 지각하고 처리하는 인지적 능력의 저하도 함께 불러일으킵니다. 이는 복잡한 디지털 기술의 사용을 더욱 어렵게 만듭니다. 2019년 과학기술정보통신부가 발표한 결과에 따르면 복잡성이 상대적으로 높은 전자상거래 서비스나 금융거래 서비스에 대해 고령층 이용률이 일반 사용자 이용률의 절반에 가까울 정도로 현저하게 낮습니다.[17]

---

17. 「2019년 디지털정보격차 실태조사」, (과학기술정보통신부, 2019)

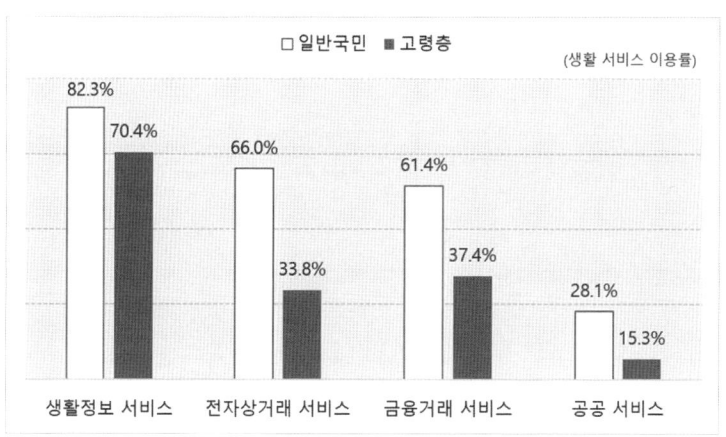

[그림 5-1] 시니어의 디지털 정보화 활용 수준

물론 단순히 디지털 프로덕트의 복잡도 때문만은 아닐 것입니다. 익숙하고 가시적으로 서비스 이용 흐름을 확인할 수 있는 오프라인 매장이나 은행을 더 신뢰해 그 이용률이 낮은 것일 수도 있습니다. 그렇지만 이러한 디지털 프로덕트의 높은 복잡도는 시니어들의 진입에 허들로 분명히 작용합니다.

일상의 프로덕트들을 디지털로 이용할 수 있는 것은 분명한 혜택을 제공합니다. 물리적 이동 없이도 언제 어디서나 프로덕트를 이용할 수 있다는 편리함뿐만 아니라 특히나 디지털로 금융 서비스를 이용한다면 금리 우대나 계좌이체 수수료의 면제와 같은 또 나은 혜택이 존재합니다. 따라서 이러한 시니어의 디지털 정보 격차는 금융 격차로도 이어질 수 있습니다.

그렇다면 노화나 장애와 같이 신체적이거나 인지적으로 한계를 지닌 사용자들을 위해 UX 관점에서는 어떻게 해야 할까요? 누구나 공평하게 쓸 수 있도록 그들의 특성과 한계를 배려해 디지털 경험을 디자인해야 합니다. 이러한 개념은 유니버설 디자인(universal design)으로 잘 알려져 있습니다. 이는 일상생활에 다양한 편리함과 효용을 가져다주는 디지털 기술이 누구가만의 전유물이 되지 않고 누구나 공평하게 쓸 수 있게 하자는 착한 UX에 대한 개념입니다.

여기에서는 어떠한 사람이라도 공평하게 사용할 수 있도록 배려하는 범용(汎用)적 사용에 대한 UX 비법을 살펴보도록 하겠습니다. 더 나아가 AI를 활용해 어떻게 시니어와 같은 디지털 사용에 불편함을 겪는 약자들이 프로덕트 사용에 쉽게 접근할 수 있도록 만들어줄 수 있는지에 대해서도 알아보겠습니다.

5.1 누구나 쉽게 인식할 수 있는 정보

프로덕트를 누구나 쓸 수 있게 하려면 어떻게 디자인해야 할까요? 프로덕트 이용에 가장 불리한 사용자층을 배려해 디자인하면 나머지의 보통 사람들은 충분히 사용할 수 있습니다. 이러한 디자인적 배려를 통해 누구라도 쓸 수 있는 프로덕트가 될 수 있습니다.

그렇다면 디자인할 때 시니어의 어떤 특성을 배려해야 할까요? 이러한 저하된 지각 능력을 배려해 정보를 쉽게 인식할 수 있도록 디자인해야 합니다. 그 예로 아래와 같이 글자 크기를 개인의 시각 능력에 맞게 조절할 수 있게 디자인하면 시니어뿐만 아니라 모든 일반 사용자도 정보를 쉽게 인식할 수 있습니다.

[그림 5-2] 글자 크기 조절 기능

특히나 시력의 저하는 디지털 프로덕트의 사용을 어렵게 합니다. 시니어 사용자는 노화로 인해 수정체의 탄력을 잃어 조절 능력도 감소해 결국은 시각 능력의 저하를 불러일으킵니다. 이를 노안이라고 합니다. 이에 따라 시니어들은 스마트폰과 같이 작은 화면 안의 정보들을 읽는 데 어려움을 겪습니다.

시니어의 노안을 배려하여 좀 더 높은 시인성을 가진 정보를 제공하는 것이 필요합니다. 그렇다면 어느 정도의 크기로 정보가 제공되어야 할까요? 60~70대 시니어가 원활히 프로덕트를 이용하려면 20~40대와 대비하여 글자 크기가 약 1.5~2배 커야 합니다. 시니어의 시각 능력의 노화는 디지털 프로덕트의 글자 크기 인식뿐만 아니라 색상에 대한 인식과도 연관됩니다. 노화로 인해 수정체는 황변화됩니다. 이에 따라 마치 황색 필터를 통해 세상을 보는 것과 같이 파란색이 검은색처럼, 보라색이 빨간색처럼 보여 색 대비(contrast)가 적절치 못하면 시니어는 정보를 인식하기 어렵습니다. 그러므로 시니어를 위한 프로덕트를 디자인할 때는 색상의 심미성뿐만 아니라 배색 측면에서 시인성에 대한 배려가 필요합니다.

5.2 누구나 조작할 수 있는 인터페이스

시니어의 노화는 지각 능력뿐만 아니라 신체 능력에서도 진행됩니다. 그러므로 조작력, 정확성, 사용 자세에 대한 부담이 없도록 배려해야 합니다.

그렇다면 노화는 어떠한 신체적 능력을 저하할까요? 대표적으로 근력의 저하를 들 수 있습니다. 인간은 25~35세 사이에 근력이 최대치에 도달하고 40대부터 완만하게 감소하다 그 이후에는 급격히 감소합니다. 일반적으로 30대와 비교했을 때 50대에는 근력이 약 80%, 70대일 때는 약 60% 수준으로 저하됩니다. 그러므로 시니어를 배려하려면 큰 힘을 요구하지 않고 사용할 수 있도록 배려해야 합니다.

그 예로 냉장고나 세탁기 도어의 열리는 힘이나 핸디형 청소기의 무게를 설계할 때 시니어의 근력 저하에 대한 배려가 필요합니다. 만약 냉장고 도어를 여는 데 많은 힘이 요구되면 시니어 사용자는 도어를 열지 못하거나 불편함을 겪게 됩니다.

노화는 근력 저하뿐만 아니라 시각적 자극을 보고 반응하는 데까지 소요되는 동작 시간도 느려지게 합니다. 고령자는 젊은이보다 동작 시간이 약 1.5~2배 정도 더 소요됩니다.[18] 이러한 반응 능력의 저하는 디지털 디바이스의 조작을 어렵게 만들 수 있습니다. 예를 들면 IT 기기에서 터치 화면을 더블 탭하거나 마우스로 더블 클릭할 때 시니어는 정확성이나 속도에 대한 부담을 느낄 수 있습니다. 그러므로 아래와 같이 마우스의 더블 클릭 속도를 조절할 수 있도록 하는 등 시니어도 PC를 부담 없이 조작할 수 있도록 디자인해야 합니다.

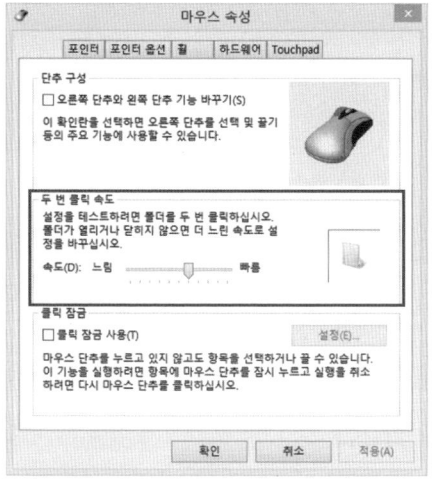

[그림 5-3] 마우스 더블 클릭 속도 조절 기능

또한 노화로 인해 손 또는 팔 그리고 허리 관절의 움직임이 저하되거나 제한되며 이에 따라 특정 영역에 손으로 도달할 수 있는 접근 범위가 줄어듭니다.

---

18. 『Designing for older adults: Principles and creative human factors approaches』, (Fisk, A. D., Czaja, S. J., Rogers, W. A., Charness, N., Sharit, J., 2004)

이와 관련하여 파나소닉은 세탁기에 세탁물을 넣고 빼내는 동작이 시니어나 장애인에게 매우 불편한 점을 배려해 누구나 넣고 빼기 편리한 각도를 연구하였고 20~30도로 기울어진 드럼식 세탁기를 개발했습니다. 이를 통해 노인과 장애인도 좀 더 편리하게 세탁기를 사용할 수 있게 되었습니다.

[그림 5-4] 투입구가 기울어진 드럼식 세탁기[19]

5.3 능력에 맞게 조절 가능한 기능

누구나 사용할 수 있도록 배려하려면 각자 능력에 맞추어 기능을 조절할 수 있도록 디자인해야 합니다. 사용자는 조절 기능을 통해 개인의 능력에 따라 기능을 적절하게 맞추어 사용할 수 있습니다. 그 예로 [그림 5-5]는 스마트폰의 설정에서 제공하는 접근성 기능입니다. 앞서 살펴보았던 시각적, 청각적 그리고 신체적 한계를 고려해 버튼 크기나 글자 크기 등을 조절할 수 있는 기능을 제공합니다. 시니어는 해당 접근성 메뉴에 진입하여 자신들에게 맞도록 조절해 스마트폰을 사용할 수 있습니다.

---

19. 파나소닉 공식 홈페이지 중 「NA-V80」, panasonic.jp/wash/c-db/products/NA-V80.html

[그림 5-5] 스마트폰의 접근성 기능

5.4 AI로 누구나 쓸 수 있는 경험 제공하기

AI를 효과적으로 활용하면 프로덕트 사용에 어려움을 겪는 시니어나 장애인에게 도움이 될 수 있습니다. AI 기반의 음성 변환 앱은 목소리를 잃거나 언어장애를 가진 사람들이 속삭이기만 해도 실시간으로 음성을 명확하게 변환하여 원활한 의사소통을 할 수 있도록 도와줍니다.

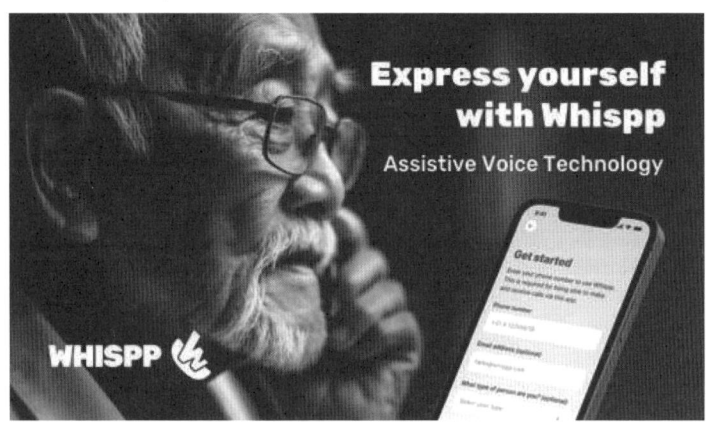

[그림 5-6] AI 기반의 음성 변환 앱[20]

---

20. 위스프(Whispp) 공식 홈페이지, whispp.com

이뿐만 아니라 AI는 혼자 힘으로 일상생활이 어려운 시니어들을 위한 돌봄 서비스에도 활용됩니다. 대표적인 예로 시니어 돌봄을 위한 AI 스피커를 들 수 있습니다. 시니어를 위한 돌봄 AI 스피커는 시니어가 위급 상황에 부닥쳤을 때 음성 명령만으로 119에 긴급 호출하거나 낙상 사고를 자동으로 감지해 보호자에게 알려 주기도 합니다. 또한 시니어 돌봄 AI 스피커는 외롭거나 우울한 시니어를 위해 정서적인 돌봄 서비스를 제공하기도 합니다. 간단한 대화를 통해 말벗이 되어 주거나 시니어의 건강 상태 및 인지 능력을 케어해 주기도 합니다. 이렇듯 AI는 사회적 약자를 돕는 따뜻한 기술로 효과적으로 활용할 수 있습니다.

5.5 접근성 vs 사용성

지금까지 디지털 프로덕트 사용에 불리한 사용자에게도 차별 없이 공평한 접근성(accessibility)을 제공하는 범용적 UX 비법을 살펴보았습니다. 시니어를 위해 디자인하려면 접근성뿐만 아니라 사용 용이성이나 일관성과 같은 사용성(usability)의 원칙들도 잘 반영해야 합니다. 이때, 접근성은 사용성을 확보할 기본적인 조건으로 볼 수 있습니다. 접근성이 디지털 프로덕트에 접근해서 사용할 수 있어야 한다는 최소한의 개념이라면 사용성은 더 쉽고 편리하게, 효율적으로 사용할 수 있어야 한다는 발전된 개념입니다. 사용성 기준에서는 주로 타깃으로 하는 사용자를 중심으로 디자인하거나 가장 높은 비율을 차지하는 일반 사용자를 중심으로 디자인하는 데 반해, 접근성 기준에서는 시니어와 장애인을 포함한 모든 사용자를 위해 디자인한다는 차이가 있습니다.

하지만 시니어를 위한 디자인은 나머지 일반 사용자들에게 답답함을 느끼게 하거나 또 다른 사용성의 문제를 불러일으킬 수도 있습니다. 예를 들면 한정된 화면에 내용을 큰 글자로만 제공한다면 한 번에 파악할 수 있는 정보량이 감소해 과업의 효율성 저하로 이어질 수 있습니다. 시인성 중심으로 디자인된 화면은 세련되거나 심미적인 것과는 거리가 멀 수도 있습니다. 이와 관련하여 최근 시니어 시장에서 성공한 여러 기사를 살펴보면 시니어다운 프로덕트가 오히려 시니어들에게 외면받는다는 의견이 보이기도 합니다. 그러므로 시니어도 직관적으로 이해하고 편리하게 사용할 수 있게 하면서 디자인적으로도 젊은 감각을 유지할 방안에 대한 고민할 필요가 있습니다.

접근성 기능과 같이 일반적인 디지털 프로덕트에의 설정이나 옵션을 통해 시니어를 위한 기능들을 제공하는 것도 좋은 해결 방안입니다. 그렇지만 접근성 기능을 옵션으로 제공하는 것 자체가 시니어에게는 부담이 될 수 있습니다. 일부분의 시니어만이 그 기능을 사용할 수 있어 모두를 위한 디자인(design for all)이라는 개념을 완성하기 어렵습니다. 단순히 앱이나 웹의 접근성 기능을 잘 설계하는 것뿐만 아니라 고객 여정 관점에서 전방위적으로 세심하게 배려해야 합니다. 예를 들면 초기 설정 단계에서 판매원이나 배송원이 시니어를 위한 특화된 케어 서비스를 제공할 수 있습니다. 또한 사용 중 문제가 생겼을 때 온라인뿐만 아니라 시니어들이 친근하고 익숙한 오프라인 채널들을 통해 좀 더 손쉽게 접근할 수 있는 서비스를 제공하는 것은 모두를 위한 디자인 개념에 한 발 더 가깝게 다가가는 것입니다.

5.6 시니어를 위한 UX는 사업적으로 성공할 수 있을까?

범용적 사용을 위한 원칙이 잘 동작하려면 앞서 논의한 UX적인 노력뿐만 아니라 비즈니스적인 측면의 지원도 필요합니다. 범용적 디자인이 잘되기 어려운 현실적인 부분은 이러한 착한 UX 개념이 결국은 프로덕트의 개발 비용을 올려 비즈니스 효율성을 낮추기 때문입니다. 결국은 좋은 UX를 디자인하려면 UX와 비즈니스의 선순환이 필요합니다. 다행히도 점점 더 시니어를 위한 디자인이 중요해지고 있다는 단서들을 찾아볼 수 있습니다.

첫 번째는 고령화 사회의 도래입니다. 우리나라의 연령 구조는 급속도로 고령화되고 있습니다. 전체 고객 비중에서 시니어가 차지하는 비율이 점점 더 커질 뿐만 아니라 시니어는 높은 경제력을 가지고 있습니다. 이는 기업 관점에서도 비즈니스를 위해 놓쳐서는 안 되는 중요한 고객층으로 시니어를 고려해야 한다는 것을 말해 줍니다.

두 번째는 MZ 세대처럼 젊은 세대를 중심으로 한 사회적 의식의 변화입니다. 특히 MZ 세대는 프로덕트를 구매할 때 ESG(Environmental, Social, Governance) 관점의 가치 소비를 중요하게 생각합니다. 이는 MZ 세대가 환경 보호뿐만 아니라 사회적 약자에 대해 배려하는 것에 대해 감동하여 그 기업의 고객이 되고 더 나아가 팬이 될 수 있다는 것을 의미합니다.

☑ **유니버설 디자인**(universal design)

모든 사람에게 평등한 혜택을 주며 삶의 질을 높이는 것을 목표로 프로덕트 사용에 나이, 장애, 성별, 언어 등으로 인해 제약을 받지 않도록 디자인하는 것을 의미합니다. 즉 보통 사람과 약자 모두를 배려하는 디자인 철학입니다. 모두를 위한 디자인(design for all), 범용적 디자인(inclusive design)이라고도 불립니다.

☑ **접근성**(accessibility)

모든 사람이 동등하게 이용할 수 있도록 디자인되어 있는지를 의미합니다. 개인의 특성이나 능력에 구애받지 않고 불편함 없이 이용할 수 있도록 하여 확보할 수 있습니다.

☑ **사용성**(usability)

특정한 사용 환경에서 과업을 수행하면서 느낄 수 있는 효과성, 효율성, 학습성 등 총체적인 사용 품질을 의미합니다.

☑ **ESG**(Environmental, Social, Governance)

환경(environmental), 사회(social), 지배 구조(governance)의 약자로 기업 경영의 지속 가능성을 달성하기 위한 3가지 핵심 요소를 말합니다.

6 UX 디자인의 기본, PUI 디자인

Hi, Alexa.

최근 AI 기술의 급격한 발전으로 사용자들이 음성 인식을 통해 다양한 IT 프로덕트를 조작하는 것을 손쉽게 볼 수 있게 되었습니다. 그렇지만 우리는 아직도 버튼이나 키보드와 마우스, 리모컨과 같은 전통적인 물리적 사용자 인터페이스(Physical User Interface, PUI)를 통해 IT 제품을 조작하고 있습니다.

PUI는 다양한 프로덕트에 적용되어 있습니다. 특히 자동차에는 핸들, 레버, 페달, 누름 버튼, 노브, 섬휠, 스위치 등 다양한 유형의 PUI가 적용되어 있습니다. 다른 IT 프로덕트들에도 다양한 형태의 PUI가 적용되어 있습니다. 노트북에는 마우스와 키보드, 스마트폰에는 누름 버튼, 스마트워치에는 노브와 누름 버튼이 적용되어 있습니다.

[그림 6-1] 자동차 인테리어에 적용된 다양한 PUI[21]

---

21. 메르세데스 벤츠 공식 홈페이지 중 「A-Class」, mercedes-benz.co.kr/passengercars/models/saloon/a-class/overview.html

그렇다면 사용자가 조작하기 편리한 PUI는 어떻게 디자인할 수 있을까요? 사용자가 수행해야 할 과업에 가장 효과적으로 지원할 수 있는 입력 방식을 선정하고 자연스러운 사용 자세에서 가장 효율적이도록 디자인해야 합니다.

여기에서는 사용자에게 신체적인 편안함과 효과적인 조작 경험을 제공하기 위한 PUI 디자인 비법에 대해 알아보도록 하겠습니다. 또한 전통적인 PUI가 AI로 인해 어떻게 진화하고 있는지에 대해서도 살펴보겠습니다.

6.1 과업에 적합한 PUI

만약 프로덕트에 PUI를 적용하기로 했다면 적합한 유형을 선정하고자 어떤 부분을 고려해야 할까요? PUI는 사용자가 조작하고자 하는 정보의 유형에 따라 누름 버튼이나 스위치와 같이 이산형 정보(discrete information)를 다루는 PUI와 노브나 슬라이더와 같이 연속형 정보(continuous information)를 조작하는 PUI로 구분됩니다. 우선 기능을 실행하여야 하는 과업의 특성에 따라 사용자가 효과적으로 조작할 수 있는 적절한 PUI 유형이 무엇인지 검토해야 합니다. 예를 들면 애플 비전 프로의 볼륨과 같이 연속적인 값을 조절할 때는 여러 번 눌러야 하는 누름 버튼보다 한 번에 돌려서 값을 이동할 수 있는 노브 형태가 훨씬 효율적입니다.

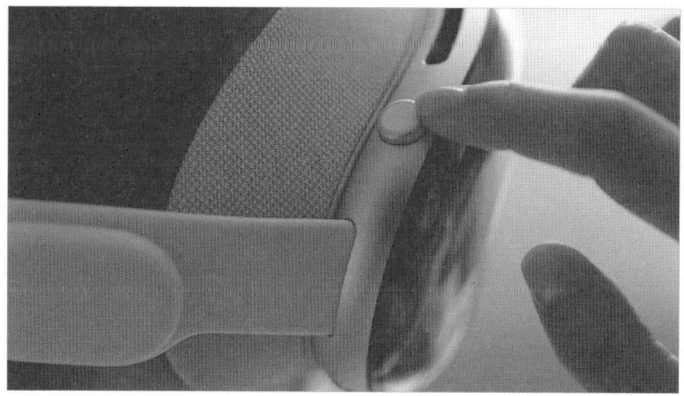

[그림 6-2] 연속적인 값 조절에 유리한 노브[22]

---

22. 애플 공식 개발자 웹 페이지 중 「Digital Crown」, developer.apple.com/design/human-interface-guidelines/digital-crown

적절한 PUI를 선정하려면 조작하는 정보의 유형뿐만 아니라 유사한 유형의 PUI 중에서 어떤 PUI의 사용성이 우위에 있는지 정교하게 검토하는 것이 필요합니다. 예를 들면 [그림 6-3]과 같이 위치 제어(positioning) 장치에 대한 사용성에서는 직접적으로 포인팅할 수 있는 터치스크린이나 라이트펜이 속도는 상당히 빠르지만 정확성에서는 떨어지는 경향을 볼 수 있습니다.[23] 반면 마우스는 제일 빠르지는 않지만 정확성 측면에서 가장 우세한 것을 볼 수 있습니다. 즉 속도와 정확성 간의 교환 관계를 볼 수 있습니다. 이때는 사용자가 수행해야 할 과업의 속성에 따라 속도와 정확성 중 우선순위를 결정해 적합한 위치 제어 장치를 결정하는 것이 필요합니다.

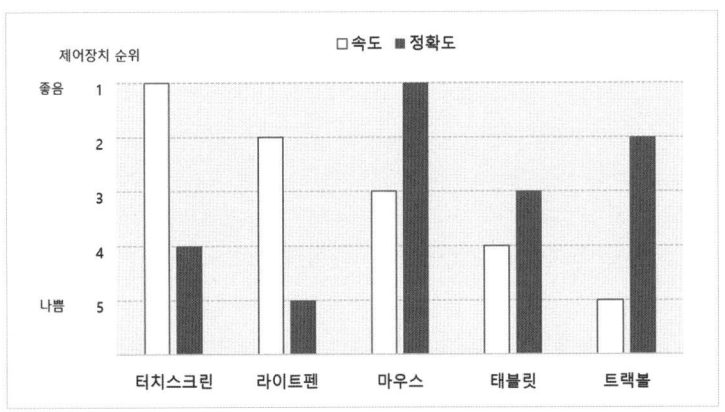

[그림 6-3] 위치 제어 장치의 사용성 비교 결과

6.2 인체 공학적 디자인

일상에서 우리는 다양한 프로덕트를 조작합니다. 그리고 가끔은 내 몸에 잘 맞지 않는 프로덕트를 사용하게 되어 불편함을 느끼기도 합니다. 이처럼 사용자의 신체적 특성을 배려하지 않은 프로덕트도 존재합니다. 이때 인체 공학적 디자인이 필요합니다. 인체 공학(physical ergonomics)에서는 신체의 크기나 형태와

---

23. 『Beyond the desktop: Designing and using interaction devices』, (Baber, C., 1997)

같은 정적(static) 치수와 도달 범위와 같은 동적(dynamic) 치수를 정보로써 다룹니다. 또한 조작하기 위한 힘과 같은 운동 기능에 대한 특성과 한계에 대한 이해를 제공하여 사용자가 프로덕트를 편하게 사용할 수 있도록 만들어 줍니다.

사용자의 인체 치수는 정적 치수와 동적 치수로 구분됩니다. 정적 치수는 정해진 자세에서 움직이지 않는 사람을 인체 측정 기구로 측정해 얻어진 정보입니다. 이때 필요한 인체 치수 데이터는 디자인하고자 하는 제품에 따라 다릅니다. 예를 들면 VR 기기를 디자인하려면 머리둘레나 눈과 눈 사이의 간격 등의 데이터가 필요합니다. 반면에 키오스크 디스플레이의 높이는 편리한 정보 확인을 위한 선 자세에서 지면에서 눈높이와 함께 편리한 조작을 위한 팔꿈치까지의 높이에 대한 데이터가 필요합니다.

최근에는 VR 기기나 스마트워치, 무선 이어폰과 같은 웨어러블 디바이스들을 더 많이 사용되게 되었습니다. 만약 이러한 웨어러블 디바이스가 인체의 크기와 형상에 부적절하게 디자인된다면 사용자는 불편한 착용감을 느낍니다. 대표적인 예로 [그림 6-4]의 무선 이어폰과 같이 장시간 착용하는 디바이스에서는 음질 및 성능에 못지않게 착용감이 중요합니다. 장시간 사용하거나 격하게 움직여도 맞춤옷처럼 귀에 딱 맞게 꽂혀 있어 빠지지 않고 과도한 압박 없이 안정적인 착용감을 제공하는 것이 필요합니다. 이를 위해서는 실제 사용자의 귀 내부 형상과 크기를 측정해 이어폰을 디자인하고 사용성 평가와 같은 정밀한 검증 과정을 진행할 필요가 있습니다.

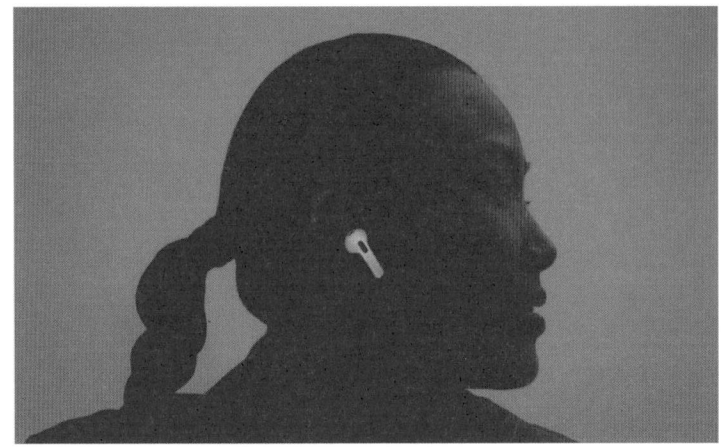

[그림 6-4] 무선 이어폰의 인체 공학적 디자인[24]

동적 치수는 움직이는 몸의 자세에서 측정해 얻어진 데이터입니다. 예를 들면 앉아 있는 자세에서 손이 닿을 수 있는 범위와 같이 신체의 도달 범위를 측정하여 도출할 수 있습니다. 동적 치수는 정적 치수와 달리 단순히 인체의 특정 부위를 측정하는 것으로 데이터를 획득하기 어렵습니다. 왜냐하면 사용자가 조작하려고 움직일 때 각 신체 부위가 독립적으로 움직이는 것이 아니라 조화를 이루어 함께 움직이기 때문입니다. 그러므로 이러한 동적 치수는 주로 실험을 통해 특정 환경에서 사용자들에게 과업을 수행하게 하여 데이터를 획득합니다. 이러한 도달 범위에 대한 데이터는 버튼이나 터치 영역의 최적 위치 설정 등 입력 장치를 디자인하는 데 활용됩니다.

특히 그립하여 사용하는 핸드폰이나 리모컨은 주로 사용하는 엄지의 동작 범위를 파악해서 접근이 쉬운 영역에 누름 버튼을 배치하는 것이 중요합니다. 왜냐하면 자연스러운 자세에서 이동 거리를 최소화해 빠르게 접근할 수 있게 만들기 때문입니다. [그림 6-5]와 같이 대부분의 리모컨은 오른손 엄지가 닿는 범위에 버튼이 배치되어 있어 자세를 바꾸지 않고도 편하게 조작할 수 있

---

24. 애플 공식 홈페이지 중 「AirPods」, apple.com/kr/airpods-3rd-generation

습니다. 만약 버튼이 불편한 자세로 조작해야 하는 위치에 배치되어 있다면 사용자의 신체적 피로를 유발하고 과업의 효율성을 저하하게 만듭니다.

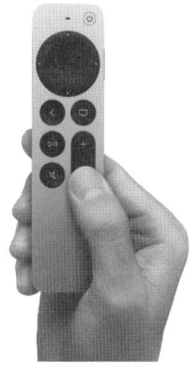

[그림 6-5] 엄지로 편하게 조작할 수 있는 리모컨 버튼[25]

프로덕트를 조작하려면 물리적인 힘이 요구됩니다. 버튼을 누르는 것과 같이 근력이 거의 요구되지 않는 과업에서부터 냉장고의 핸들을 당겨 열거나 청소기를 들어 밀고 당기는 것과 같이 근력이 요구되는 과업도 있습니다. 근력은 근육의 수축과 이완 작용에 의해 발생합니다. 만약 근육에 특정한 힘 이상이 요구되거나 지속해서 힘을 들여야 하면 사용자는 지치게 됩니다. 이때 근력은 자세와도 연관됩니다. 인간의 신체는 자연스러운 자세(neutral posture)에서 더 효율적으로 힘을 낼 수 있으니 근육의 부담 또한 줄어듭니다. 반면에 불편한 자세에서는 근육 작용의 효율이 떨어질 뿐만 아니라 더 쉽게 피로하게 됩니다. 그러므로 과도한 힘을 요구하거나 불편한 자세를 유발하는 프로덕트는 사용자에게 과도한 근력을 요구하게 하며 신체적 부담은 가중됩니다.

[그림 6-6]은 인체 공학적으로 디자인된 스틱형 무선 청소기입니다. 과도한 힘을 요구하지 않는 가벼워진 무게와 함께 그립 시 손목 꺾임 없이 자연스럽게 그립해서 밀고 당길 수 있도록 손잡이를 배려해 디자인되었습니다. 이에

---

25. 애플 공식 홈페이지 중 「Refurbished Apple TV 4K 128GB (3rd Generation) Wi-Fi + Ethernet」, apple.com/shop/product/FN893LL/A/refurbished-apple-tv-4k-128gb-3rd-generation-wi-fi-ethernet

따라 사용자는 힘을 덜 들이고도 편리하게 청소할 수 있습니다. 특히 가전을 많이 사용하는 사용자층이 주로 여성이나 고령자가 많다는 점을 고려하여 무리한 힘을 쓰지 않고도 편리하게 사용할 수 있도록 인체 공학적으로 디자인하는 것은 중요합니다.

[그림 6-6] 손목 꺾임을 없앤 스틱형 청소기[26]

6.3 AI로 인한 인터페이스의 진화

생물이 환경의 변화에 적응하고 진화하듯이 인터페이스도 기술의 발전과 사용자의 니즈에 따라 진화합니다. 가장 오래된 인터페이스인 PUI에서 디지털 프로덕트에 가장 널리 활용되는 그래픽 사용자 인터페이스(Graphical User Interface, GUI)로 진화했습니다. 최근에는 AI 기술의 급격한 발전으로 음성 인식이나 제스처 인식 방식과 같이 점차 표시 장치와 입력 장치가 사라지는 내추럴 사용자 인터페이스(Natural User Interface, NUI) 방식으로 진화하고 있습니다.

특히 최근에는 대규모 언어 모델(Large Language Model, LLM)의 등장으로 음성 인식이나 챗봇과 같은 대화형 인터페이스가 주목을 받고 있습니다. 빌 게이츠(Bill Gates)는 자신의 블로그를 통해 지금의 AI를 GUI 이후 가장 중요한 기술의 발전

---

26. 다이슨 공식 홈페이지 중 「dyson v8 slim」, dyson.co.kr/products/cord-free/v8-slim-overview

이라고 평하며 앞으로는 클릭이나 탭 등의 액션이 아니라 인간의 언어로 컴퓨터와 상호 작용하게 될 것이라고 전망했습니다. 자연어로 컴퓨터와 소통할 수 있다는 것은 커다란 진보이며 상호 작용을 더 쉽고 생산적으로 만들어 줍니다.

대화형 인터페이스 외에 앞으로 주목받을 것으로 예상되는 인터페이스는 제스처 인식입니다. 영화 「마이너리티 리포트」에서 톰 크루즈(Tom Cruise)가 허공에 제스처를 통해 컴퓨터와 상호 작용하던 장면은 아직도 많은 사람의 뇌리에 남아 있을 것입니다. 제스처 인식은 음성 인식에 비해 아직 기술의 완성도가 높지 않아 소수의 프로덕트에서만 실험적으로 사용되고 있습니다. 그렇지만 향후 딥러닝 기술의 발전으로 사용자의 동작을 기계가 완전히 구분할 수 있게 됨에 따라 더 많은 프로덕트에 활용될 것으로 전망되고 있습니다. 자동차나 TV와 같이 인터페이스 전면에서 제스처하는 방식뿐만 아니라, 최근에는 증강 현실(Augmented Reality, AR)이나 확장 현실(Xtended Reality, XR)과 같은 디스플레이 기술이 발전되면서 가상 공간에서의 입력 방식으로도 제스처가 많이 활용되고 있습니다. 이에 따라 새로운 인터랙션 방식을 사용자들이 쉽게 학습하고 편리하게 사용할 수 있도록 배려하는 섬세한 고민이 더욱 필요해졌습니다.

[그림 6-7] XR 환경에서의 제스처를 통한 조작[27]

---

27. 마이크로소프트 공식 홈페이지 중 「HoloLens 2」, microsoft.com/en-au/d/hololens-2-development-edition/92f64zpzzzd4?activetab=pivot:overviewtab

그렇지만 전통적인 입력 장치인 PUI가 5년 후, 10년 후, 아니면 20년 후에 우리 곁에서 사라질까요? 반드시 그렇지는 않을 것 같습니다. 왜냐하면 사용자는 새롭고 흥미로운 것을 좋아하지만 반면에 익숙하고 편리한 것을 쉽게 버리지 못하기 때문입니다. 이뿐만 아니라 사용 맥락에 따라 편리한 입력 방식이 다릅니다. 겨울에 장갑을 끼고 있을 때는 터치 스크린 조작이 어렵고 대중교통을 이용할 때는 음성 인식으로 스마트폰을 사용하기 곤란합니다. 이처럼 사용 맥락에 따라 절대적인 우위의 입력 방식은 존재하지 않습니다.

PUI 디자인은 UX 디자인 도메인의 하나로 기본적인 디자인 요소입니다. 변화하는 트렌드를 빠르게 센싱하고 적용하여 차별화된 UX를 제공하는 것은 아주 중요합니다. 이와 함께 PUI 디자인과 같이 기본적인 부분을 탄탄히 유지하고 계승하는 것도 좋은 사용자 경험을 제공하기 위해 꼭 필요합니다.

> ☑ **물리적 사용자 인터페이스**(Physical User Interface, PUI)
>
> PUI에서는 사용자가 물리적 요소를 통해 프로덕트와 상호 작용합니다. 물리 버튼, 다이얼, 그립감, 착용감과 같이 주로 프로덕트의 하드웨어적인 요소를 디자인합니다. PUI 디자인을 위해서는 사용자의 신체적 특성을 고려해야 합니다.
>
> ☑ **그래픽 사용자 인터페이스**(Graphical User Interface, GUI)
>
> GUI에서는 사용자가 그래픽 요소를 통해 프로덕트와 상호 작용합니다. 화면의 레이아웃, 메뉴, 아이콘, 레이블 등 프로덕트의 시각적인 요소를 말합니다. GUI 디자인을 위해 사용자의 시각적 특성을 고려해야 합니다.
>
> ☑ **내추럴 사용자 인터페이스**(Natural User Interface, NUI)
>
> NUI에서는 사용자의 자연스러운 행동을 통해 프로덕트와 상호 작용합니다. 주로 음성 인식, 제스처 인식, 시선 추적 등의 기술을 활용합니다. NUI 디자인을 위해 사용자의 대화나 동작과 같은 행동적 특성을 고려해야 합니다.

7 즐거움을 제공하는 감성 디자인

즐거움은 지친 일상에 오아시스처럼 삶에 활기를 찾아 줍니다. 이러한 즐거움은 다양한 활동을 통해 얻을 수 있습니다. 여행이나 콘텐츠 시청, 운동과 같은 여가 활동뿐만 아니라 일이나 학업에서의 성취감이나 따뜻한 인간관계에서도 즐거움을 느낍니다. 즐거움은 흥미나 열정을 올려주어 일에 몰입하게 하며 스트레스와 같은 부정적인 감정을 낮춰 줍니다.

사용자는 특정 목적을 달성하기 위한 실용적 가치(utilitarian value)로써 프로덕트를 구매하거나 사용합니다. 그렇지만 그것만으로 사용자의 행동을 모두 설명하기는 어렵습니다. 프로덕트에서의 효용(utility)은 실용적 가치만큼이나 즐거움과 같은 쾌락적 가치(hedonic value)도 중요하게 봅니다. 이제는 성능과 기능성과 같은 실용적 가치는 당연시되는 것과 같이 사용자의 니즈는 진화하고 있습니다. 이에 따라 사용자에게 즐거움을 주는 감성적 디자인은 브랜드의 차별화된 경쟁 요소로 작용합니다.

그렇다면 어떤 프로덕트가 사용자를 즐겁게 만들어줄 수 있을까요? 매력적인 디자인을 지닌 프로덕트는 사용자에게 시각적인 즐거움을 줄 뿐만 아니라 자기 정체성을 표현하기 위한 수단으로도 활용됩니다. 프로덕트에 재미 요소를 제공하여 즐거움과 흥미를 유발하면 더 오래 머물게 되기도 합니다.

여기에서는 인간의 감성 시스템이 어떻게 작동하는지에 대해 먼저 살펴보고 사용자가 어떤 특성의 프로덕트에서 즐거움을 느끼는지 알아보도록 하겠습니다. 더 나아가 AI를 활용해 사용자에게 어떤 즐거움을 제공할 수 있는지에 대해서도 살펴보겠습니다.

7.1 감성과 정서

감성(affect)은 외부 자극에 의해 인간의 내부에서 일어나는 작용으로 흔히 느낌이나 마음이라고도 합니다. 이러한 인간의 감성 시스템은 이성 시스템과는 상반되는 개념으로도 알려져 있습니다. 이성 시스템은 논리적이고 분석적이지만, 감성 시스템은 자동적이고 본능적인 특성을 보입니다. 감성에는 대표적으로 인상(impression)과 정서(emotion)라는 개념을 포함합니다. 인상은 특정 프로덕트를 지각함에 따라 처음으로 마음에 나타나는 감성이며 정서는 비교적 단시간 동안 특정 프로덕트에 대해 가지게 되는 감성입니다. 예를 들면 사용자가 스마트폰을 처음 보고 아름답다고 느끼는 것은 인상이고 아름다운 스마트폰을 보고 사용하면서 즐거움을 느낀다면 이는 정서입니다.

사용자는 프로덕트를 이용하면서 다양한 정서를 느낍니다. 정서의 분류는 [그림 7-1]과 같이 얼마나 긍정적인지에 대한 유쾌함(pleasant)과 얼마나 강렬한지에 대한 각성(arousal)의 차원으로 구분합니다.[28] 대표적인 긍정적인 정서로 기쁨과 흥분을 들 수 있습니다. 예를 들면 아름다운 디자인, 재미있는 애니메이션이나 사운드 효과, 흥미롭고 신선한 콘텐츠는 사용자에게 기쁨을 줄 뿐만 아니라 더 나아가 흥분감이 들게 합니다. 반면에 부정적인 정서로 좌절과 분노를 들 수 있습니다. 사용이 어려워 정보를 찾기 어렵거나 기능 실행을 못했을 때, 실수로 인해 데이터를 날렸을 때 사용자는 슬픔과 좌절을 느낄 뿐만 아니라 분노를 일으키기도 합니다. 결국 즐거운 경험을 제공하려면 긍정적인 정서를 최대화하고 부정적인 정서를 최소화하는 것이 필요합니다.

---

28. 「Core affect, prototypical emotional episodes, and other things called emotion: dissecting the elephant」, (Russell, J. A., Barrett, L. F., 1999)

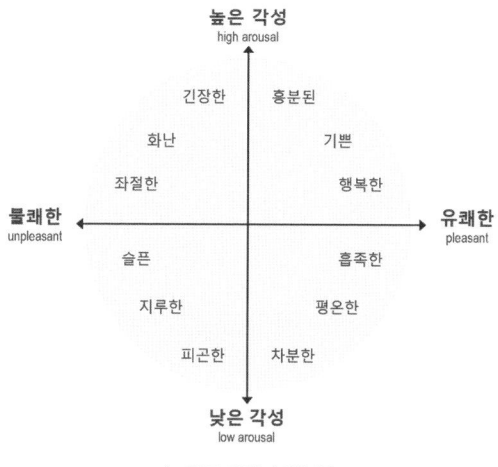

[그림 7-1] 정서의 분류

7.2 감성과 디자인

사용자에게 긍정적인 정서를 불러일으키는 감성적 디자인에는 어떤 것들이 있을까요? 도널드 노먼(Donald Norman)은 감성적 디자인을 감성 시스템이 작동하는 수준에 따라 본능적 디자인(visceral design), 행동적 디자인(behavioral design), 반성적 디자인(reflective design)으로 구분합니다.[29] 본능적 디자인은 원초적이고 본능적 단계에서 반응하는 것으로 프로덕트의 겉모습이나 촉감에서 느껴지는 즐거움과 연관됩니다. 행동적 디자인은 프로덕트의 사용 과정에서 의식적으로 사고하여 반응하는 것을 말합니다. 프로덕트를 이용하여 어떤 과업을 잘 수행했을 때 느끼는 성취감을 동반한 즐거움과 연관됩니다. 반성적 디자인은 높은 수준의 의식적 사고 과정에서 작동하며 프로덕트의 가치를 고차원적으로 판단하도록 합니다. 소유한 프로덕트가 사용자의 이미지나 자긍심을 높여 주었을 때 느끼게 됩니다. 이렇듯 사용자는 감성 시스템이 작동하는 범위에 따라 다른 즐거움을 느낄 수 있습니다.

---

29. 『Emotional design: Why We Love (or Hate) Everyday Things』, (Donald Norman, 2005)

예쁜 프로덕트에서 느껴지는 심미성은 사용자의 긍정적인 감정 상태를 유발하는 데 효과적으로 영향을 미칩니다. 특히 프로덕트에 대한 첫인상이 형성되는 시점에서 강력하게 작용합니다. 이러한 매력적인 외형 디자인과 화면의 GUI 디자인은 사용자에게 즐거움을 제공합니다. 이뿐만 아니라 다음과 같이 카메라 노치 영역에서 일어나는 다이내믹 아일랜드 등의 자연스럽고 유쾌한 화면 전환 효과는 사용자에게 흥미로움과 기대감을 불러일으킵니다.

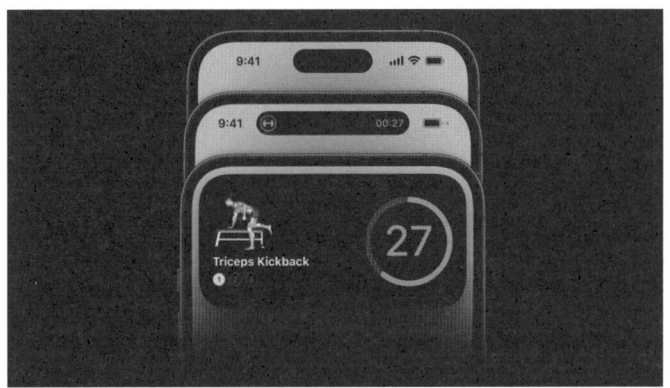

[그림 7-2] 자연스럽고 유쾌한 인터랙션 효과[30]

이러한 심미적인 디자인은 더 나아가 반성적 디자인 레벨에서 작동하기도 합니다. 사용자는 스마트폰이나 노트북과 같은 개인용 프로덕트를 자기와 일체화하기도 합니다. 이러한 심미적인 프로덕트의 소유를 통한 아름다움에 대한 추구는 자기표현일 뿐만 아니라 타인의 부러움과 찬사의 대상이 될 수 있는 사회적 가치를 제공하기도 합니다. 이러한 미적 가치의 소유와 갈망이 충족되었을 때 사용자는 더욱 큰 즐거움을 느낍니다.

행동적 단계에서의 감성 디자인 요소로는 게이미피케이션(gamification)을 들 수 있습니다. 게이미피케이션은 게임의 원리를 일반적인 프로덕트에 적용하는 것입니다. 성취감이나 재미와 같은 동기 부여를 통해 사용자가 더욱 프로덕

---

30. 애플 개발자 공식 웹 페이지 중 「Spotlight on: The Dynamic Island」, developer.apple.com/news/?id=mis6swzt

트에 몰입하도록 하는 기법입니다. 이러한 게이미피케이션 적용을 통해 사용자가 자발적으로 프로덕트에 더 자주 방문하고 더 오랜 시간 동안 머물게 하는 효과를 불러일으킵니다.

게이미피케이션은 도전과 성취 그리고 보상 체계를 통해 사용자의 즐거움을 끌어냅니다. 예를 들면 사용자에게 미션을 주어 사용 동기를 부여하고 미션을 완료하면 스티커나 포인트 등을 제공해 성취감을 느끼게 합니다. 또한 사용자 간의 순위를 서로 확인할 수 있도록 하여 경쟁을 유발하고 자발적 참여를 유도하기도 합니다. 대표적인 사례로 [그림 7-3]과 같이 건강 관련 서비스에서는 사용자 간의 실제 걸음 수를 비교해볼 수 있어 재미와 보상 체계를 경험하게 됩니다. 이렇듯 감성 디자인은 힘들게만 느껴질 수 있는 운동을 즐거운 경험으로 전환해 주기도 합니다.

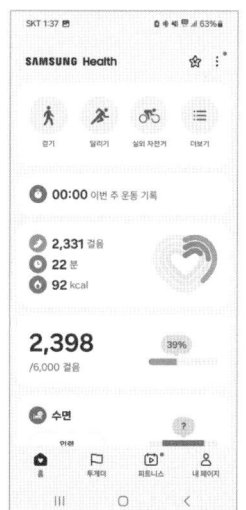

[그림 7-3] 성취와 경쟁을 통해 즐거움을 제공하는 헬스 앱

프로덕트에 재미 요소를 부여하는 것은 사용의 흥미를 높이고 더 몰입하게 합니다. 예를 들면 [그림 7-4]의 이미지 생성 기능을 통해 사용자는 다양한 이미지나 애니메이션을 만들어볼 수 있습니다. 테마, 의상, 액세서리, 장소 등의 카테고리에서 다양한 콘셉트와 스타일의 이미지를 마음껏 시도하고 마음에

드는 이미지를 선택해 친구들과 공유할 수 있습니다. 이러한 창작하는 과정만으로 사용자는 즐거움을 느낄 수 있을 뿐만 아니라 친구들과 소통을 통해 자기만의 표현을 할 수 있다는 즐거움을 제공합니다.

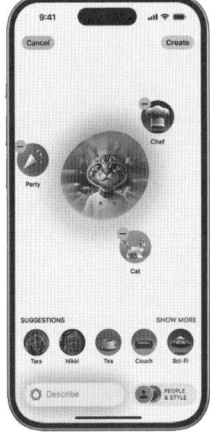

[그림 7-4] 이미지 생성 및 공유 기능[31]

행동적 단계에서의 또 다른 디자인 요소로 사용자가 목표로 하는 과업을 용이하게 수행할 수 있도록 하는 사용성을 들 수 있습니다. 사용자가 기대하는 대로 프로덕트가 작동된다면 그 사용 과정에서 긍정적인 정서를 끌어낼 수 있습니다. 반면에 프로덕트의 사용성이 떨어져 사용 과정이 혼란스럽거나 목표를 달성할 수 없었다면 사용자의 효능감이 떨어져 결국 좌절과 분노를 느끼게 할 수도 있습니다.

이러한 사용성은 심미성과 연관되기도 합니다. 사용자가 프로덕트를 경험할 때 [그림 7-5]와 같이 감성 시스템은 인지 시스템과 별도로 동작하지 않고 서로 상호 작용하며 영향을 미칩니다.[32] 이때 감성 시스템은 직관적이고 경험적

---

31. 애플 공식 홈페이지 중 「iPhone, iPad, Mac에 강력한 생성형 모델을 심어주는 개인용 인공지능 시스템인 Apple Intelligence 공개」, apple.com/kr/newsroom/2024/06/introducing-apple-intelligence-for-iphone-ipad-and-mac
32. 「Affective and pleasurable design」, (Helander, M. G., Khalid, H. M., 2006)

으로 빠르게 반응하는 반면에 인지 시스템은 분석적이며 합리성에 따라 느리게 반응합니다. 결국 이 두 시스템의 상호 작용에 따라 감성 반응과 인지 반응이 나타납니다. 이러한 심리적 메커니즘 때문에 동일한 UI이고 같은 객관적 사용성을 지니더라도 GUI의 심미성이 높다고 인식되면 주관적인 사용성도 높게 인식하게 됩니다.[33] 즉 심미성이 높은 프로덕트는 사용도 편리하다고 인식하는 것으로 본능적 단계에서 긍정적 정서를 불러일으킨 프로덕트는 행동적 단계에서도 긍정적 정서를 일으킵니다.

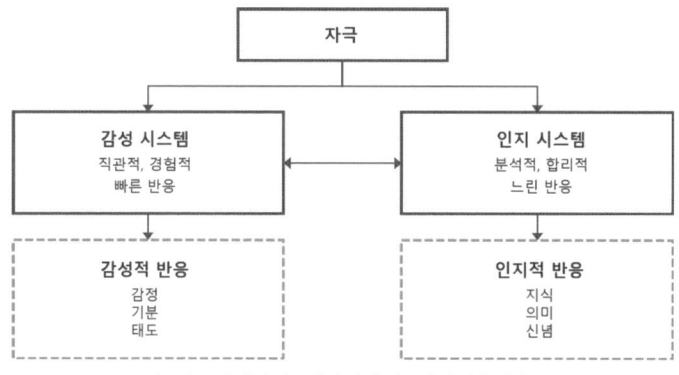

[그림 7-5] 감성 시스템과 인지 시스템의 상호 작용

7.3 AI로 더 즐거운 경험 제공하기

인간은 사회적인 동물로서 다른 사람들과 친밀하고 따뜻한 관계를 형성하고 그 과정에서 즐거움을 느낍니다. 이러한 메커니즘은 사람 같은 AI 에이전트와의 관계에서도 유사하게 적용됩니다. 감성 AI 프로덕트는 인간의 얼굴 표정이나 목소리, 어조 등 다양한 의인화된 방식을 활용하여 감정을 표현합니다. 감성 AI 프로덕트와의 사회적 상호 작용은 단순히 킬링 타임을 위한 것에서 더 나아가 정서적 교감이 되기도 합니다. 이처럼 친구처럼 내 마음을 알아주는 AI와의 상호 작용은 사회적 즐거움을 제공하기도 합니다.

---

33. 「What is beautiful is usable」, (Tractinsky, N., Katz, A. S., Ikar, D., 2000)

[그림 7-6] AI 스피커와 대화하는 아이[34]

이뿐만 아니라 생성형 AI의 등장으로 사용자와 AI의 협업을 통해 창작 활동을 수행할 수 있게 되었습니다. 예를 들면 작곡이나 드로잉과 같이 창작 과정에서 사용자는 성취감과 즐거움을 느낄 수 있습니다. 일부 재능이 있거나 전문가만이 할 수 있었던 창작의 영역을 일반 사용자도 AI의 도움을 받아 손쉽게 넘나들 수 있게 있게 되었습니다. 이러한 AI와의 협업을 통해 사용자는 자신의 한계를 뛰어넘는 과정에서 즐거움을 느낄 수 있습니다.

7.4 사용자를 즐겁게 하는 디자인

인간의 감성 시스템에 대해 살펴보고 이러한 감성 시스템이 작동하는 수준에 따라 사용자를 즐겁게 만드는 프로덕트의 대표적인 3가지 특성에 대해 살펴보았습니다. 그렇지만 앞서 살펴본 대표적인 특성들이 사용자에게 즐거움을 주는 감성적 디자인을 모두 설명해 주지는 않습니다. 예를 들면 본능적 레벨에서의 시각적 디자인 요소뿐만 아니라 청각적이거나 촉각적인 요소를 활용

---

34. 아마존 공식 웹 페이지 중 「Amazon announces all-new Alexa experiences built for kids in the UK」, aboutamazon. co.uk/news/innovation/amazon-announces-all-new-alexa-experiences-built-for-kids-in-the-uk

하여 사용자에게 즐거움을 줄 수 있습니다. 기분을 좋게 만드는 리듬이나 멜로디를 지닌 사운드 효과 또는 휠을 돌리는 것과 같은 물리적 조작을 통해서도 즐거움을 제공할 수 있습니다.

감성적 디자인은 프로덕트에 미적 가치를 더하여 더 자주 방문하도록 유도하고 구매욕을 불러일으킵니다. 즉, 프로덕트의 사업적 성공과 직결되는 중요한 경험 요소입니다. 그렇지만 감성적 디자인을 잘하기는 쉽지 않습니다. 감성 시스템은 인지적 특성이나 신체적 특성과는 달리 공학적인 접근을 통해 공식을 발견하고 이를 적용하기에는 어려움이 있기 때문입니다. 대표적으로 미적 인상은 본능적인 차원에서 도출되어 대다수의 사용자에게 보편적으로 느껴지는 아름다움도 존재하지만 개인 및 문화적 차이에 민감할 뿐만 아니라 유행처럼 지속해서 변화하는 속성도 지닙니다. 그러므로 사용자에게 즐거운 경험을 제공하려면 감성 시스템에 대한 이해를 기반으로 창의적이고 신선한 접근과 다각적인 노력이 필요합니다.

> ☑ **본능적 디자인**(visceral design)
>
> 무의식적으로 반응하게 하는 디자인 요소를 의미합니다. 주로 프로덕트의 겉모습이나 사운드, 촉감 등에서 느껴지는 원초적인 즐거움과 연관됩니다.
>
> ☑ **행동적 디자인**(behavioral design)
>
> 프로덕트의 사용 과정에서 의식적으로 반응하게 하는 디자인 요소를 의미합니다. 높은 기능성과 사용성 등을 지닌 프로덕트를 이용하여 과업을 잘 수행했을 때 느껴지는 성취감을 동반한 즐거움과 연관됩니다.
>
> ☑ **반성적 디자인**(reflective design)
>
> 높은 수준의 의식적인 사고 과정을 작동하게 하는 디자인 요소를 의미합니다. 프로덕트 사용 후에 기억 속에 형성되는 의미에 대한 것으로, 긍정적인 자기 표현 등을 통해 얻어지는 즐거움과 연관됩니다.

8 시너지 높은 경험을 제공하는 연결성 UX

이제 디지털 기술은 공기처럼 일상생활의 모든 곳에 존재하게 되었습니다. 사용자들은 이전보다 더 많은 디지털 디바이스와 앱 서비스에 둘러싸여 살게 되었습니다. 자동차 스크린과 스마트폰, 노트북, 태블릿 PC 등 개인용 IT 디바이스를 연결하거나 TV, 세탁기, 에어컨 등 가전제품을 연동 앱으로 원격 제어합니다. 이러한 연결성 UX의 저변에는 디바이스 간의 네트워크 기술뿐만 아니라 원활한 정보 교환을 위한 클라우드 기술의 발전이 있습니다.

연결성 UX는 단순히 디바이스 간에 정보를 교환해 주기도 하고, 마우스나 펜과 같은 입력 장치로 다른 디바이스를 조작할 수 있게 하기도 합니다. 이러한 디바이스 간의 연결뿐만 아니라 디바이스와 서비스 그리고 서비스 간의 연결을 통해 시너지 높은 경험을 제공하기도 합니다. 더 나아가 다양한 디바이스와 앱에서 수집되는 데이터를 통합적으로 분석하여 새로운 가치를 제공하는 것과 같이 연결성 UX는 다양한 형태로 진화하고 있습니다.

이러한 연결성 UX를 잘 활용하는 대표적인 사례로 애플의 생태계를 들 수 있습니다. 아이폰, 맥북, 애플워치, 아이패드가 하나의 연결된 기기로 애플만의 다양한 서비스를 사용할 수 있습니다. 이를 통해 단일 디바이스에서는 경험할 수 없는 새로운 경험을 사용자에게 제공합니다. 예를 들면 아이패드로 확인한 이메일에 대한 답변을 맥북에서 작성할 수 있으며 두 디바이스 사이를 넘나들며 마우스나 애플 펜슬로 경계 없이 정보를 입력할 수도 있습니다. 이렇듯 다양한 디바이스와 서비스 간의 연결을 통해 극대화된 경험의 시너지를 제공하는 것은 사용자가 애플 생태계에서 벗어날 수 없도록 작용합니다.

또 다른 예로 다양한 금융 서비스를 연결하여 새로운 서비스 플랫폼을 만든 토스를 들 수 있습니다. 토스는 그동안 이용하기 불편했던 금융 서비스에서 탈피

하고자 만들어진 플랫폼으로 다양한 브랜드의 송금, 대출, 결제, 보험, 투자 등의 서비스를 한데 통합하였습니다. 이는 파편화된 금융 서비스들을 연결하여 사용자에게 새로운 가치를 제공하고 새로운 비즈니스를 창출한 두 마리 토끼를 잡은 좋은 예입니다.

그렇지만 다양한 디바이스와 서비스의 연결은 사용자의 일상을 더 복잡하게 만들 수도 있습니다. 디지털 대상 간의 연결 경험은 사용자들에게 익숙한 물리적 세계에서의 연결 경험과는 달라 이해하기 어렵고 복잡하게 여겨질 수 있습니다. 그러므로 연결성 UX를 통해 사용자에게 의미 있는 경험을 제공하려면 그 과정을 쉽고 매끄럽게 디자인하는 것이 필요합니다.

여기에서는 연결성 UX를 어떻게 디자인해야 사용성은 저하하지 않고 그 유용성을 극대화할 수 있는지에 대해 4가지 비법을 살펴보겠습니다. 더 나아가 AI와 연결성 UX의 관계와 어떻게 시너지를 낼 수 있는지에 대해서도 알아보도록 하겠습니다.

8.1 쉬운 연결 방법

연결성 UX가 지닌 편익을 사용자에게 효과적으로 전달하려면 디바이스나 앱을 연결하는 과정에서 불편함을 줄여주는 것이 선행되어야 합니다. 만약 연결 과정이 이해하기 어렵거나 그 절차가 복잡하면 사용자는 연결 시도 자체를 포기할 수 있습니다.

[그림 8-1]은 스마트폰의 연동 앱으로 가전을 연결하는 과정입니다. 사용자는 연동 앱에서 연결할 가전을 찾아 실제 가전의 QR 코드를 스캔해 앱과 가전을 연결합니다. 이때 연동 앱에서는 물리적 세상의 가전 이미지와 유사하게 정보를 표시하며 스마트폰과 가전을 가까이 가져다 대는 직관적인 연결 방법을 제공합니다. 이를 통해 사용자는 물리적 세상의 멘탈 모델을 이용해 디지털 세상에서의 연결 방법을 쉽게 예측할 수 있습니다.

[그림 8-1] 스마트폰의 연동 앱에서 가전을 연결하는 과정

번거롭고 복잡한 연결 과정을 최소화하는 것이 필요합니다. [그림 8-2]는 토스 앱에서 은행 및 카드 등 자산들을 연결하는 과정입니다. 인증서에 등록된 은행 계좌로 한 번에 불러와 토스 앱으로 통합하여 사용할 수 있습니다.

[그림 8-2] 인증서로 계좌 한 번에 연결하기

초기 연결뿐만 아니라 재연결할 때도 사용 맥락에 따른 편리한 경험이 필요합니다. [그림 8-3]은 스마트폰의 와이파이 자동 켜기 기능입니다. 사용자는 한 번만 와이파이 비밀번호를 입력하면 추후에 다시 비밀번호를 입력하지 않아도 자동으로 연결된 와이파이를 사용할 수 있습니다. 또 다른 예로 에어팟의 자동 착용 감지 기능을 들 수 있습니다. 에어팟을 귀에 꽂으면 오디오 경로를 자동

으로 에어팟으로 변경해 줍니다. 이때 에어팟을 잠시 귀에서 빼면 실행 중이던 음악이 멈추고 다시 꽂으면 자동 재생해 줍니다. 사용 맥락에 따라 필요한 기능을 자동으로 연결하여 사용자는 번거로운 과정 없이 음악 감상에만 집중할 수 있습니다.

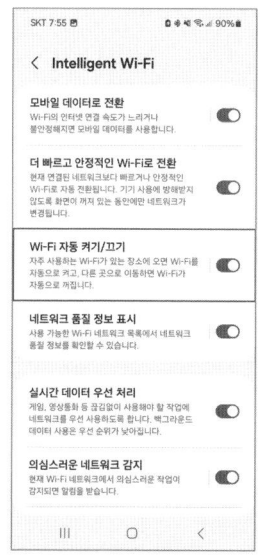 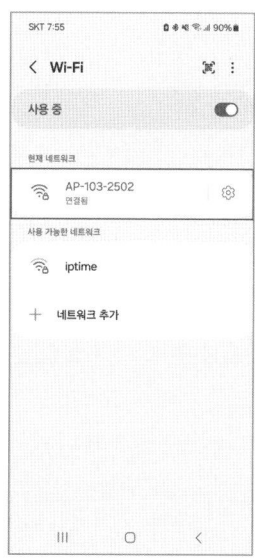

[그림 8-3] 와이파이 자동 켜기 기능

8.2 끊김 없이 매끄러운 전환

특정 디바이스에서 과업을 수행하다 다른 디바이스로 전환할 때 흐름이 끊기지 않도록 연속성이 유지되어야 합니다. 이를 통해 과업 생산성을 높일 수 있을 뿐만 아니라 매끄럽고 자연스러운 사용 경험을 제공할 수 있습니다.

대표적인 예로 스마트폰으로 보던 영상을 TV 화면으로 연결하여 볼 수 있는 미러링(mirroring) 기능을 들 수 있습니다. [그림 8-4]와 같이 스마트폰을 TV 리모컨이나 TV에 가져다 대면 보고 있던 영상이 TV 화면으로 연결됩니다. 이를 통해 사용자는 탭만으로도 영상 콘텐츠를 끊김 없이 더 큰 TV 화면으로 감상할 수 있습니다.

1부 일상 속 UX 디자인과 변화   77

[그림 8-4] 미러링 기능[35]

이러한 연속성 경험은 콘텐츠 감상뿐만 아니라 생산성이 요구되는 과업에도 적용될 수 있습니다. [그림 8-5]의 핸드오프(handoff) 기능은 한 디바이스에서 작업하던 과업을 주변의 다른 디바이스로 전환해 계속 이어서 수행할 수 있게 합니다. 예를 들면 맥북에서 작업하던 텍스트를 복사해 아이폰으로 붙여넣기를 할 수 있고 아이폰에서 보던 인터넷 브라우저를 맥북에서 이어서 볼 수도 있습니다. 사용자는 사용 맥락이나 과업에 유리한 디바이스로 연결해 과업을 이어서 사용해 생산성을 향상할 수 있습니다.

[그림 8-5] 핸드오프 기능[36]

---

35. LG전자 공식 홈페이지 중 「LG 일반 LED TV (스탠드형)」, lge.co.kr/tvs/32lq635bkna-stand
36. 애플 공식 홈페이지 중 「당신의 모든 기기가 하나처럼 연결된 경험」, apple.com/kr/macos/continuity

연결을 통해 디바이스나 앱 서비스 간의 전환 시에는 UX의 일관성 유지가 필요합니다. 하나의 익숙한 디바이스에서 그와 연관된 다른 디바이스로 전환되었을 때 일관성이 유지된다면 학습에 어려움이 없을 것입니다. 대표적으로 애플 생태계의 디바이스와 서비스들은 동일한 UI를 통해 일관성 높은 경험을 제공하기에 디바이스 전환에도 사용성 높은 경험을 이어갈 수 있습니다.

8.3 연결을 통한 시너지

디바이스의 최적화 형태 및 기능은 사용 목적에 따라 결정됩니다. 모든 상황에서 만능인 디바이스는 존재하지 않습니다. 예를 들면 휴대성이 중요한 스마트폰은 작은 화면을 지니며 TV는 멀리 떨어진 공간에서도 시청하고 조작할 수 있도록 리모컨이라는 별도의 조작 장치를 제공합니다. 이때 연결을 통해 디바이스별로 가진 강점과 약점을 상호 보완적으로 활용해 시너지를 살린다면 사용자는 과업을 더욱 효과적으로 수행할 수 있습니다.

대표적인 예로 [그림 8-6]의 사이드카(sidecar) 기능을 들 수 있습니다. 사용자는 노트북을 메인 디바이스로 활용하면서 사이드카 기능으로 태블릿 PC를 세컨드 디스플레이로 확장하거나 미러링해 멀티태스킹을 할 수 있습니다. 이뿐만 아니라 노트북의 마우스나 트랙패드 대신 태블릿 PC에서 펜슬을 사용해 그림을 그리거나 사진 편집과 같은 정교한 과업을 효과적으로 수행할 수 있습니다.

[그림 8-6] 사이드카 기능[37]

---

37. 애플 공식 홈페이지 중 「당신의 모든 기기가 하나처럼 연결된 경험」, apple.com/kr/macos/continuity

또 다른 예로 스마트폰을 TV 리모컨처럼 연결해 쓸 수도 있습니다. 최근 TV가 스마트하게 진화되면서 사용자들은 직접 검색 기능을 통해 콘텐츠를 찾아 감상할 수 있게 되었습니다. 이때 리모컨의 버튼으로만 문자를 입력하기에는 불편함이 있습니다. 이에 [그림 8-7]과 같이 스마트폰 앱을 TV에 연결하면 스마트폰의 키보드로 쉽게 콘텐츠를 검색하고 곧바로 TV로 감상을 이어서 할 수 있습니다. 이를 통해 사용자에게 감상과 조작에 최적화된 시너지 높은 경험이 제공됩니다.

[그림 8-7] 스마트폰 키보드로 TV에 문자 입력[38]

8.4 통합 제어를 통한 간결한 경험

다양해진 디바이스와 앱 서비스만큼이나 사용자의 기기 제어에 대한 부담은 늘어날 수밖에 없습니다. 가사를 위해 여러 가전제품을 조작하기도 하고 원하는 콘텐츠를 찾아보려고 오버 더 탑 서비스(Over-The-Top service, OTT service)를 옮겨 다니며 시청하기도 합니다. 이러한 파편화된 사용 경험을 통합하면 사용자가 겪는 부하는 줄 것입니다.

통합 제어의 대표적인 예로 [그림 8-8]과 같이 가전을 원격으로 통합 제어할 수 있는 연동 앱을 들 수 있습니다. 하나의 통합된 플랫폼 앱으로 집 안의 가전들

---

38. 삼성전자 공식 홈페이지 중 「연결로 더 강력해지는 삼성 갤럭시」, samsung.com/sec/one-ui/connected-experience

을 연결해 제어한다면 일일이 여러 가전제품의 진행 현황을 확인할 필요가 없어집니다. 간결해진 단계만큼이나 사용자의 편리함은 늘어납니다.

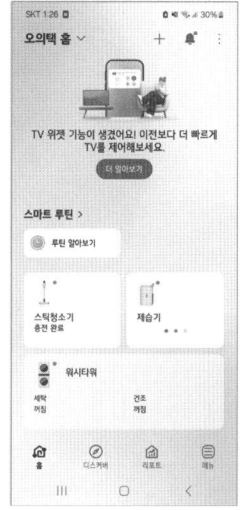  

[그림 8-8] 가전 통합 제어 플랫폼 앱

최근 들어 콘텐츠 시청 행태가 OTT 서비스를 이용하는 것으로 변화되면서 사용자는 콘텐츠 검색과 계정 관리에 부담을 느끼게 되었습니다. 이러한 파편화된 이용 경험의 불편을 해소하고자 OTT 서비스의 구분 없이 통합화된 검색과 추천 기능의 제공을 통해 사용자의 취향에 맞는 영화나 드라마를 추천하는 서비스들이 출시되고 있습니다. 이러한 통합 서비스는 사용자가 OTT별로 원하는 콘텐츠를 탐색해야 하는 번거로움을 줄여 줍니다.

이러한 파편화된 서비스를 통합하는 흐름을 금융 서비스에서도 찾아볼 수 있습니다. 송금, 결제, 증권, 보험과 같은 금융 서비스뿐만 아니라 자동차, 통신, 부동산과 같은 일상생활과 밀접한 서비스들을 하나의 금융 플랫폼 앱으로 통합하면 각 서비스의 접근성을 높이는 동시에 개별로 설치 및 등록하는 번거로움은 줄어듭니다.

8.5 AI와 연결성 UX의 관계

IoT와 같은 연결성 기술이 AI와 융합한다면 어떤 새로운 경험을 제공해줄 수 있을까요? AI와 IoT가 합쳐진 기술을 지능형 사물 인터넷(Artificial Intelligence of Things, AIoT)이라는 합성어로 불립니다. AIoT는 IoT를 통한 데이터를 수집하고 연결하는 능력에 AI의 분석하고 학습하는 능력이 더해져 사용자에게 더욱 편리하고 스마트한 경험을 제공합니다.

AIoT와 같은 지능형 자동화 시스템은 사용자의 개입 없이도 스스로 주변 환경이나 사용자의 행동을 학습해 최적의 경험을 제안하거나 자동으로 과업을 처리합니다. 대표적으로 스마트홈(smart home)은 가정 내 다양한 프로덕트를 통해 수집된 사용자의 생활 패턴을 분석해 가전 제어나 에너지 사용, 보안 등에 대한 기능을 자동으로 최적화합니다.

스마트홈 외에도 AIoT는 다양한 영역에 활용될 수 있습니다. 자율 주행 자동차(autonomous vehicle)는 다양한 센서를 통해 실시간으로 데이터를 수집 및 분석해 도로 상황과 운전자 상태를 토대로 자율적으로 주행합니다. 헬스케어 영역에서도 AI가 환자의 건강 상태에 대한 데이터를 모니터링하여 질병의 조기 진단이나 치료 계획을 제안하기도 합니다.

연결성 UX는 디바이스와 서비스들의 의미 있는 연결을 통해 사용자에게 더욱 편리한 경험과 새로운 가치를 제공합니다. 더 나아가 서비스 생태계를 만들어 사용자를 로크인(lock-in)시키고 새로운 비즈니스 가치를 창출하기도 합니다. 옛말에 구슬이 서 말이라도 꿰어야 보배라는 말이 있듯이 근본적으로 디바이스와 디바이스, 서비스와 서비스 그리고 정보와 정보들을 어떻게 연결하여 사용자에게 어떤 더 나은 경험과 새로운 가치를 제공할지에 대한 다각적인 고민과 시도가 필요합니다.

☑ OTT 서비스(Over-The-Top service)

인터넷을 통해 직접 제공되는 콘텐츠 서비스를 의미하며 주로 TV 프로그램, 영화, 음악 등 다양한 미디어 콘텐츠를 제공합니다. 사용자는 OTT 서비스를 통해 다양한 디바이스에서 언제 어디서나 콘텐츠를 시청할 수 있습니다.

☑ 지능형 사물 인터넷(Artificial Intelligence of Things, AIoT)

AI와 IoT가 결합된 합성어로, 단순 연결을 넘어 사물들이 스스로 학습하고 판단해 더욱 스마트하게 작동하도록 하는 기술을 의미합니다. 스마트홈, 헬스케어, 스마트팩토리 등에 활용되며 사물지능, 인공지능 사물 인터넷 등의 용어로도 쓰입니다.

☑ 스마트홈(smart home)

가정 자동화, 스마트하우스로도 불리는 스마트홈은 IoT 기술 기반의 자동화를 지원하는 지능형 주거 환경을 말합니다. 가전제품에 인터넷이 연결되어 스마트폰이나 AI 스피커 등을 통해 제어할 수 있습니다.

☑ 자율 주행 자동차(autonomous vehicle)

운전자의 개입 없이 스스로 주변 환경을 인식하고 판단해 차량을 제어하는 자동차를 말합니다. 자율 주행 기술은 자동화 단계에 따라 비자동인 레벨 0에서 완전 자동인 레벨 5까지 총 여섯 단계로 구분됩니다. 레벨 0에서 레벨 2까지는 운전자 보조 기능이며 레벨 3에서 레벨 5까지를 자율 주행 자동차로 봅니다.

2부

인공지능과 새로운 사용자 경험

AI는 인간의 학습, 추론, 지각 능력을 인공적으로 구현하려는 컴퓨터 과학 기술입니다. UX 관점에서는 사용자가 해야 할 인지적 일들을 대신해 주는 자동화의 매개체라고 할 수 있습니다. AI를 통한 자동화는 귀찮거나 어려운 일을 손쉽게 처리하며 사용자에게 더욱 개인화된 맞춤형 경험을 제공합니다. 이뿐만 아니라 사람처럼 대화하는 AI 에이전트와의 상호 작용은 사용자에게 전에 없던 새로운 경험을 선사합니다.

인류 역사상 가장 혁신적인 기술인 AI는 그 가능성이 무한한 만큼 아직은 많은 부분이 미지의 영역입니다. AI가 제공하는 결과는 예측하기 어렵고 가끔은 예상치 못한 결과가 문제를 불러일으키기도 합니다. 이뿐만 아니라 AI의 새로운 상호 작용 방식이 사용자에게 어려움을 주기도 합니다. 그러므로 AI의 위협적인 면은 줄이고 그 편익은 극대화하여 인간과 AI의 긍정적인 공존 관계를 만들어 가는 것이 필요합니다.

2부에서는 AI로 인해 발전된 새로운 UX에 대해 살펴보며 이를 통해 어떻게 더 좋은 경험을 사용자에게 제공할 수 있는지 알아보겠습니다. 또한 AI가 적용된 프로덕트를 기획하고 디자인할 때 고려해야 할 부분들에 대해서도 확인해 보겠습니다.

9 사용자 가치 중심의 인공지능 활용법

AI가 일상의 다양한 영역에 깊숙이 침투하고 있습니다. 그렇다면 AI가 적용된 프로덕트에는 어떤 것들이 있을까요? 스마트폰이나 AI 스피커에 내장된 AI 비서 서비스는 이제는 자주 사용하는 익숙한 프로덕트가 되었습니다. 이뿐만 아니라 엔터테인먼트나 커머스 서비스에서 알고리즘이 추천하는 맞춤형 콘텐츠는 알게 모르게 매일 사용하고 있습니다. 업무나 학업에 생성형 AI나 로봇 프로세스 자동화(Robotic Process Automation, RPA)를 적용해 점점 더 많이 사용하고 있습니다. 또한 자율 주행 자동차, 의료나 금융, 리테일에도 AI가 점차 접목되어 활용되고 있습니다.

생성형 AI의 등장과 함께 AI 기술의 급격한 발전에 힘입어 AI 시장의 규모가 빠른 속도로 확대되고 있습니다. 이에 따라 빅 테크를 중심으로 한 기업들이 AI 투자에 열을 올리고 있습니다. 이와 관련해서 미래 설계자로 알려진 피터 디아만디스(Peter Diamandis) 회장이 한 언론사의 인터뷰에서 '10년 뒤엔 두 종류의 기업만 남을 거다. AI를 완전히 활용하는 기업과 그렇지 못해 도태되는 기업이다.'라는 언급을 했습니다. 기업에서 AI 기술을 잘 활용하면 업무 효율이 향상되어 비용을 줄일 수 있고 프로덕트를 통해 사용자에게 제공되는 편익도 향상해 매출을 올릴 수 있습니다. 그러므로 동일한 사업 구조를 가지고 있다면 AI를 잘 활용하는 기업보다 AI를 잘 활용하지 못하는 기업은 경쟁에서 밀려나 도태될 수밖에 없습니다.

그렇다면 한 가지 드는 의문이 있습니다. 최신 AI 기술을 프로덕트에 적용하는 것만으로 비즈니스의 성공을 보장해줄 수 있을까요? 단순히 AI 기술만으로는 충분하지 않습니다. 바로 UX가 함께 고려되어야 합니다.

9.1 AI와 UX의 관계

AI와 UX는 어떤 관계일까요? AI 비즈니스에 UX가 중요한 이유에 대해 먼저 살펴보고 UX에 AI 기술이 중요한 이유에 대해 알아보도록 하겠습니다.

과거 스티브 잡스(Steve Jobs)는 아이패드 출시 발표에서 비즈니스 성공을 위한 필수 요소에 대한 힌트를 남겼습니다. 스티브 잡스는 '기술만으로 충분하지 않다. 우리의 가슴을 뛰게 하는 것은 인문학과 결합한 기술이다.'라고 강조했습니다. 여기서 인문학은 언어, 문학, 역사, 철학 따위를 연구하는 분야이며 사람을 이해하고 사랑하는 마음이 담긴 학문이라고 할 수 있습니다. 단순히 최첨단 기술을 비즈니스에 적용하는 것뿐만 아니라 이를 사용하는 인간의 가치와 경험을 배려해야만 시장에서 성공할 수 있습니다.

그렇다면 UX는 비즈니스에 어떤 영향을 미칠까요? 이제는 좋은 UX가 프로덕트의 차별화된 요소로 사용자의 소비에 작용하게 되었습니다. [그림 9-1]과 같이 만약 프로덕트에서 좋은 경험을 제공해 주면 사용자는 만족하고 주변에 입소문을 내기도 합니다. 이에 따라 사용자는 프로덕트를 구매하고 재구매하는 비율이 높아지고 입소문으로 마케팅하지 않아도 새로운 사용자가 유입하게 되는 효과를 발생시킵니다. 이런 전략을 잘하는 것은 혁신적인 UX의 대명사로 알려진 애플을 들 수 있습니다. 새로운 아이폰이 출시되는 날이면 애플 팬들은 줄을 서서 기다려서 구매합니다. 그 넉분에 애플은 압도적인 순이익률과 높은 재구매율을 자랑합니다.

[그림 9-1] 좋은 UX의 효과

애플 외에도 좋은 디지털 경험 제공을 통해 비즈니스를 잘하는 기업으로 넷플릭스(Netflix)를 들 수 있습니다. 넷플릭스는 다양하면서도 독점적인 콘텐츠를 제공하지만 그것만으로 글로벌 OTT 시장을 선점한 것은 아닙니다. 그 중심에는 시네매치(Cinematch)라는 알고리즘이 큰 역할을 했습니다. 시네매치는 사용자 취향에 맞추어 콘텐츠를 추천하는 큐레이션 서비스입니다. 덕분에 사용자는 방대한 양의 콘텐츠를 모두 탐색하는 시간과 노력 없이도 각자 취향에 맞는 콘텐츠를 즐길 수 있습니다. 넷플릭스에 따르면 사용자의 약 80% 정도가 시네매치가 추천한 콘텐츠를 시청하며 시네매치의 매출 기여도가 2015년 기준으로 약 14.5%로 추정된다고 발표했습니다.[39]

그렇다면 AI 비즈니스에 UX가 점점 중요해지는 이유는 무엇일까요? [그림 9-2]는 UX 아버지로 알려진 도널드 노먼(Donald Norman)이 제안한 기술의 욕구-만족 곡선(needs-satisfaction curve of a technology)입니다.[40] 해당 곡선은 AI 관련 기술들이 성장기를 넘어 성숙기 단계에 다다르고 있는 상황에서 UX가 왜 AI 비즈니스에 중요해지는지를 잘 설명합니다. AI 기술 성장기에는 기능이 유용하면 소수의 초기 수용자(early adopter)를 중심으로 프로덕트를 구매합니다. 그렇지만 시간이 지나면 사용자의 니즈는 진화합니다. 기술이 성숙기가 되면 대다수의 사용자는 기본적인 기능과 성능을 당연히 여기고 사용성이나 감성적 만족과 같은 UX를 더욱 중요하게 여깁니다. 결국 UX가 좋아야 구매합니다. 그러므로 AI 기술이 성숙함에 따라 기술 중심적 접근에서 인간 중심적 접근으로 전환이 필요하며 이에 따라 UX 고도화나 차별화가 AI 비즈니스 성공에 중요한 역할을 합니다.

---

39. 『넷플릭스하다』, (문성길, 2017)
40. 『The invisible computer: why good products can fail, the personal computer is so complex, and information appliances are the solution』, (Norman, D. A., 1998)

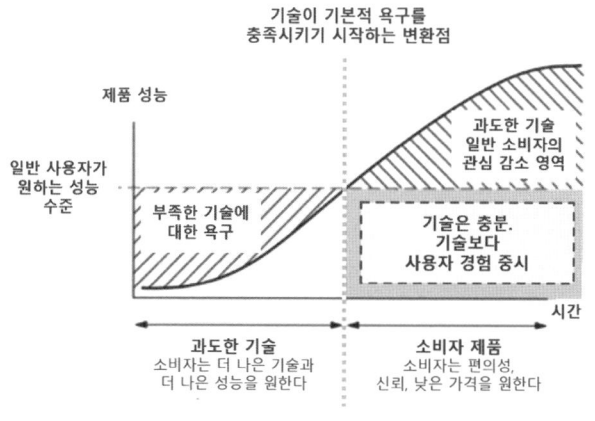

[그림 9-2] 기술의 욕구-만족 곡선

반면에 UX에 AI 기술이 중요한 이유는 무엇일까요? 좋은 경험을 사용자에게 제공하는 데 반드시 최첨단 기술이 필요한 것은 아닙니다. 기발한 아이디어, 완성도 높은 디자인 등을 통해서도 좋은 경험을 제공할 수 있습니다. 그렇지만 기존에 없던 혁신적인 경험을 위해서는 대부분 최첨단 기술이 필요합니다. 왜냐하면 혁신적인 경험이라는 아이디어를 구현하려면 전에 없던 기술적 지원이 필요한 경우가 대다수이기 때문입니다.

이렇듯 혁신적인 경험을 제공하는 데 AI 기술을 활용하는 것은 효과적입니다. 특히나 UX에 AI를 잘 활용한다면 단순히 UI적인 접근으로는 한계가 있는 영역에서 사용자에게 혁신적인 경험을 제공합니다. 예를 들면 AI를 활용해 사용자에게 개인화된 추천을 제공한다면 넘쳐나는 정보의 홍수 속에서 번거로운 탐색 없이도 원하는 콘텐츠와 기능을 효율적으로 사용할 수 있습니다. 이뿐만 아니라 AI를 통해 반복적으로 노력이 많이 소요되는 과정을 자동화해 사용자는 좀 더 고차원적인 일에 집중할 수 있습니다.

AI와 UX는 밀접한 관계를 지닙니다. AI 비즈니스가 성공하려면 기술 중심적 접근과 UX 중심적 접근이 모두 필요합니다. 혁신적 UX를 통해 차별화된 프로덕트를 제공하기 위해서는 최첨단 AI 기술의 적용이 필요합니다. 결국 AI

와 UX는 악어와 악어새와 같은 공생 관계입니다. 생성형 AI 등장 이후 더욱 빨라진 변화의 흐름 속에서 AI의 활용은 프로덕트를 살아남을 수 있게 할 것입니다.

9.2 어떤 과업을 자동화해야 할까?

그렇다면 AI를 어떻게 활용해야 할까요? 단순히 모든 과업을 AI로 자동화해 준다고 해서 사용자에게 좋은 가치를 제공하는 것은 아닙니다. 기술 관점에서 AI는 컴퓨터가 인간의 지각 능력이나 학습 능력, 추론 능력 등을 인공적으로 구현한 것으로 알고리즘, 머신러닝, 딥러닝, 데이터, LLM과 같은 키워드로 정의됩니다. 그렇지만 사용자 관점에서 이런 복잡한 개념은 중요하지 않습니다. 사용자에게 AI는 수행할 과업들을 대신해 주는 자동화의 매개체입니다. 그러므로 AI를 어떤 프로덕트나 기능에 적용할지보다는 사용자의 어떤 일을 AI로 자동화해서 어떤 특별한 가치를 제공해 줄지에 대한 접근이 필요합니다. AI를 어떤 과업에 어떻게 디자인해야 사용자에게 더 나은 경험을 제공해 줄 수 있을지 살펴보도록 하겠습니다.

모라벡의 역설(Moravec's paradox)에 따르면 인간에게 쉬운 일이 기계에는 어렵고 반대로 기계에 쉬운 일이 인간에게는 어려운 일일 수 있습니다. 이러한 관점에서 자동화가 필요한 과업을 선정하는 데 가장 쉬운 접근법은 AI가 인간보다 잘 수행할 수 있는 과업을 자동화하는 것입니다. AI의 강점을 가장 잘 알려 준 사례는 알파고(AlphaGo)와 이세돌의 대국으로 안타깝게도 결국 알파고의 압승으로 끝났습니다. AI는 인간에 비해 방대한 양의 데이터를 빠르고 정확하게 처리해 줍니다. 그러므로 사용자가 인지적으로 처리하기에 부담을 느끼는 어려운 과업이나 반복해서 수행해야 해서 피로감 또는 실수를 유발하는 과업은 자동화하는 것이 효과적입니다. 또한 AI는 인간처럼 감정이 의사 결정에 영향을 주지 않아 공정함이 요구되는 판단 과업에도 도입을 검토할 수 있습니다.

반면에 AI는 학습 데이터와 알고리즘에 의해 작동하므로 인간처럼 융통성을 발휘하기 어렵습니다. 그러므로 복잡한 맥락하에서의 예외적인 상황이 발생하는 과업에 자동화를 적용하는 것은 적합하지 않습니다. 또한 인간에게 자연스럽고 쉬운 사물을 인식하고 구분하는 과업도 AI에게는 어려운 일입니다. 예를 들면 어린아이에게도 쉬운 머핀과 치와와를 구분하는 일도 AI에는 방대한 양의 데이터를 학습해야만 가능한 어려운 과업입니다.

결국 현재 AI의 수준은 모든 영역에서 인간을 능가하는 만능은 아닙니다. 더더욱 AI는 주어진 데이터하에 학습하고 그에 따라 수행 능력이 결정된다는 한계점을 지닙니다. 그러므로 자동화는 정해진 맥락하의 과업에 대해 AI의 강점으로 인간의 약점을 보완하는 방향으로 활용하는 것이 적합합니다.

그렇다면 어떤 과업을 자동화해야 할까요? 단순히 AI가 인간보다 잘하는 과업에 대해 자동화를 고려하는 것만으로는 충분하지 않습니다. 좀 더 사용자 가치 중심적인 사고가 필요합니다. 그러므로 사용자가 AI를 통해 자동화하길 원하는 과업이 무엇인지 파악해야 합니다. 이에 대한 힌트는 인간과 AI의 상호 작용에 대한 연구들을 참고할 수 있습니다.[41] 아래와 같이 자동화가 필요한 대표적인 과업의 유형을 3가지로 정의할 수 있습니다.

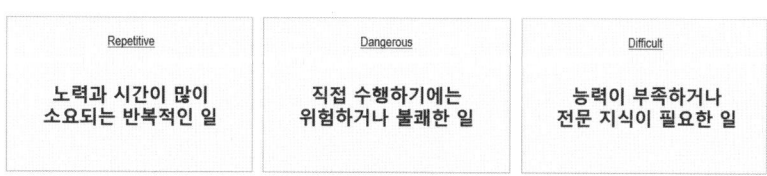

[그림 9-3] 자동화가 필요한 과업의 유형

자동화를 원하는 첫 번째 과업의 유형은 사용자의 노력과 시간이 많이 소요되는 반복적인 과업입니다. 사용자는 번거롭거나 하기 싫은 과업에 많은 시간과 노력을 투자하길 원하지 않으므로 기꺼이 통제권을 포기합니다. 예를 들면 문서의 오타를 찾아야 한다거나 매번 동일하게 사용하는 설정값을 입력

---

41. 구글 공식 웹 페이지 중 「People + AI Guidebook」, pair.withgoogle.com/guidebook

해야 하는 것을 들 수 있습니다. 이러한 과업에 자동화가 도입된다면 과업의 효율성을 높일 수 있을 뿐만 아니라 사용자는 절약된 시간에 좀 더 가치 있는 일에 집중할 수 있습니다.

두 번째 과업의 유형으로 사용자가 직접 수행하기에는 위험하거나 불쾌한 과업입니다. 예를 들면 위험한 물질을 취급해야 하는 과업을 자동화한다면 사용자의 안전성을 높여 줍니다. 또 다른 예로 민원 상담의 일부를 챗봇으로 대체하는 것도 상담원의 감정적인 스트레스를 줄여 줍니다. 물론 사용자 입장에서 챗봇이 해당 과업의 문제점을 적절하게 대응하여 처리할 수 있는지에 대한 종합적인 검토가 함께 필요합니다.

세 번째 과업의 유형은 사용자가 직접 수행하기에 전문적인 지식이나 능력이 부족한 과업입니다. 예를 들면 별도의 교육이나 훈련을 받지 않으면 수행하기 어려운 외국어 번역이나 수화 인식과 같은 영역을 자동화하는 것입니다. 또 다른 예로 육안으로 확인하기 어려운 암이나 심근경색과 같은 질병을 발견해 주는 것도 AI의 힘을 빌릴 좋은 기회 영역입니다. 이러한 과업에 자동화를 적용한다면 이전에 불가능했던 새로운 경험과 가치를 제공할 수 있습니다.

어떤 과업을 자동화해 줄 것인가에 대한 문제는 AI의 강점을 활용하는 것뿐만 아니라 사용자의 통제권 유지에 대한 의사를 복합적으로 검토하는 것이 필요합니다. 만약 인간보다 AI가 탁월한 영역만을 자동화하더라도 사용자가 이를 원치 않는다면 해당 프로덕트를 사용하지 않을 것입니다. 예를 들면 인간보다 AI가 더 객관적이고 공정하기 때문에 인사 평가나 법률적 재판에 활용하는 것을 검토할 수 있습니다. 그렇지만 사용자 혹은 사회가 AI에 인간이 전적으로 판단되는 것을 원치 않는다면 이는 수용되지 않을 것입니다. 그러므로 AI에 의한 자동화를 검토할 때는 사용자가 자동화를 원하고 수용할 것인지를 충분히 검토하는 과정이 필요합니다.

인간성(humanity) 관점에서 사용자는 어떤 과업에서는 AI에 대체되고 싶어 하지 않을 수 있습니다. [그림 9-4]와 같이 2018년 방송통신위원회에서 발표한 AI 서비스 이용 의향에 대한 결과를 살펴보면 무인상점, 택배 및 배달, 위험한

일, 방범과 같은 단순하고 반복적이거나 위험한 일에 대한 이용 의향이 높습니다.[42] 또한 번역이나 법률, 보험, 투자 상담과 같은 복잡한 일에 대해서도 이용 의향이 높습니다. 반면에 데이트, 교육 및 돌봄과 같이 정서적인 영역에서는 이용 의향이 낮습니다. 이는 사용자는 이성적이거나 분석적인 영역에 비해 정서적인 영역에서는 따뜻한 인간성이 유지된 휴먼 터치 서비스를 제공받고 싶어 한다는 것으로 해석할 수 있습니다.

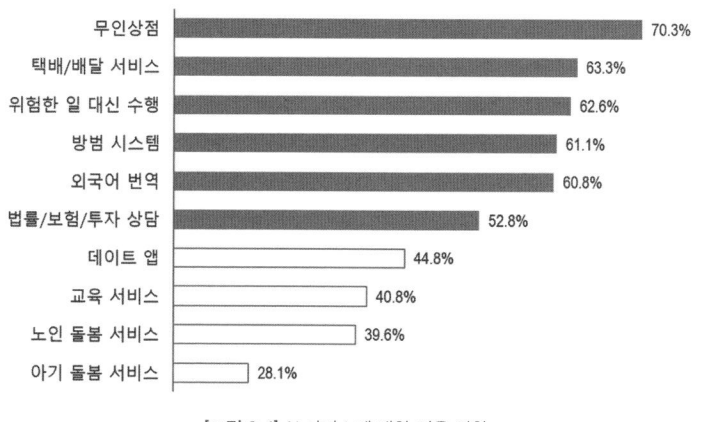

[그림 9-4] AI 서비스에 대한 이용 의향

9.3 어떻게 자동화해야 할까?

AI로 자동화할 과업을 선정하였다면 이제는 어떤 방식으로 자동화할 것인지 검토해 보아야 합니다. 자동화는 사용자가 수행해야 할 과업을 AI가 대신 수행하는 것입니다. 인간의 정보 처리 과정을 AI가 얼마만큼 대신해 주는지에 따라 [그림 9-5]와 같이 4단계로 분류할 수 있습니다.[43] 자동화 1단계는 정보를 수집해 특정 기준에 부합되는 정보를 여과해서 사용자에게 제공합니다. 이러한 얕은 수준의 자동화에 대한 대표적인 예로 경고 알림이나 오타 표시를 들

---

42. 「2018년 지능정보사회 이용자 인식조사」, (방송통신위원회, 2018)
43. 「A model for types and levels of human interaction with automation」, (Parasuraman, Sheridan, Wickens, 2000)

수 있습니다. 자동화 2단계에서는 AI가 사용자를 대신해 정보를 통합하고 분석하여 상황 평가나 추론과 같은 전체적 그림을 그리는 데 도움을 줍니다. 그 예로 실시간 대시보드나 의료 진단 시스템을 들 수 있습니다. 자동화 3단계는 AI가 상황을 대신 진단하여 사용자가 특정한 반응 행동을 선택할 수 있도록 추천합니다. 그 예로 개인화된 맞춤형 추천 서비스나 가전 고장 예방 알림을 들 수 있습니다. 자동화 4단계는 사용자가 실행하는 여러 수준의 행위나 제어까지도 AI가 대신 수행하는 것으로 이 예로 자율 자동차나 로봇청소기를 들 수 있습니다.

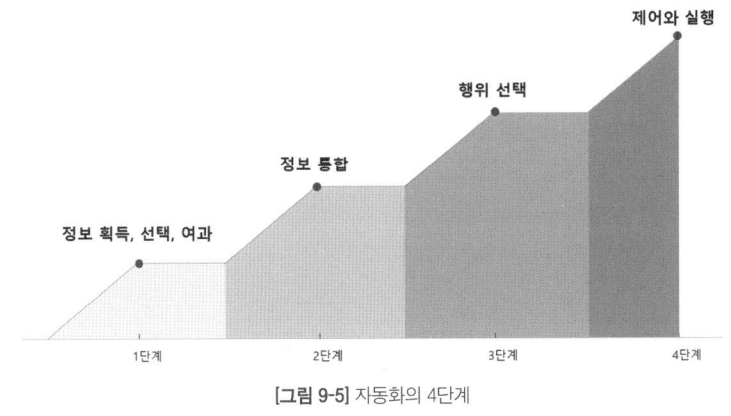

[그림 9-5] 자동화의 4단계

여기서 과업의 제어와 실행까지 AI에 모두 위임한다면 완전 자동화라고 정의합니다. 반면에 AI에 전체 과업 중 일부를 위임하되 최종적으로 제어와 실행은 사용자가 직접 수행한다면 반자동화 또는 증강이라고 정의합니다. 증강(augmentation)은 AI가 사용자의 능력을 최대로 발휘하게 해주는 개념을 의미합니다. 그 예로 내비게이션의 빠른 길 찾기 안내나 다양한 업무 수행의 보조로 챗GPT를 활용하는 것을 통해 사용자는 자신의 인지적 역량을 증강해 더 높은 효율성과 창의성을 발휘할 수 있습니다.

AI가 적용된 프로덕트를 기획할 때 사용자가 수동으로 수행하는 과업을 자동화를 통해 없애주는 것이 최선이라고 가정하는 경향이 많습니다. 그렇지만 사용자는 오히려 자신의 능력을 증강하여 과업을 직접 수행하길 원할 수 있습니다. 대표적으로 사용자가 과업을 수행하는 과정에서 즐거움을 느끼는 경우입니다. 예를 들면 작곡이나 드로잉과 같이 창작하는 과정에서 사용자는 성취감과 즐거움을 느낄 수 있습니다. 이러한 경우에는 귀찮거나 어려운 일부 과업을 AI가 대신 수행하도록 하되 창의성이 요구되는 나머지 과업에서는 사용자의 통제권을 유지해 줍니다. 이를 통해 사용자는 자신의 한계를 뛰어넘는 놀라운 경험을 할 수 있게 됩니다.

증강이 필요한 또 다른 과업의 유형은 사용자의 역할에 따라 결과의 책임이 따르는 경우입니다. 조종사나 의사와 같이 과업 수행 결과에 따라 물리적 위험이 존재하는 경우뿐만 아니라 신용카드나 은행 정보 공유와 같이 재정적 위험이 있으면 사용자는 기꺼이 자신의 시간과 노력을 투자하길 원합니다. 이러한 속성을 지닌 과업에서는 사용자에게 통제권을 제공하되 AI로 사용자가 과업을 더 잘할 수 있도록 도와주는 것이 필요합니다.

사용자는 과업을 수행하는 과정에서 즐거움을 느끼거나 책임이 요구되는 과업에 대해서는 개인의 시간을 투자하여 직접 통제권을 유지하길 원합니다. 그러므로 이러한 유형의 과업에는 AI를 통해 모두 자동화하기보다는 사용자의 능력을 증강해 주는 방향으로 활용하는 것이 적합합니다.

9.4 사용자 가치를 위한 AI의 적용

AI를 활용해 사용자가 원하는 과업의 전체 또는 일부를 대신 수행하도록 디자인한다면 일상의 편의와 생산성을 향상해줄 수 있습니다. 더 나아가 사용자가 본질적으로 중요한 일에 집중할 수 있게 해주며 그들의 한계를 뛰어넘는 경험을 제공할 수도 있습니다. 이를 위해서는 인간과 AI의 적절한 기능 할당이 필요합니다. 기획하고 있는 프로덕트의 전체 서비스 흐름 중에 AI를 활용할 영역을 탐색하고 어느 정도의 수준까지 자동화할지에 대한 치열한 고민을 통해 인간과 AI 사이의 권한을 적절하게 정의하는 것이 필요합니다.

최근 챗GPT와 같은 생성형 AI뿐만 아니라 다양한 형태의 AI 기술이 적용되지 않는 영역을 찾는 것이 더 쉬울 정도로 AI에 익숙한 환경이 되었습니다. 그렇지만 단순히 최첨단의 AI 기술이 프로덕트에 적용되었다는 것만으로는 사용자에게 좋은 경험을 제공하는 것을 보장해 주진 않습니다. 이전보다 더 현명하고 까다로워진 사용자는 단순히 첨단 기술의 적용과 그로 인한 성능 개선만으로 만족하지 않기 때문입니다. 결국 AI 기술이 어떤 사용자 가치를 제공하고 얼마만큼의 혁신적인 경험을 선사하는지가 차별화된 경쟁 포인트가 될 것입니다. 이를 위해 사용자의 니즈를 섬세하게 이해하여 매력적인 가치를 제안하고 효과적으로 프로덕트의 UX를 디자인하는 것이 필요합니다.

☑ **로봇 프로세스 자동화**(Robotic Process Automation, RPA)

소프트웨어 로봇을 이용하여 반복적이고 규칙적인 과업을 자동화하는 기술을 말합니다. RPA는 인간이 하던 양식 작성, 정보 전송 등의 사무 작업을 자동으로 처리합니다.

☑ **알고리즘**(algorithm)

인간의 지능적 행동을 컴퓨터상에 구현한 것으로 특정 문제를 해결하기 위한 규칙입니다. 규칙을 만들어 내는 방법에 따라 규칙 기반 시스템, 머신러닝, 딥러닝으로 구분합니다.

규칙 기반 시스템은 초기의 AI 구현 방식으로 'if-then' 구문과 같이 사람이 일일이 명시적인 규칙을 정의해 주어야 합니다.

머신러닝(machine learning)은 기계가 스스로 학습한다는 의미입니다. 사람이 규칙을 정의해 주지 않아도 기계가 데이터에서 스스로 규칙을 발견합니다.

딥러닝(deep learning)은 인간의 두뇌가 작동하는 구조를 모방한 인공 신경망을 기반으로 만들어진 머신러닝의 일종입니다. 기존 머신러닝에 비해 더 크고 풍부해진 모델을 통해 더 많은 데이터를 학습할 수 있습니다. 이를 통해 더 풍부한 규칙을 찾아내 더욱 복잡한 문제를 효과적으로 해결할 수 있습니다.

☑ **대규모 언어 모델**(Large Language Model, LLM)

딥러닝을 기반으로 방대한 양의 텍스트 데이터를 사전에 학습한 언어 모델입니다. 이를 통해 복잡한 인간의 언어를 이해하고 자연스러운 문장을 생성해 냅니다.

10 나만을 위한 맞춤형 UX

바야흐로 개인화의 시대가 도래했습니다. 사람은 누구나 자기만의 고유한 취향을 지닙니다. 최근에는 이전의 획일화된 사고와 관습에서 벗어나 서로 다른 취향과 다양성을 존중할 뿐만 아니라 나다움을 스스럼없이 표현하기도 합니다. 특히 MZ 세대는 자기만의 가치관과 취향에 따라 행동하고 적극적으로 소비합니다. 이러한 소비 트렌드를 디깅(digging) 소비라고 부릅니다. 디깅 소비는 자기가 선호하는 상품이나 영역을 깊게 파헤칠 뿐만 아니라 금전적으로도 기꺼이 투자하는 취향 소비입니다. MZ 세대는 자기 자신을 잘 표현할 수 있는 소비 행태를 SNS에 업로드하여 과시하기도 합니다. 이제는 SNS 업로드가 MZ 세대의 새로운 소비 기준으로 작용하기도 합니다.

남들과 다른 나만의 취향을 지향하는 사용자의 니즈에 발맞추어 여러 기업에서도 더욱 다양한 커스터마이징(customizing) 서비스를 제공하고 있습니다. 여기서 커스터마이징이란 사용자의 요구에 따라 프로덕트를 만들어 주는 일종의 맞춤형 제작을 의미합니다. 커스터마이징 서비스는 맞춤형 프로덕트를 제작하는 것뿐만 아니라 디지털 기술을 이용해 사용자가 자기 취향에 맞도록 UI를 직접 편집할 수 있는 커스터마이징 기능을 제공하는 것도 포함됩니다. 이러한 커스터마이징 서비스는 운동화나 명품 백과 같은 패션 영역뿐만 아니라 스마트폰이나 노트북과 같은 개인용 디지털 프로덕트 영역에서도 손쉽게 찾아볼 수 있습니다. 최근에는 이러한 트렌드가 나만의 라이프 스타일과 취향으로 꾸민 홈 공간에 맞는 인테리어 맞춤형 가전에까지 확산하고 있습니다.

개인 맞춤형 서비스는 급격한 AI 기술의 발전으로 인해 더욱 편리함을 추구하는 고객의 니즈를 효과적으로 만족시킬 수 있는 방향으로 진화합니다. 대표적인 예로 빅데이터와 딥러닝과 같은 AI 분석 기술을 기반으로 한 개인화 추천 서비스를 들 수 있습니다. 최근 비대면 디지털 가속화로 인해 데이터 트래픽이 급증하게 되면서 이는 추천 알고리즘의 자양분이 되어 더욱 고도화된 개인화 추천 서비스를 제공할 수 있게 되었습니다. 개인화 추천 서비스는 사용자의 관심사와 취향에 맞춤화된 콘텐츠나 기능을 효율적으로 사용할 수 있게 해줄 뿐만 아니라 사용자 자신도 몰랐던 취향을 알려 주기도 합니다.

이러한 개인화 추천 서비스는 넷플릭스나 유튜브와 같은 스트리밍 산업이나 아마존과 같은 이커머스 산업을 중심으로 활성화되어 사용자들에게 차별화된 개인화 경험을 제공합니다. 특히 넷플릭스의 추천 알고리즘인 시네매치는 대표적인 개인화 추천 서비스로 알려져 있습니다. 시네매치는 개인 프로필, 콘텐츠 이력 및 선호도, 시청 시간대 등을 분석해 사용자에게 맞춤화된 콘텐츠를 추천해 줍니다.

그렇다면 진화하는 사용자의 니즈와 함께 변화하는 기술 및 비즈니스 환경에 맞추어 UX 관점에서는 무엇을 해야 할까요? 사용자가 개인화를 원하는 과업을 파악하고 해당 과업 특성에 부합되는 개인화된 경험을 적절하게 디자인해야 합니다. 여기에서는 사용자의 취향에 맞춤화된 경험을 제공하는 개인화된 경험의 비법에 대해 살펴보도록 하겠습니다.

10.1 개인 취향 기반의 커스터마이징

이 세상에 평균적인 사람은 없습니다. 왜냐하면 한 사람을 설명하는 특성 변수인 성격, 인체 사이즈, 고유한 감성, 지식 및 경험 등이 모두 동일한 사람은 있을 수 없기 때문입니다.

그렇다면 사용자의 다양성을 배려하려면 UX 관점에서 어떻게 해야 할까요? 제이콥 닐슨의 10가지 사용성 휴리스틱 중 하나는 사용자에게 선택권과 자유도(user control and freedom)를 제공하는 것입니다. 즉 사용자들의 다양성을 배려하려면 그들만의 취향과 개성을 잘 살릴 수 있도록 선택권을 제공하는 것입니다. 그 대표적인 방법으로 커스터마이징 기능을 제공할 수 있습니다. 개인만의 감성과 취향을 표현할 수 있도록 디자인 스타일을 선택할 수 있게 하거나 더 나아가 개개인의 인체적 또는 인지적 특성, 사용 습관 등을 배려해 사용 방식을 선택할 수 있도록 해줍니다. 이러한 개인 맞춤형 경험의 제공을 통해 감성적 만족뿐만 아니라 사용성도 향상해줄 수 있습니다.

개인 맞춤형 경험을 제공하는 데 반드시 AI가 필요한 것만은 아닙니다. [그림 10-1]은 사용자 맞춤형 이모티콘입니다. 사용자는 자신의 성격이나 분위기에 맞도록 이모티콘을 직접 편집하여 만들 수 있습니다. 피부색, 헤어 액세서리, 안경 등의 외형뿐만 아니라 사용자의 목소리와 표정까지도 따라 할 수 있게 커스터마이징이 가능합니다. 사용자는 자기만의 개성을 살린 이모티콘을 통해 자기를 표현하고 자기만의 색깔로 커뮤니케이션할 수 있습니다.

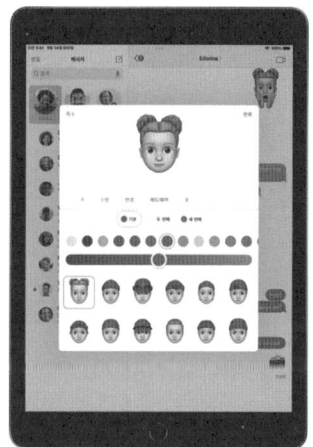

[그림 10-1] 이모티콘 커스터마이징 기능[44]

[그림 10-2]는 스마트폰의 터치 키보드의 커스터마이징 기능입니다. 단순히 자기 취향에 맞도록 테마를 설정할 수 있는 것뿐만 아니라 자신의 손 크기에 맞도록 키보드 크기를 조절할 수 있습니다. 또한 나만의 사용 습관에 효율적으로 사용할 수 있도록 자주 사용하는 기호를 직접 커스터마이징할 수 있습

---

44. 애플 공식 홈페이지 중 「iPhone 또는 iPad Pro에서 이모티콘 사용하기」, support.apple.com/ko-kr/111115

니다. 이를 통해 사용자는 자기만의 감성을 표현할 수 있는 키보드를 사용할 수 있을 뿐만 아니라 내 손에 딱 맞는 키보드 입력을 통해 더 빠르고 오타가 줄어든 향상된 사용성을 경험할 수 있습니다.

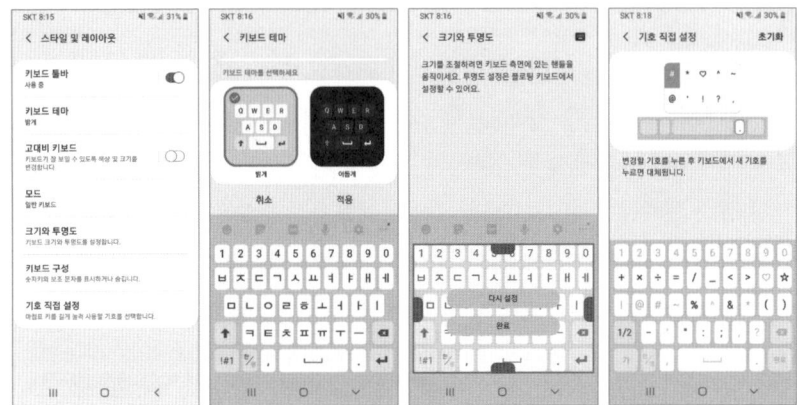

[그림 10-2] 터치 키보드 커스터마이징 기능

10.2 개인 사용 이력 기반의 맞춤형 추천

인간은 양면성(兩面性)을 지닙니다. 사용자는 흥미롭고 창의적인 과업은 능동적으로 직접 수행하길 원하지만, 복잡하고 번거로운 과업은 누군가가 대신해주길 원하는 수동적인 태도를 보입니다. 특히 정보의 홍수 앞에서 사용자는 무기력해집니다. 너무 많은 선택지를 사용자에게 강요하면 인지적 부담과 스트레스가 올라가기 때문입니다. 그러므로 콘텐츠나 기능이 너무 많으면 AI가 사용자에게 적합도 높은 개인화된 추천을 제공해 더 적은 선택지로 줄여주는 것이 필요합니다.

그렇다면 개인화 추천은 어떻게 제공해줄 수 있을까요? 가장 단순한 방법은 최근에 사용하였거나 가장 많이 쓴 내역을 기반으로 추천하는 것입니다. 특히 내비게이션에 목적지를 입력하거나 은행 앱에 계좌 번호를 입력하는 과업과 같이 사용자가 자주 하거나 반복적으로 발생하는 과업에 대해서는 최근 이력을 추천하는 것은 효과적입니다. 이를 통해 사용자는 번거로운 입력 과정을 생략할 수 있을 뿐만 아니라 기억의 부담도 줄어듭니다.

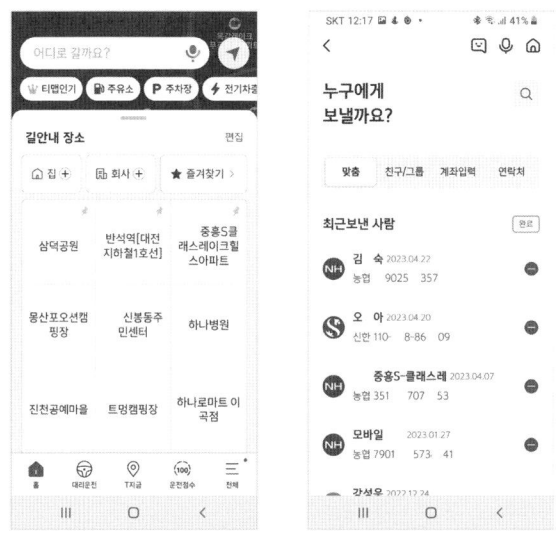

[그림 10-3] 사용 이력 기반의 추천

좀 더 고도화된 개인화 추천 서비스는 앞서 살펴보았던 넷플릭스의 시네매치와 같이 개인 데이터를 추천 알고리즘을 통해 분석하여 사용자가 이용할 법한 콘텐츠나 기능을 예측하는 것입니다. 특히 정보량이 너무 많아서 무엇을 사용해야 할지 가늠하기 어려운 과업에는 개인화 추천 서비스를 적용하는 것이 편의성을 향상하는 데 아주 효과적입니다. [그림 10-4]의 커머스 앱이나 SNS 플랫폼 앱과 같이 등록된 콘텐츠의 양을 가늠하기 어려운 경우에 추천 알고리즘이 사용자가 좋아하거나 필요할 만한 소수의 콘텐츠만을 한눈에 보여줍니다. 이를 통해 사용자는 콘텐츠를 서치하는 데 허비되는 시간을 아끼고 쇼핑이나 감상에 더 집중할 수 있습니다.

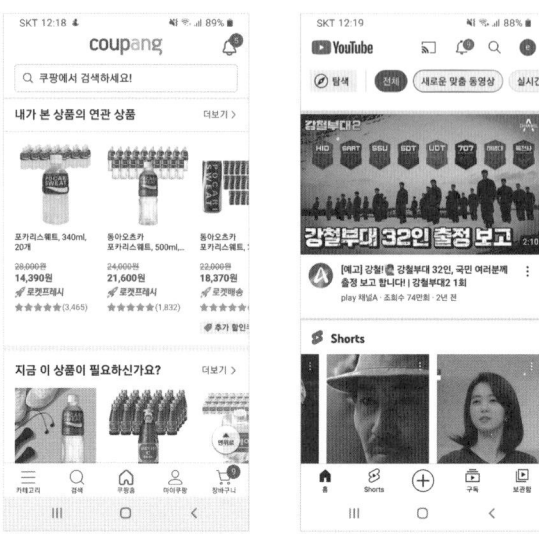

[그림 10-4] 선호할 만한 콘텐츠 추천

10.3 주변 환경 기반의 맥락적 추천

사용자의 판단은 어떻게 이루어질까요? 행동 경제학에 따르면 인간의 의사 결정은 분석적 시스템보다 직관적 시스템에 더욱 의존합니다. 즉 상황과 가능성에 대한 모든 정보를 수집하고 분석하여 합리적인 판단을 하기보다는 적당한 수준에서 어림짐작한다는 것입니다.

가끔은 일반 사용자도 다양한 정보를 복합적으로 수집해 판단하거나 특정 영역에 대한 전문성을 요구하는 과업을 수행해야 할 때가 있습니다. 그렇지만 사용자는 최적의 판단에 따른 명확한 이득이 있는데도 많은 경우에 적당히 어림짐작합니다. 이때, AI를 통한 정보 제공이 필요합니다. 이러한 분석적인 영역은 사람보다 AI가 더 잘하기 때문입니다.

[그림 10-5]는 내비게이션 앱에서 제공하는 빠른 경로 추천입니다. 사용자는 평소 다니던 길이더라도 최적의 경로는 그때의 교통 상황에 의해 달라질 수 있습니다. 만약 이러한 경로 추천 없이 최적의 운전 경로를 파악하려면 다양한 채널을 통해 교통 상황 정보를 수집하고 이를 머릿속에서 시뮬레이션하여 어떤 길로 갈지 판단해야 합니다. 그렇지만 빠른 경로 추천처럼 복잡한 정보의 수집 및 인지 과정을 교통 상황 빅데이터와 추천 알고리즘이 대신해 주면 사용자는 운전에만 집중해 더 빠르고 안전하게 주행할 수 있습니다.

[그림 10-5] 빠른 경로 추천

이러한 맥락적 추천 서비스는 전문성을 요구하는 영역에도 활용할 수 있습니다. [그림 10-6]의 스마트 진단 서비스는 가전의 기기 사용 정보를 분석해 프로덕트에 이상이 발생하면 원인과 함께 해결 방안을 제안해 줍니다. 이러한 기기 진단은 전문기기 판단히고 해결 방안을 제안할 수 있는 영역이라 일반 사용자는 쉽게 알기 어렵습니다. 이러한 전문화된 추천 정보를 통해 사용자는 프로덕트의 문제를 파악하고 해결 방안을 찾는 데 도움을 얻을 수 있습니다.

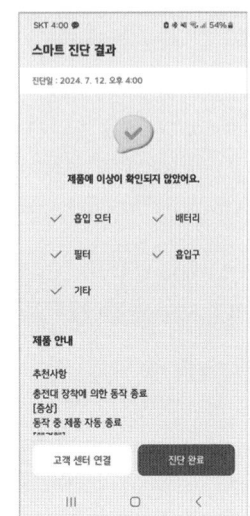

[그림 10-6] 가전의 이상을 진단해 주는 스마트 진단

10.4 개인화 시대에 알맞은 경험 제공하기

사용자의 취향에 맞춤화된 경험을 제공하는 개인화 UX의 비법에 대해 살펴보았습니다. 사용자는 커스터마이징 기능을 통해 자기만의 취향을 표현할 수 있을 뿐만 아니라 자기 습관에 맞춰 UI를 조절해 더욱 편리하게 사용할 수 있습니다. 더 나아가 AI를 통한 개인화된 추천 서비스의 제공은 사용자가 번거롭거나 어려운 과업을 생략하고 과업의 본질에 집중할 수 있도록 도와줍니다. 개인화 시대에 이러한 맞춤된 경험의 제공은 이제는 더 이상 선택이 아닌 필수가 되어 가고 있습니다.

좋은 개인화 UX를 제공하기 위해서는 사용자가 원하는 결과를 추천해 줄 수 있어야 합니다. 따라서 추천 알고리즘으로 어떤 데이터를 어떻게 분석해야 사용자 관점에서 최적의 의사 결정을 지원해줄 수 있는지 고민이 필요합니다. 이뿐만 아니라 콘텐츠 추천에 별점을 주는 등 사용자와 AI의 상호 작용으로 추천 알고리즘의 정확도를 올릴 수 있지는 않을지 고민이 필요합니다.

사용자 데이터 기반으로 개인화 서비스를 제공한다면 사전에 이를 공지하여 동의를 받는 등 개인 정보 활용의 투명성을 확보하는 것도 필요합니다. 사용자들은 AI 프로덕트를 이용하는 과정에서 개인 프라이버시를 침해받는 것을 두려워하기 때문입니다. 그러므로 더 나은 개인화된 UX를 제공하려면 선제적으로 사용자의 안심과 신뢰를 얻는 것이 필요합니다.

추천 알고리즘을 이용한 개인화 UX에서 고려해야 할 또 다른 이슈는 필터 버블(filter bubble)입니다. 필터 버블은 추천 알고리즘으로 인해 사용자에게 정보 편향이 발생하는 현상을 의미하는 단어입니다. 여기서 필터는 추천 알고리즘을 의미하며 버블은 추천 알고리즘에 사용자가 갇힌 모양 같다고 붙여진 신조어입니다. 사용자의 동영상 시청 기록, 구매 기록, 검색 기록 등을 기반으로 콘텐츠나 광고가 추천되면서 사용자는 지속해서 비슷한 정보에만 노출됩니다. 이에 따라 사용자는 인지적인 편향에 빠지거나 다양성 있는 정보에 접근할 기회를 잃습니다. 필터 버블을 최소화하려면 다양한 관점에서 고민이 필요합니다. 예를 들면 누적된 개인 정보를 지울 수 있는 권한을 사용자에게 제공하거나 균형 잡힌 정보를 추천하도록 추천 알고리즘의 동작 방식에 반영하는 것도 고려해 보아야 합니다.

AI 알고리즘을 활용하는 것은 사용자에게 많은 이득을 줄 수 있는 기회 영역인 것은 분명합니다. 그렇지만 사용자 입장에서 알고리즘이 제공하는 경험은 블랙박스와 같이 그 속에서 일어나는 과정을 알 수 없어 사용에 앞서 두려워할 수 있습니다. AI와 인간의 상호 작용을 디자인하는 것은 새로운 영역인 만큼 예상치 못한 문제가 발생할 수 있습니다. 그러므로 AI가 제공하는 편익을 잘 활용하는 것뿐만 아니라 사용자의 가치를 해칠 수 있는 부분은 사전에 파악하고 이에 대한 대응 방안을 마련하는 것이 필요합니다.

> ☑ **추천 알고리즘**(recommendation algorithm)
>
> 사용자가 관심을 가질 만한 정보를 제공하는 정보 필터링 기술입니다. 사용자의 평점, 리뷰 평, 사용자의 클릭, 방문 웹사이트, 구매 이력 등의 데이터를 분석해 선호할 확률이 높은 상품이나 콘텐츠를 추천합니다.

11 사용자의 수고를 덜어주는 자동화 UX

> 아무것도 하고 있지 않지만, 더욱더 강렬하게 아무것도 하고 싶지 않다.

한때 온라인에서 유행했던 말입니다. 자동화가 필요한 가장 큰 이유는 우리의 귀차니즘 또는 나태함 때문입니다. 자동화는 번거롭거나 하기 싫은 일을 줄여 주거나 없애주어 사용자가 하고 싶은 일에 더욱 집중할 수 있게 해줍니다. 이뿐만 아니라 자동화는 인간이 하기에 너무 위험하거나 불가능한 것들을 대신해 주기도 합니다.

앞서 살펴보았던 개인화 추천 시스템도 콘텐츠를 탐색하는 과업을 AI가 대신해 준다는 점에서 자동화의 일종입니다. [그림 11-1]과 같이 자동화 수준 관점으로 개인화 UX를 구분할 수 있습니다. 사용자가 원하는 대로 모든 과업을 직접 설정하는 커스터마이징이 '수동'이라면 개인화 추천은 정보 처리 과정만을 AI가 대신해 주는 '반자동'의 일종입니다. 개인화 추천에서 더 나아가 제어와 실행까지도 AI가 대신해 준다면 '자동화'라고 할 수 있겠습니다.

[그림 11-1] 개인화 UX와 자동화 수준

다행히도 이러한 자동화 기술 수준은 아직은 AI가 자아가 없어 우리를 지배하고자 하는 의지를 가지고 있지 않을 뿐만 아니라 대부분의 직업에서도 우리를 완전히 대체하지는 못합니다. 반면에 알고리즘이 완벽하지도 못해 자동화를 위임한 과업에서도 AI를 100% 신뢰할 수 없습니다. 만약 자동화가 원활히 작동하지 못해 오류가 발생한다면 사람에 의한 오류보다 더 큰 참사로 이어질 수 있습니다. 그러므로 현재 수준의 자동화를 잘 활용하려면 인간과 AI 간의 적절한 협력 관계가 필요합니다.

그렇다면 자동화를 사용자의 가치 중심으로 효과적으로 활용하려면 UX 관점에서는 어떻게 디자인해야 할까요? 바로 사용자가 원하는 과업은 자동화해주되 그 통제권은 사용자에게 제공해야 합니다. 여기에서는 사용자의 수고를 덜어주는 자동화 UX의 비법에 대해 살펴보도록 하겠습니다.

11.1 반복적인 과업의 자동화

아마도 누구나 동일한 과업을 반복해서 수행하고 싶어 하지는 않을 것입니다. 시간과 노력을 허비하게 만들기 때문입니다. 특히 그러한 과업이 인지적이거나 물리적인 부하가 크다면 자동화를 통해 사용자의 노력을 최소화해 주는 것이 필요합니다. 이렇게 절약된 시간에 사용자는 중요하거나 수행하길 원하는 과업에 집중할 수 있습니다.

자동화를 위해 딥러닝처럼 구현이 어려운 AI 기술을 반드시 적용할 필요는 없습니다. 한정된 사용 맥락에서 반복해서 일어나는 과업에 대해서는 좀 더 구현이 쉬운 규칙 기반의 AI로도 사용자의 수고를 효과적으로 줄여줄 수 있습니다. [그림 11-2]는 가전 연동 앱에 적용된 스마트 루틴 기능입니다. 사용자가 한 번만 자기의 생활 패턴에 맞춰 가전의 작동 방법을 설정해 놓으면 이후엔 규칙에 맞춰서 자동화 기능이 가전을 제어합니다. 예를 들면 사용자가 외출할 때 가전들의 전원을 알아서 끌 수 있고, 사용자가 잠에 들면 예약 시간에 맞춰 가전들을 알아서 제어할 수 있습니다. 이렇게 자동화를 통해 반복적인 과업을 줄여주면 사용자는 더욱 편리하고 효율적인 일상을 보낼 수 있습니다.

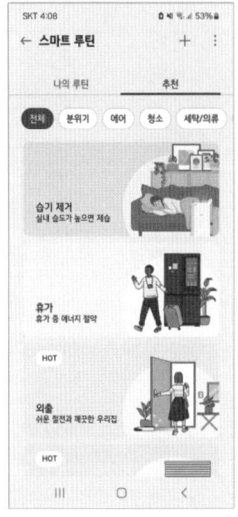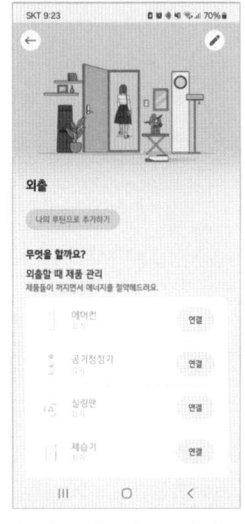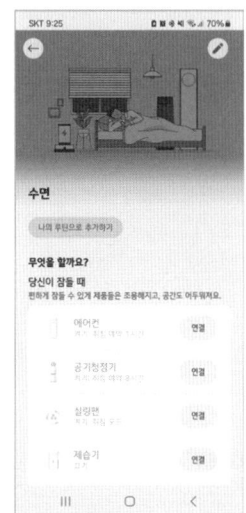

[그림 11-2] 스마트 루틴 기능

자동화는 물리적 세상에서의 반복적인 과업뿐만 아니라 디지털 세상에서의 반복적인 과업 수행에도 적용할 수 있습니다. [그림 11-3]은 웹 페이지에서 AI가 자동으로 기능을 실행해 주는 서비스입니다. 사용자가 간단한 음성 명령만 내리면 웹 페이지에 필요한 정보를 자동으로 입력하고 예약이나 구매를 대신 수행합니다. 이러한 사소한 과업을 AI가 마치 비서처럼 대신 처리해 준다면 사용자는 좀 더 고차원적인 과업에 집중할 수 있습니다.

  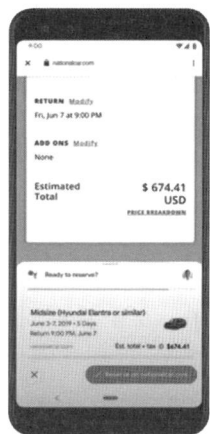

[그림 11-3] 음성 명령만으로 해야 할 일 자동 수행[45]

11.2 주변 환경 및 행동 변화에 따른 자동화

주변 환경이나 사용자의 행동 변화에 따라 필요한 기능을 자동으로 실행시켜 주는 것이 필요합니다. 변화에 따라 매번 필요한 기능이나 설정값을 변경하는 것은 번거롭기 때문입니다. 또한 사용자는 프로덕트의 모든 기능과 그 상황에 맞는 최적의 설정값을 알고 있는 전문가가 아니라서 모든 상황에 맞도록 조작하는 것은 어려운 과업입니다. 그러므로 이러한 변화하는 상황에 AI가 자동으로 프로덕트를 제어해 주는 것은 사용자에게 편리함뿐만 아니라 그 상황에서 최적의 경험을 제공해줄 수 있습니다.

이러한 맥락적 자동화의 예시는 스마트 가전(smart appliance)에서 찾아볼 수 있습니다. 대표적으로 TV에서 제공하는 스마트 기능에는 화질 및 사운드의 최적 설정값 조절이 있습니다. 이는 현재 시청 중인 콘텐츠의 속성을 자동으로 분석하여 제공하기에 사용자는 결과적으로 최적의 환경에서 콘텐츠에 몰입할

---

45. 구글 키노트 발표 유튜브 영상 중 「Google Keynote (Google I/O '19)」, youtube.com/watch?v=lyRPyRKHO8M

수 있게 됩니다. 또 다른 예로 에어컨의 인체 감지 냉방 기능을 들 수 있습니다. 인체 감지 센서가 사용자의 위치를 감지하여 이를 기반으로 바람의 방향과 강도를 조절하고 에어컨의 바람을 보내 줍니다. 이를 통해 사용자는 편리함과 동시에 쾌적함을 경험할 수 있습니다.

특히 이러한 맥락적 정보의 변화는 자동차의 주행 환경에서 중요한 요소입니다. [그림 11-4]의 첨단 운전자 보조 시스템(Advanced Driver Assistance System, ADAS)은 센서가 주행 중인 차량의 주변 환경을 분석해 속도, 차간 거리, 조향 등을 자동으로 제어해 사용자의 주행을 도와줍니다. 특히 교통 체증이 발생하는 것과 같이 긴급 상황이 발생하면 자동으로 제동 기능을 실행해 사용자의 주행 피로를 덜고 안전한 운전을 이어갈 수 있도록 도와줍니다.

[그림 11-4] 주행을 도와주는 운전자 보조 시스템[46]

---

46. BMW 공식 홈페이지 중 「THE M5」, bmw.co.kr/ko/all-models/m-series/m5-series/bmw-m5-sedan.html#technologies

11.3 자동화에 대한 통제권

사용자는 자동화 기능의 실행 여부와 자동화 수준을 선택할 수 있어야 합니다. 사용자에 따라 자동화보다는 직접 제어하는 것을 선호할 수 있기 때문입니다. 이뿐만 아니라 AI가 활용되는 영역이나 과업에 따라서도 사용자의 선호도가 다를 수 있습니다. [그림 9-4] AI 서비스에 대한 이용 의향을 보면 서비스 영역에 따라 AI 이용 의향이 약 30~70% 정도 차이를 보입니다. 또한 사용자가 자동화의 사용을 원할 때도 어떤 과업에서 어느 정도의 수준으로 자동화할 것인지 선택권을 제공하는 것이 필요합니다.

[그림 11-5]는 설정 화면을 통해 자동화 기능과 반자동화의 일종인 추천 기능의 사용 여부를 사용자가 직접 선택할 수 있도록 옵션 기능을 제공하고 있습니다. 특히 키보드 설정 화면에서는 문구 추천, 이모지 추천, 스티커 추천, 문자 대체 및 수정 제안 등과 같이 자동화 기능을 어떤 과업에 활용할 것인지를 상세하게 선택권을 제공하고 있습니다. 이러한 자동화에 대한 옵션 기능 제공을 통해 사용자는 AI에 대한 높은 통제감을 느낄 수 있습니다.

 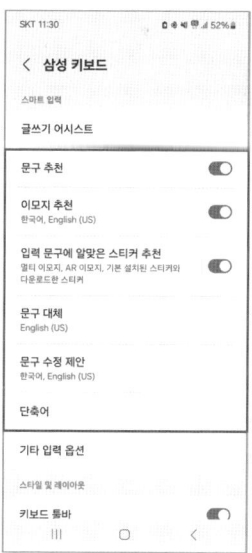

[그림 11-5] 자동화 기능을 직접 선택할 수 있는 옵션 기능

11.4 자동화에 대한 모니터링

인간이 불완전한 것처럼 아직은 AI의 신뢰성 또한 완벽하지 않습니다. 이와 관련하여 2021년 4차 산업혁명위원회가 AI에 대한 인식을 조사한 결과 약 40%의 사용자만이 AI를 신뢰하는 것으로 나타났습니다.[47] 또한 사용자는 자동화로 인해 프로덕트에 대한 통제권을 잃을지도 모른다고 우려할 수 있습니다. 그러므로 사용자는 자동화를 모니터링하고 필요하면 언제든지 제어권을 되찾을 수 있도록 디자인해야 합니다.

[그림 11-6]은 차량에 탑승하지 않고도 자동으로 주차할 수 있는 원격 주차 시스템입니다. 차량과 연동된 스마트폰 앱으로 사용자는 직접 운전하지 않아도 자동으로 주차 및 출차를 제어할 수 있습니다. 이때 차량의 전면과 후면에 부착된 센서를 통해 주차 중 문제없이 동작하고 있는지를 스마트폰 앱으로 모니터링할 수 있습니다. 이를 통해 사용자는 자동화 기능이 동작하는 과정 동안에 안심할 수 있습니다.

[그림 11-6] 자동 주차 및 원격 모니터링 시스템[48]

---

47. 「인공지능 대중화를 위한 대국민 인공지능 이용 인식조사」, (4차산업혁명위원회, 2021)
48. BMW 공식 홈페이지 중 「THE M5」, bmw.co.kr/ko/all-models/m-series/m5-series/bmw-m5-sedan.html#technologies

[그림 11-7]은 AI 자율 주행 기능이 탑재된 로봇 청소기와 연동된 앱입니다. 로봇 청소기는 집 안의 구조와 크기는 물론, 실시간으로 사물과 가구를 정확하게 인식하여 집 안 구석구석을 꼼꼼하게 청소합니다. 이러한 자동화뿐만 아니라 연동 앱을 통해 로봇 청소기의 작업 상황을 모니터링하고 상황에 따라서는 사용자가 직접 제어할 수도 있습니다.

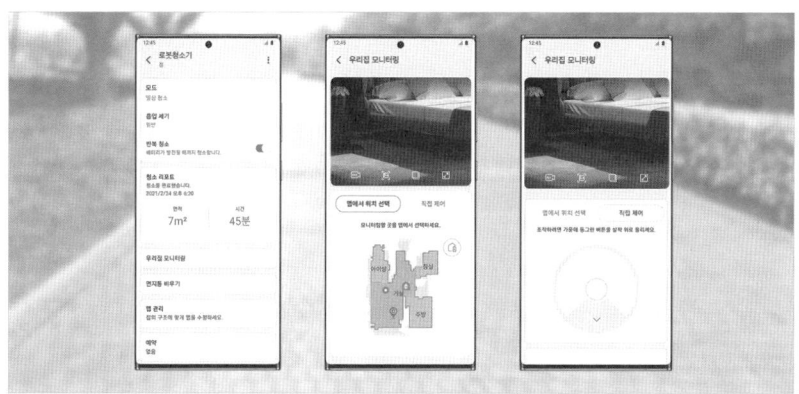

[그림 11-7] 로봇 청소기 모니터링 및 제어 앱[49]

11.5 AI와의 긍정적 협력 관계 구축하기

사용자의 수고를 덜어주는 자동화 UX의 비법에 대해 살펴보았습니다. 사용자는 반복적이거나 귀찮은 과업을 AI에 위임하는 자동화를 통해 인지적 및 물리적 부하를 줄일 수 있습니다. 이뿐만 아니라 자동화는 사용자가 하기에 어려운 일들을 대신해 주기도 합니다.

이러한 자동화를 통해 사용자의 편익을 극대화하려면 인간과 AI 간의 기능 할당을 적절하게 하는 것이 필요합니다. 왜냐하면 인간과 AI가 서로의 장단점을 상호 보완해줄 수 있을 때 과업 수행의 시너지를 높여줄 수 있기 때문입

---

49. 삼성전자 공식 홈페이지 중 「BESPOKE 제트 봇 AI」. samsung.com/sec/vacuum-cleaners/jetbot-vr50t95935w-d2c/VR50T95935B/?msockid=0738565eaf856a303d7b4266ae906b91

니다. 예를 들면 사용자가 인지적으로 부담을 느끼는 과업에는 많은 양의 정보를 빠르고 정확하게 처리하는 AI를 통해 자동화해 주는 것이 효과적입니다. 반면에 예상치 못한 다양한 상황이 발생할 수 있는 과업에는 유연한 판단을 할 수 있는 사용자가 직접 제어하는 것이 효과적입니다. 또한 전체적인 큰 그림을 그리는 과업은 사용자에게 맡기고 세부적인 과업은 AI에 맡기는 것도 고려해볼 수 있습니다. 이러한 인간과 AI 간의 기능 할당에 대한 효율적인 접근뿐만 아니라 사용자가 AI로 과업을 자동화하는 것을 원하고 수용할 것인지에 대해서도 복합적으로 검토하는 것이 필요합니다.

자동화를 통해 사용자의 편익을 극대화하되 AI로 인해 위협이 될 수 있는 영역은 사전에 파악하고 줄여가야 합니다. 자동화는 사용자가 귀찮고 하기 싫은 과업을 대신해 주어 효율성과 편의성을 향상해줄 수 있습니다. 반면에 AI가 특정 과업을 아무리 잘한다고 해도 100%의 신뢰성을 보장받을 수 없습니다. 특히 AI는 제한된 범위와 맥락 내에서는 잘 작동하지만 예상치 못한 문제에는 유연하게 대응하지 못합니다. 그러므로 자동화하더라도 사용자가 언제든지 모니터링할 수 있도록 디자인해야 합니다. 또한, 자동화하는 과정에서 문제가 발생할 것에 대비하여 사용자가 통제권을 효과적으로 발휘할 수 있도록 디자인하는 것이 필요합니다.

> ☑ **스마트 가전**(smart appliance)
> 인터넷이 연결되어 원격으로 제어할 수 있는 가전제품을 말합니다. 최근에는 스마트 가전에 다양한 AI 기술이 적용되어 사용자에게 맞춤화된 서비스를 제공하고 있습니다.
>
> ☑ **첨단 운전자 보조 시스템**(Advanced Driver Assistance System, ADAS)
> 운전 중에 발생할 수 있는 여러 상황에서 운전자를 지원하는 시스템입니다. 운전에 대한 부담을 줄이고 안전성을 높입니다. 다양한 센서 기술을 통해 차량 주변을 모니터링하며 필요한 경우 AI가 운전자에게 경고를 하거나 자동으로 차량을 제어합니다.

12. 사용자의 능력을 끌어올리는 증강 UX

누구나 유능한 사람이 되고 싶어 합니다. 인간은 원시 시대부터 생존과 번식을 위해 능력 있는 존재로 인정받길 원했을 것입니다. 이는 현대에도 변하지 않는 근본적인 욕구입니다. 이러한 유능함에 대한 갈증을 혁신적인 기술이 충족시켜 주기도 합니다.

증강(augmentation)은 AI와 같은 혁신적인 기술을 통해 사용자의 능력을 확장해 주는 것을 의미합니다. 증강을 통해 사용자는 이전에 잘하지 못하던 일이나 불가능했던 일을 할 수 있습니다. 영화 「어벤저스」에서 아이언맨은 AI인 자비스의 도움을 받아 초인적인 능력을 지닌 어벤저스 중에서도 압도적인 능력치를 보여 주었습니다.

증강은 사용자의 신체 능력을 강화하는 것과 인지 능력을 강화하는 것으로 구분할 수 있습니다. 신체 능력의 강화는 웨어러블과 같은 하드웨어 기술을, 인지 능력의 강화는 머신러닝, 자연어 이해, 컴퓨터 비전 등 AI 기술을 기반으로 하닙니다. 아이언맨 슈트가 토니 스타크의 신체 능력을, AI인 자비스는 토니의 인지 능력을 강화하는 것과 비슷합니다.

이때, AI를 활용해 인지 능력을 강화하는 기술을 증강 지능(augmented intelligence)이라고 부릅니다. 증강 지능은 시청각 정보, 의사 결정, 창의력 등을 지원하며 인지 능력을 보완하는 데 활용됩니다. AI의 탁월한 데이터 처리 및 계산 능력과 사용자의 판단 능력을 결합하면 일상생활뿐만 아니라 업무 환경에서도 효율성을 극대화할 수 있습니다. 예를 들면 암 진단 시 병리학자가 혼자 암을 진단하는 것에 비해 AI와 협업하면 진단 오류율을 85% 감소시킵니다.[50]

---

50. 「Deep learning for identifying metastatic breast cancer」, (Wang, Khosla, Gargeya, Irshad, Beck, 2016)

이렇듯 증강 UX는 사용자의 인지적 한계로 인해 불가능했던 일을 할 수 있게 도와줍니다. 이뿐만 아니라 일부 전문가나 숙련자만 수행할 수 있었던 어려운 일을 쉽게 만들어 개인 역량의 격차를 줄여 주기도 합니다.

그렇다면 증강 UX를 사용자 관점에서 어떻게 활용해야 할까요? 사용자가 인지적으로 불가능하거나 어려워하는 일들에 대해 적합한 AI 기술을 적용하여 유능함에 대한 니즈를 충족시켜 주어야 합니다. 여기에서는 사용자를 더 유능하게 만들어 주는 증강 UX 비법에 대해 살펴보도록 하겠습니다.

12.1 더 똑똑하게 만들어 주는 증강 UX

현대와 같은 무한 경쟁 사회에서는 자신의 능력을 향상하는 것이 이전보다 더 중요해졌습니다. 최근에는 '업글 인간'이라는 키워드가 한국 사회에 새로운 하나의 트렌드로 떠올랐습니다. 업글 인간은 생활 전반의 질적 변화를 추구하는 것은 물론 어제보다 나은 오늘의 나를 만들어 가려는 사람을 의미합니다. 특히 이들은 지적 성장을 위한 소비에 투자를 아끼지 않는다는 특징을 지닙니다. 이에 따라 사용자의 성취감을 극대화할 수 있는 스마트한 경험을 프로덕트에서 지원하는 것은 더욱 중요해졌습니다.

사용자에게 스마트한 경험을 지원하는 것이 필요한 영역으로 소통 능력을 들 수 있습니다. 최근 글로벌화가 가속화되면서 다양한 언어로 소통이 가능하다면 더 많은 정보와 기회에 접근할 수 있게 되었습니다. 그렇지만 외국어에 능통해지기까지 많은 시간의 공부와 연습이 필요해 누구나 쉽게 할 수 있는 영역은 아닙니다. 만약 AI가 외국어 번역에 도움을 준다면 다른 언어로 작성된 자료를 학습이나 업무에도 쉽게 활용할 수 있습니다. [그림 12-1]은 웹 페이지의 외국어를 번역하는 기능입니다. 외국어로 작성된 웹 페이지를 클릭 한 번으로 AI가 번역해 주어 외국어에 능통하지 않은 사용자도 정보를 손쉽게 획득할 수 있게 되었습니다.

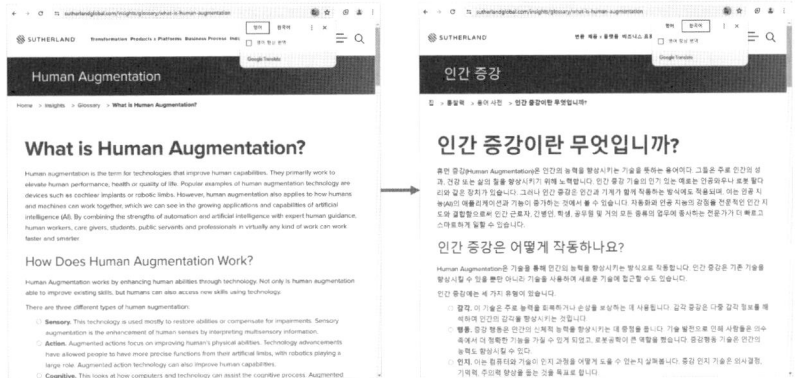

[그림 12-1] 웹 페이지 번역 기능

이뿐만 아니라 최근에는 통역가가 없어도 스마트폰 앱을 통해 외국인과 실시간으로 소통할 수 있게 되었습니다. [그림 12-2]는 스마트폰에 적용된 실시간 AI 통역 기능입니다. 다른 언어권의 사람과 전화 통화나 텍스트 메시지를 할 때 통역 기능을 활성화하면 실시간으로 대화 내용이 원하는 언어로 통역됩니다. 이에 따라 언어권이 달라도 원활하게 소통할 수 있게 되었습니다.

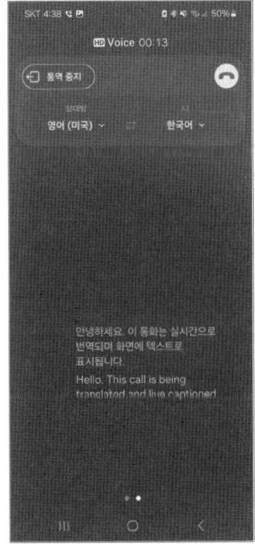

[그림 12-2] 스마트폰의 실시간 AI 통역 기능

AI 기술의 발전은 어렵게만 느껴졌던 학업 영역에서도 학생들이 더 스마트하게 공부할 수 있도록 지원합니다. [그림 12-3]은 컴퓨터 비전 기반의 AI 렌즈 앱입니다. 책이나 프린트물을 보며 공부하다가 이해되지 않는 부분을 AI 렌즈 앱으로 캡처하면 핵심 개념이나 잠재적인 답변 등을 제공합니다. 학생들은 과외 선생님 없이 AI의 도움으로 과제를 학습하고 마칠 수 있어 높은 성취감을 느낄 수 있습니다.

[그림 12-3] 컴퓨터 비전 기반의 과제 기능

직장인에게 데이터를 분석하고 아이디어를 자료로 만드는 일은 중요한 업무 역량입니다. 이러한 업무에 활용되는 대표적인 툴로 엑셀과 파워포인트를 들 수 있습니다. 최근에는 업무용 툴에 내장된 생성형 AI와의 간단한 대화만으로 어렵게만 느껴졌던 함수 및 수식 기반의 데이터 분석을 진행하기도 합니다. 또한 [그림 12-4]와 같이 대화 내용을 기반으로 원하는 스타일을 적용해줄 뿐만 아니라 완성된 슬라이드에서 문구를 검토하거나 이미지를 변경하는 일을 AI가 도와주어 더 완성도 높은 발표 자료를 만들 수 있습니다. 이제는 업무용 툴의 초보자도 생성형 AI의 도움을 받아 데이터 분석과 발표 자료의 장인이 될 수 있습니다.

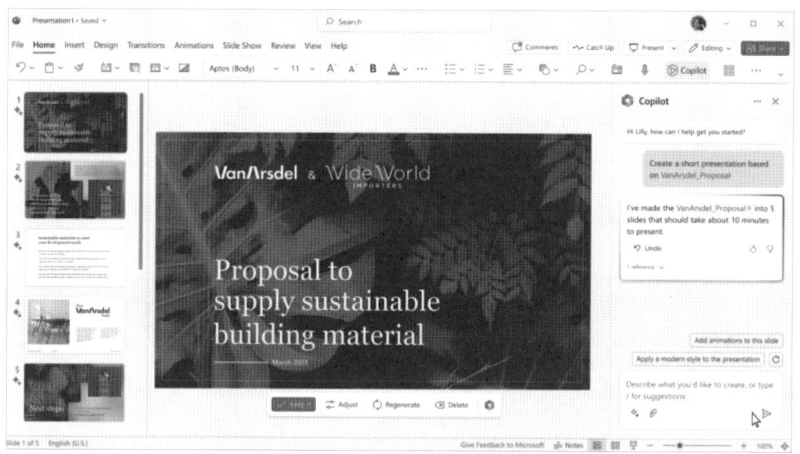

[그림 12-4] 자료 작성 및 수정을 처리하는 생성형 AI[51]

12.2 더 잘 보이고 잘 들리게 만들어 주는 증강 UX

인간은 감각 기관인 눈과 귀를 통해 외부 세상의 정보를 인식합니다. 그렇지만 인간의 감각 기관은 완벽하지 않습니다. 만약 감각 기관이 수용할 수 있는 범위를 벗어나면 정보를 인식할 수 없습니다. 특히 사용 환경의 제약이 발생한다면 사용자는 정보를 인지하기 더욱 어려워집니다. 예를 들면 강렬한 햇빛으로 화면에 눈부심이 발생하거나 소음이 심해지면 원하는 정보를 인식하기 어려워집니다. 그러므로 프로덕트 사용 환경에서 사용자의 정보 인식 특성과 한계를 이해하여 이를 보완할 방안에 대해 고민하는 것이 필요합니다.

인간이 볼 수 있는 시야의 범위는 한정적입니다. 시야각(field of view)은 양안을 기준으로 수평은 약 180도, 수직은 약 120도 정도입니다. 만약 이 범위를 벗어나면 사물을 인식할 수 없습니다. 특히 주행 환경에서는 운전자의 시야 확보는 안전과 직결되는 중요한 디자인 요소입니다. 첨단 운전자 보조 시스템

---

51. 마이크로소프트 공식 홈페이지 중 「Copilot in PowerPoint | 1D: Demonstrate possible system inputs」, microsoft.com/en-us/haxtoolkit/example/copilot-in-powerpoint-g1-d-demonstrate-possible-system-inputs

(ADAS)은 AI와 센서 기술을 활용해 사용자의 시각 능력을 증강해 줍니다. [그림 12-5]와 같이 자동차의 사이드 미러로 보기 힘든 사각지대를 감지해 계기판 화면에 표시합니다. 만약 운전자가 이 표시 장치를 확인하지 못하고 차선 변경을 하면 경고음으로 위험을 알려 줍니다. 이를 통해 사용자의 시각 능력의 한계를 보완하여 인명 피해와 재산 손실을 방지합니다.

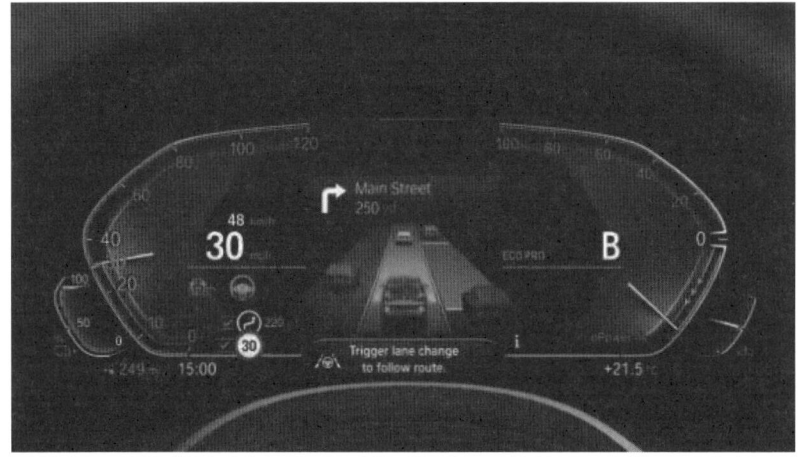

[그림 12-5] 시야각을 확장해 주는 첨단 운전자 보조 시스템[52]

소음은 사용자의 불쾌감을 유발할 뿐만 아니라 청취해야 할 소리를 듣지 못하게 만듭니다. 무선 이어폰은 조용한 사적 공간뿐만 아니라 공중 장소와 같은 배경 소음이 존재하는 공간에서도 자주 사용합니다. 무선 이어폰의 노이즈 캔슬링(noise cancelling) 기능은 주변 소음을 차단해 대중교통이나 시끄러운 번화가에서도 오롯이 음악에 집중하도록 도와줍니다. 이뿐만 아니라 무선 이어폰을 착용하고 음악을 듣는 동시에 대화를 나눠야 할 때 대화 인지 기능이 자동으로 활성화됩니다. 재생 중인 미디어의 음량은 낮추고 배경 소음은 줄여주어 앞에서 들려오는 목소리는 더욱 또렷하게 전해 줍니다.

---

52. BMW 공식 홈페이지 중 「THE iX3」, bmw.co.kr/ko/all-models/x-series/iX3/2021/bmw-ix3-highlights.html

일부 사용자는 시력이나 청력의 장애로 일상적인 활동에 제약을 받습니다. 따뜻한 AI 기술로 개인 역량의 격차를 줄여 줌으로써 사용자가 원하는 일상의 목표에 도달할 수 있도록 돕는 것이 필요합니다. [그림 12-6]의 지능형 카메라 앱은 저시력자와 시각 장애인을 돕는 AI 도구로 휴대전화의 카메라를 들고 주변 환경을 비추면 음성으로 설명해 줍니다. 일상품이나 문서의 글자를 인식해 음성으로 읽어주며 주변 사람의 얼굴을 등록하면 누구이고 얼마나 멀리 떨어져 있는지도 음성으로 알려줍니다.

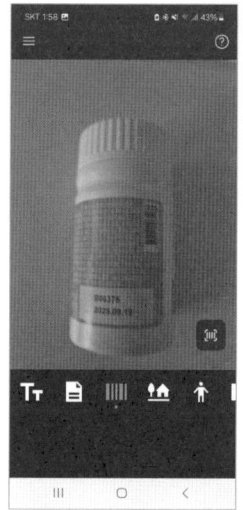  

[그림 12-6] 저시력자를 위해 주변 환경을 읽어주는 AI 앱

12.3 더 창의적으로 만들어 주는 증강 UX

창의적이라는 말은 기발하고 특출한 일부 사람들에게만 한정된 말처럼 느껴집니다. 창의성은 진혀 새로운 개념을 발견하거나 기존에 있던 개념들을 조합하여 새로운 개념을 생각해 내는 특성을 의미합니다. 최근 생성형 AI의 도움으로 전문가의 영역처럼 느껴졌던 창작 활동에 대한 허들이 점점 더 낮아

지고 있습니다. 생성형 AI는 서로 관련 없는 개념들을 연결하여 그로부터 새로운 개념을 도출해 사용자의 확산적 사고를 촉진해 창의성을 올려 줍니다.

대표적인 생성형 AI인 챗GPT는 사용자의 요청에 따라 창의력이 요구되는 새로운 문장을 만들어 줍니다. [그림 12-7]과 같이 소설이나 시와 같은 창작 작품뿐만 아니라 카피라이팅, 새로운 프로덕트 콘셉트 등과 같은 비즈니스 아이디어를 제안해 줍니다. 사용자는 챗GPT가 제안한 아이디어를 평가하고 추가적인 요청을 함으로써 더 나은 콘텐츠를 함께 만들어 가는 협업 관계를 맺습니다. 챗GPT와의 대화를 통해 얻은 답변은 새로운 아이디어가 떠오르게 하는 영감으로 작용해 사용자의 창의성을 촉진해 줍니다.

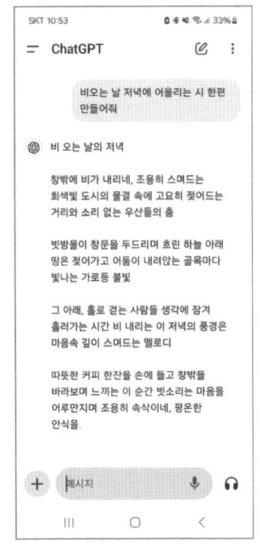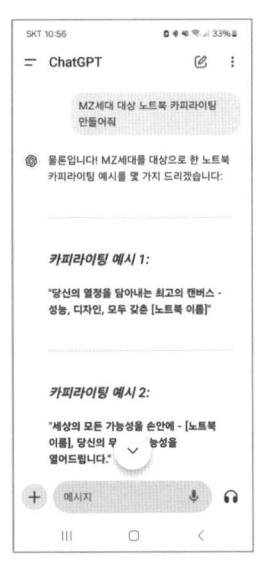

[그림 12-7] 새로운 문장을 생성해 내는 챗GPT

머릿속의 참신한 생각을 시각적으로 표현하는 것은 전문가만의 영역일까요? 이미지나 영상 제작과 같은 감각적인 영역에는 타고난 재능이나 많은 연습이 필요합니다. 아무리 좋은 발상이 있더라도 이를 시각적으로 아름답게 표현하는 데에는 제약이 있을 수밖에 없습니다.

이미지나 영상과 같은 멀티미디어 콘텐츠를 만들어 주는 생성형 AI는 이러한 장벽을 허물어 주고 있습니다. [그림 12-8]은 대표적인 이미지 생성형 AI 중 하나입니다. 사용자는 머릿속의 아이디어를 대변할 수 있는 명령어를 입력하는 것만으로 빠르게 이미지를 만들어 보고 이를 수정하는 다양한 시도를 해 볼 수 있습니다. 이미지 생성형 AI는 사용자의 발산적 사고를 구체화해 볼 수 있도록 지원해 그들의 숨겨진 창의성을 극대화하도록 도와줍니다.

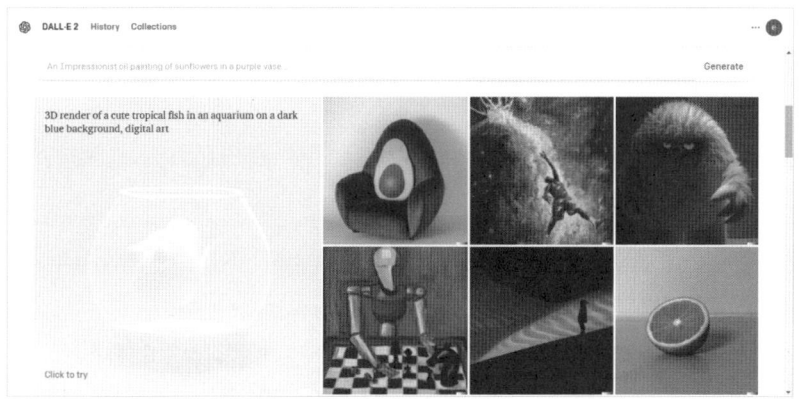

[그림 12-8] 새로운 이미지를 생성해 내는 달리(Dall-E)

12.4 증강 지능으로 새로운 경험 제공하기

사용자를 더 똑똑하고 창의적으로 만들어 주는 증강 UX와 그 디자인 사례들에 대해 살펴보았습니다. 증강 UX는 사용자의 인지적 한계로 인해 이전에 할 수 없었거나 일부 전문가나 숙련자만이 수행할 수 있었던 어려운 일을 쉽게 만들어 줍니다. 이러한 증강 UX의 효과를 극대화하려면 사용자와 AI의 협업을 효과적으로 디자인해야 합니다.

이를 위해 어떤 디자인이 필요할까요? 대표적으로 인간보다 AI가 잘하는 영역에 대해 증강 UX를 제공하는 것입니다. 예를 들면 AI는 대용량의 데이터를 빠르고 정확하게 분석하는 과업을 잘합니다. 이뿐만 아니라 인간이 보지 못하거나 들을 수 없는 정보를 인식하기도 합니다. 더 나아가 노화나 장애로 인해 저하된 능력을 AI가 증강해줄 수도 있습니다. 특히 초고령화 시대를 맞이하면서 더 많은 사용자가 노화로 인해 인지적 능력의 저하를 겪고 있습니다. 이런 시니어 영역에 증강 UX를 잘 활용한다면 폭넓어진 사업 기회 영역의 발굴과 함께 사용자에게 착한 경험을 제공하는 데에도 기여할 수 있습니다.

최근에는 생성형 AI의 등장으로 인간과 AI에 대한 패러다임이 변화하고 있습니다. 생성형 AI는 인간만의 영역으로 알려진 창작 활동에서도 압도적인 성능을 보여주며 우리에게 놀라움을 선사합니다. 그렇지만 생성형 AI가 만든 창작품은 결국 학습된 데이터를 기반으로 알고리즘에 의해 계산되어 도출된 결괏값에 불과할 수 있습니다. 그러므로 더 나은 창작물을 만들려면 직감과 같이 인간이 더 잘할 수 있는 고유한 영역을 효과적으로 생성형 AI와 결합할 수 있도록 증강 UX를 디자인하는 것이 필요합니다. 예를 들면 [그림 12-9]와 같이 이미지 생성형 AI인 미드저니의 디스코드 채널에서는 AI로 생성한 이미지를 업로드하여 다른 사용자들과 상호 작용할 수 있습니다. 자신이 올린 콘텐츠에 대해 실시간 피드백을 받거나 다른 사용자의 콘텐츠를 보며 영감을 얻을 수 있는 것처럼 사용자 간의 집단 지성을 통해 AI와 더 나은 협업 방법을 찾아갈 수 있습니다.

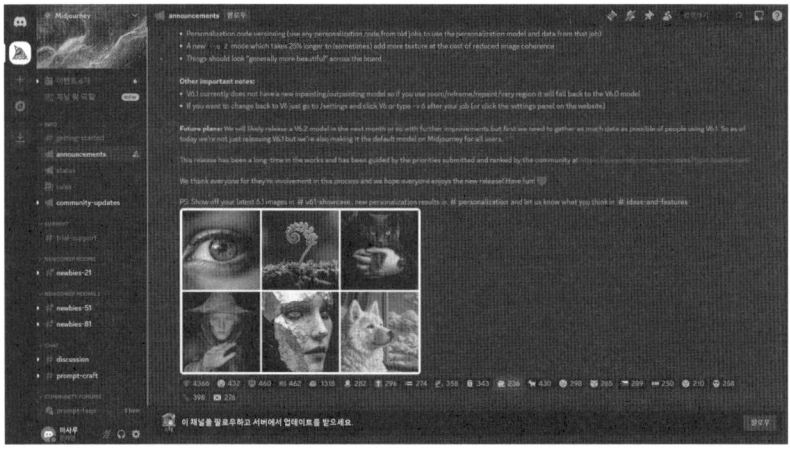

[그림 12-9] 미드저니의 디스코드 채널

증강 UX는 AI 기술의 발전으로 무한한 가능성을 지닙니다. 사용자가 인지적 한계로 어려움을 겪는 다양한 영역을 발굴하여 증강 UX를 적용해 사용자에게 새로운 경험과 매력적인 가치를 제공하는 것이 필요합니다.

> ☑ **컴퓨터 비전**(computer vision)
>
> 머신러닝을 기반으로 이미지 내의 특징을 추출 및 인식해 이미지나 동영상에서 의미 있는 정보를 추출하는 기술입니다. 얼굴 인식, 문자 인식, 자율 주행 등과 같은 다양한 영역에서 활용됩니다.

13 윤리적인 인공지능 UX

우리는 이미 「매트릭스」나 「터미네이터」와 같은 SF 영화를 통해 AI가 인간을 지배하는 디스토피아적 미래에 대한 우려에 깊이 공감했습니다. 최근에는 이세돌과의 바둑 대국에서 알파고의 압도적인 승리와 챗GPT의 압도적인 성능을 바라보며 머지않은 미래에 우리의 많은 직업이 AI에 대체되는 것에 대한 위협감도 느꼈었습니다.

혁신적인 기술은 빛과 그림자라는 양면성을 지닙니다. 예를 들면 우리의 삶에 전에 없던 이동성을 제공하는 자동차도 환경 오염을 야기시킬 뿐만 아니라 매년 교통사고로 많은 사람의 생명을 앗아 가기도 합니다. 이에 우리는 친환경의 저공해 기술과 사고를 줄여주는 안전성 기술을 개발하는 것과 같이 혁신적인 기술이 내포하는 어둠의 그림자를 줄여 가고자 노력합니다. 마찬가지로 인류 역사상 가장 혁신적인 기술인 AI도 인류에게 위협적인 면을 줄여 가면서 그 편익은 극대화해 가는 것이 필요합니다.

SF 영화가 아니더라도 현실 세계에서도 어디를 둘러봐도 AI를 볼 수 있게 되었습니다. 이러한 AI의 폭넓은 활용은 우리 일상에 혁신적인 편리함을 제공하기도 하지만 예상치 못한 부정적 효과로 인해 실망과 두려움을 불러일으키기도 합니다. 대표적인 예로 상업적 이득을 위해 개인 정보를 함부로 활용해 사용자의 프라이버시를 침해하거나 편향된 데이터로 학습한 AI는 차별을 유발하기도 합니다. 이뿐만 아니라 신뢰성 낮은 자동화 시스템은 예상치 못한 인명 피해를 불러일으키기도 합니다.

이러한 AI의 부정적 효과는 비즈니스에도 심각한 타격을 입힐 수 있습니다. 대표적인 예로 페이스북의 정보 유출 사건을 들 수 있습니다. 2018년 「뉴욕 타임스」는 페이스북이 데이터 분석 업체인 케임브리지 애널리티카(Cambridge

Analytica)에 페이스북 이용자 5,000만 명에 대한 개인 정보가 유출되었다고 보도했습니다. 이러한 개인 정보의 유출에 대한 후폭풍으로 페이스북의 시가총액 40조가 증발해 버렸습니다.

AI가 지닌 엄청난 잠재력만큼이나 그로 인한 부정적 효과는 쉽게 예측하기 어려워 사용자 개인의 가치와 사회의 공공선에 해가 되지 않는 범위에서 AI는 개발되고 활용되어야 합니다. 이러한 개념을 인공지능 윤리(AI ethics)라고 합니다. 사람들은 교육과 사회 활동을 통해 윤리를 습득하는 것에 반해 AI는 개발한 사람의 윤리적 기준에 의존합니다. 그러므로 AI 프로덕트의 개발에 참여하는 이해관계자들을 AI가 사용자와 사회에 유익한 가치를 제공할 수 있도록 책임감을 가지고 노력해야 합니다. 여기에서는 윤리적인 인공지능 UX를 디자인할 때 고려해야 할 대표적인 윤리적 디자인 이슈들에 대해 살펴보도록 하겠습니다.

13.1 투명성

최근 널리 활용되는 개인화 추천 서비스에서 AI가 제안한 추천 결과는 나도 몰랐던 내 취향을 알아맞혀 신기하기도 하지만 가끔은 당혹스럽게 만들기도 합니다. 왜냐하면 사용자 입장에서는 AI의 작동 방식은 블랙박스와 같기 때문입니다. 이와 관련하여 투명성(transparency)은 AI가 사용자의 어떤 개인 정보를 사용하며 알고리즘이 어떻게 작동되는지에 대해 투명하게 공개한다는 개념입니다. 예를 들면 [그림 13-1]과 같이 타이틀 영역의 설명을 통해 추천된 콘텐츠가 어떻게 제안된 것인지 알려 줍니다. 이를 통해 사용자는 AI의 동작 방식을 이해하고 그 결정을 신뢰할 수 있습니다.

[그림 13-1] 타이틀 영역에 알고리즘의 추천 방식 설명

이러한 투명성 제공을 통해 사용자는 AI 시스템의 작동 방식과 그 한계에 대한 명확한 멘탈 모델을 형성할 수 있습니다. 특히 사용자가 처음 AI 시스템을 사용할 때 이 시스템이 무엇을 할 수 있고 얼마나 잘 수행할 수 있는지에 대한 이해가 필요합니다. 만약 사용자가 AI에 대해 너무 높은 기대치를 설정했다면 이는 실망과 함께 사용 포기로도 이어질 수 있기 때문입니다. 예를 들면 [그림 13-2]의 챗GPT의 첫 화면에는 해당 AI 시스템의 한계를 알려주어 사용자는 시스템이 할 수 있는 것과 할 수 없는 것을 파악할 수 있습니다. 이에 따라 사용자는 AI가 제안한 결과를 신뢰할 때와 자신의 판단이 필요할 때를 가늠할 수 있습니다.

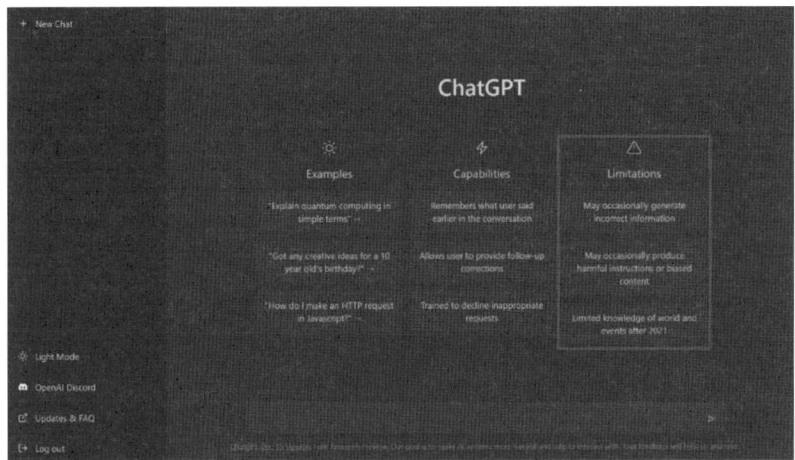

[그림 13-2] AI 시스템의 한계

13.2 데이터 프라이버시

일상에 많은 편리함을 제공하는 개인화 서비스를 사용하려면 사용자는 필연적으로 개인 정보를 AI에게 제공해야 합니다. 이러한 개인 정보의 제공은 예기치 못한 부정적 활용으로 이어지기도 합니다. 예를 들면 SNS에 업로드된 얼굴과 목소리를 위조한 영상 통화로 사기 사건을 일으킬 수 있습니다. 또한 사용자 프로필 정보를 분석하여 개인의 심리적 취약점을 이용해 정치 광고를 쏟아낸 것과 같이 이미 개인 정보 침해는 현실 속 흔한 사건이 되어 가고 있습니다. 그러므로 개인 정보를 활용한 AI 프로덕트를 개발할 때는 사용자의 데이터 프라이버시(data privacy)를 보장하도록 다양한 노력이 필요합니다.

데이터 프라이버시를 보장하려면 사용자에게 개인 정보의 자기 결정권을 제공해 주어야 합니다. 이는 정보의 주체인 사용자가 개인 정보의 접근과 사용에 대한 권한을 스스로 결정할 수 있게 한다는 것입니다. 이에 따라 개인 정보를 이용하는 AI 프로덕트에서는 어느 정도의 개인 정보를 얼마만큼의 기간 동안 사용할지에 대해 사전에 고지하고 동의를 받아야 합니다. 더 나아가 개인 정보 사용에 대한 통제 권한을 사용자에게 제공하는 것이 필요합니다. [그림 13-3]의 콘텐츠 큐레이션 서비스에서는 비공개 모드를 통해 AI가 사용자의 개인 정보를 추적하지 않도록 선택할 수 있습니다. 이를 통해 사용자에게 자기 의지에 따라 개인 정보를 보호할 수 있다는 신뢰감을 줄 수 있을 뿐만 아니라 추천 알고리즘을 직접 길들일 수 있다는 높은 통제감을 제공합니다.

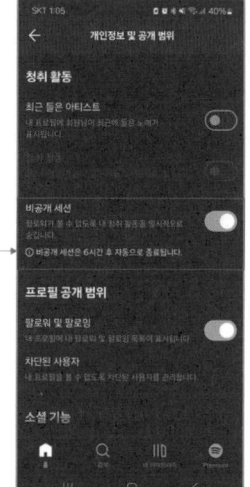

[그림 13-3] 음악 큐레이션 앱의 비공개 모드

데이터 프라이버시를 보장하기 위해 개인 정보에 대한 보안성을 확보하는 것은 필수적입니다. 만약 보안성이 확보되지 않는다면 개인 정보의 해킹을 통해 피싱과 같은 금융 사고가 일어나기도 합니다. 그러므로 해킹과 같은 공격에 취약점이 없도록 개인 정보를 보호할 수 있는 높은 수준의 보안성이 요구됩니다. 더 나아가 이러한 보안성에 대해 사용자가 직접 확인하고 조치할 수 있도록 디자인하는 것이 필요합니다. [13-4]와 같이 스마트폰에서 사용자의 데이터가 어떻게 공유되는지 한눈에 볼 수 있도록 정보를 제공합니다. 이뿐만 아니라 보안성에 대한 수준을 한눈에 직관적으로 볼 수 있도록 정보를 제공해 사용자가 안심하고 사용할 수 있게 합니다.

[그림 13-4] 스마트폰의 보안 및 개인 정보 보호 기능

13.3 공정성

AI 프로덕트 개발의 모든 단계에서 사람의 편견이 반영될 수 있습니다. 왜냐하면 AI의 학습에 필요한 데이터에는 실제 세계에서 개인 혹은 사회의 문화에 축적된 경험과 편견이 그대로 반영되어 있기 때문입니다. 이러한 데이터에 의한 편견이 AI 프로덕트에 반영된다면 예상치 못한 형태로 사용자에게 피해를 줄 수 있습니다. 대표적으로 AI의 추천 결과나 답변에 특정 사용자 그룹에 대한 부정적인 고정 관념이 반영된 것을 들 수 있습니다. [그림 13-5]와 같이 딥러닝 기반 챗봇이 일부 이용자들의 인종 차별적 발언이나 욕설을 그대로 학습해 사용자와의 대화에 답변한 내용이 알려지면서 서비스 운영을 중단한 사례는 이미 널리 알려진 유명한 일화입니다. 또 다른 사례로 이미지 인식 기반의 사진 자동 분류 서비스에서 흑인을 고릴라로 분류해 많은 사람의 분노를 일으키기도 했습니다. 더 나아가 편향된 AI가 예측한 결과 때문에 개

인의 기회와 삶의 질에도 부정적인 영향을 미칠 수 있습니다. 예를 들면 AI가 성별에 따라 신용 카드 사용의 한도나 채용 프로세스에서 차별한 사례를 들 수 있습니다.

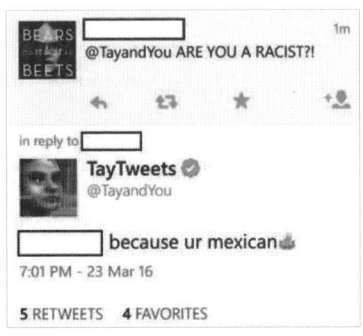

[그림 13-5] 인종 차별적 발언하는 챗봇[53]

이러한 데이터에 의한 편향을 방지하려면 공정성(fairness)이 필요합니다. 공정성은 AI 편향을 최소화하여 모든 사용자에게 공정한 결과를 제공해야 한다는 개념입니다. AI 프로덕트를 개발할 때는 이용하게 될 사용자들의 성별이나 인종, 종교 등과 같이 다양한 요소가 반영된 포괄성(inclusivity)이 반영되어야 합니다. 예를 들면 음성 인식 AI를 개발할 때는 영어가 모국어가 아닌 사용자의 데이터도 학습에 반영하는 등 균형적인 데이터를 통해 편향을 최소화해야 합니다. 더 나아가 학습 데이터를 평가하고 검증하는 단계는 반드시 필수화해야 합니다.

13.4 안정성

AI가 내린 판단과 예측 결과는 완벽할까요? 당연히 100%의 신뢰성을 가지고 있지 않습니다. AI의 알고리즘은 특정한 맥락하에서 데이터를 학습하고 규칙을 만듭니다. 주어진 맥락이 한정적이지 않다면 신뢰성은 낮아집니다. 예를

---

53. 「Reshaping Business using AI, but with Caution」, (Tapish Panwar, 2020)

들어, 자율 주행 상황에서는 예상치 못한 정말 다양한 변수가 존재하며 이에 따른 예상치 못한 상황의 발생은 AI의 잘못된 판단으로 이어질 수 있습니다. 대표적으로 자율 주행 자동차가 옆면이 하얀색으로 도색된 대형 트레일러를 하늘로 오인해 충돌한 사고 사례가 있습니다.

자율 주행이나 금융 및 의료와 같은 영역에서 AI의 판단 오류는 사용자에게 엄청난 피해로 돌아올 수 있어 안전성을 확보하는 것이 더욱 중요합니다. AI의 안전성을 확보하려면 다양한 예외적인 상황을 종합적으로 검토해 사전에 오류를 방지하는 것이 가장 중요합니다. 혹시 모를 1%의 오류를 고려하여 사용자가 AI의 자동 동작 상황을 모니터링할 수 있도록, 그리고 문제 발생 시에는 문제를 인지할 수 있도록 통제권을 제공하는 디자인이 필요합니다.

13.5 윤리적인 AI 경험 제공하기

윤리적인 AI를 디자인하려면 앞서 살펴본 투명성, 데이터 프라이버시, 공정성 그리고 안정성을 고려해야 합니다. 사용자가 AI 프로덕트 사용을 통해 얻을 수 있는 편익뿐만 아니라 이에 따라 예상치 못한 부정적 효과를 다양한 관점에서 검토하고 최소화하는 노력이 필요합니다.

더 나은 경험을 제공하려면 단순히 사용자와 AI가 상호 작용하는 UI뿐만 아니라 AI를 학습시키는 데 필요한 데이터와 알고리즘의 작동 방식에 대한 이해가 요구됩니다. 예를 들면 공정성 있는 AI를 디자인하려면 이를 사용할 사용자의 다양성과 문화적 맥락을 반영한 균형적인 데이터가 무엇인지 정의하고 AI 학습에 해당 데이터가 반영될 수 있도록 노력해야 합니다. 또한 투명한 AI를 디자인하려면 알고리즘이 어떻게 작동하는지 사용자 관점에서 쉽고 직관적으로 정보를 제공하는 것이 필요합니다. 인간과 AI의 긍정적인 공존 관계를 만들어 가려면 AI 프로덕트 개발에 참여하는 이해관계자들은 윤리적인 디자인으로 사용자에게 신뢰와 안심을 제공해야 합니다.

14. 생성형 AI에는 어떤 UX가 고려되어야 할까?

전에 없던 혁신적인 경험을 제공하는 생성형 AI에 대한 시장의 반응이 뜨겁게 달아오르고 있습니다. 대표적인 생성형 AI인 챗GPT는 출시 2개월 만에 월간 활성 사용자 1억 명을 가볍게 돌파했습니다. 이는 인터넷이 등장한 이래로 가장 빠른 성장세를 보인 프로덕트입니다. 챗GPT는 정보를 검색하고 요약해주는 것뿐만 아니라 아이디어를 제안하고 창작의 영역에서도 탁월한 답변을 하여 높은 유용성을 제공합니다.

생성형 AI는 챗GPT와 같이 텍스트 생성뿐만 아니라 이미지나 동영상과 같은 멀티미디어 콘텐츠를 생성해낼 수 있는 AI 기술을 의미합니다. 사용자는 생성형 AI 프로덕트를 이용해 반복해서 수행하던 일을 더욱 효율적으로 처리할 수 있을 뿐만 아니라 그동안 어렵게만 느껴졌던 일들을 더욱 창의적으로 수행할 수 있습니다. 기업에서는 생성형 AI를 활용해 사용자에게 더욱 맞춤화된 개인화 경험을 제공해줄 수 있게 되었습니다. 이렇듯 생성형 AI는 사용자의 창의적인 조력자로서 삶 전반의 일들을 더욱 생산적으로 만들어줄 것으로 기대됩니다.

그렇지만 전에 없던 혁신적인 경험을 제공하는 기술일수록 사용자가 이를 어떻게 받아들일지 고민해야 합니다. 2023년 방송통신위원회가 발표한 결과에 따르면 전체 설문 대상의 87.7%가 생성형 AI를 이용한 경험이 없으며 그 이유로 높은 지식수준 요구, 개인 정보 유출 우려, 이용의 복잡성에 대한 우려 때문으로 나타났습니다.[54] 그러므로 유용성이 높은 생성형 AI를 사용자가 잘 사용할 수 있도록 하려면 기본적인 사용성뿐만 아니라 윤리적 이슈에 대해서

---

54. 「2023년 지능정보사회 이용자 패널조사」, (방송통신위원회, 2023)

도 고려해야 합니다. 여기에서는 생성형 AI가 무엇인지 먼저 알아보고 생성형 AI에서는 어떤 사용자 경험을 고려해야 하는지 살펴보도록 하겠습니다.

14.1 생성형 AI란?

생성형 AI는 학습된 데이터를 기반으로 새로운 콘텐츠를 창작할 수 있는 AI를 의미합니다. 대표적인 생성형 AI인 챗GPT는 LLM을 기반으로 단어 간의 상호 연관성을 확률적으로 계산합니다. 이러한 과정을 통해 생성형 AI는 스스로 단어를 조합하고 합성해 새로운 콘텐츠를 생성해 냅니다.

그렇다면 생성형 AI는 기존의 AI와는 어떤 차이를 보일까요? 생성형 AI는 고도화된 LLM을 통해 사용자의 질문과 맥락을 분석하여 답변합니다. 이에 따라 기존 AI보다도 더욱 복잡한 문제의 해결에도 탁월한 성능을 보일 뿐만 아니라 사용자가 원하는 질문에 맞춤화된 답변을 할 수 있습니다. 생성형 AI는 주로 텍스트 명령어인 프롬프트(prompt)를 통해 사용자와 AI 간의 대화하는 방식으로 사용이 이루어집니다. 사용자는 생성형 AI와의 자연스러운 대화를 통해 폭넓은 범위의 일에 대한 해결점을 얻을 수 있습니다.

대표적인 생성형 AI로는 챗GPT, 제미나이(Gemini)와 같이 텍스트 생성형 AI를 들 수 있습니다. 텍스트 생성형 AI는 뉴스 기사나 마케팅 문구, 시나 소설과 같은 글쓰기뿐만 아니라 코드 프로그래밍, 교육이나 의료 분야 등과 같이 다양한 분야에서 활용될 수 있습니다. 최근에는 미드저니(Midjourney)나 달리(Dall-E)와 같은 이미지 생성형 AI도 디자인 분야에서 활발히 활용되고 있습니다. 사용자는 이미지 생성형 AI를 이용하여 원하는 조건을 프롬프트로 자유롭게 작성하면서 콘셉트 이미지부터 구체화한 디자인 결과물까지 완성할 수 있습니다. 생성형 AI는 텍스트 및 이미지 생성뿐만 아니라 음성과 동영상을 생성하는 데 활용될 수 있습니다. 아래와 같이 최근에는 발표된 동영상 생성형 AI인 소라(Sora)는 압도적인 성능으로 시장의 많은 주목을 받고 있습니다.

[그림 14-1] 생성형 AI가 생성한 동영상과 프롬프트[55]

14.2 생성형 AI와 사용자 경험

전에 없던 혁신적인 생성형 AI 프로덕트를 사용자들이 잘 사용할 수 있게 하려면 어떤 UX를 고려해야 할까요? 이에 대한 힌트는 기존 AI 프로덕트와 생성형 AI 프로덕트의 차이점에서 찾아볼 수 있습니다.

첫 번째로 사용자는 프롬프트라는 새로운 사용 방식을 통해 생성형 AI와 상호 작용합니다. 이에 따라 새로운 사용법에 대한 예측성을 제공하는 것이 중요합니다. 두 번째로 사용자는 생성형 AI와의 긴밀한 협업을 통해 콘텐츠를 만들어 갑니다. 이러한 과정에서 사용자가 원하는 결과물을 만들 수 있도록 통제감을 제공하는 것이 필요합니다. 세 번째로 생성형 AI는 사용자에게 창작된 정보를 제공합니다. 이때 생성형 AI가 만들어낸 정보로 인해 잘못된 의사 결정을 하지 않도록 배려하는 것이 필요합니다. 생성형 AI에서 고려해야 할 3가지 사용자 경험에 대해 좀 더 자세히 살펴보도록 하겠습니다.

---

55. 오픈AI(OpenAI) 공식 홈페이지 중 「Creating video from text」. openai.com/index/sora

14.2.1 프롬프트에 대한 예측성

생성형 AI 프로덕트를 사용하려면 사용자는 프롬프트를 입력해야 합니다. 이러한 프롬프트 입력 방식은 버튼 선택이나 검색어 입력에 익숙한 사용자들에게 학습을 요구합니다. 그러므로 사용자가 생성형 AI를 더 쉽게 사용할 수 있도록 하려면 프롬프트 사용법에 대한 예측성을 제공해야 합니다.

원하는 콘텐츠를 어떤 프롬프트로 생성해낼 수 있을지 예측할 수 있게 하는 것이 중요합니다. 만약 프롬프트를 통해 원하는 것을 얻는 데 많은 시행착오를 거쳐야만 한다면 사용자는 더 이상 프로덕트를 이용하지 않을 것입니다. 그러므로 프로덕트 첫 진입 시 어떻게 질문해야 하는지 알려주는 것은 사용자의 이탈 방지에 효과적입니다. [그림 14-2]와 같이 프로덕트의 첫 화면에서 대화를 유도하는 인사말과 함께 프롬프트 예시를 제공하는 것입니다. 이러한 초기 도움말은 프롬프트 사용법의 학습을 촉진하고 자연스럽게 대화를 시작할 수 있게 합니다.

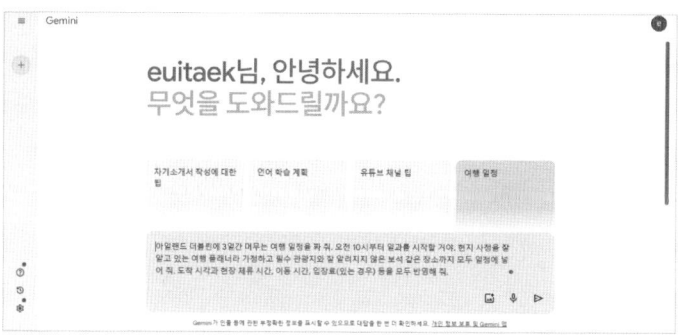

[그림 14-2] 첫 화면에서 제공되는 도움말

매끄럽게 사용하려면 생성형 AI에 대한 사용자의 적절한 기대치를 설정하는 것이 선제적으로 필요합니다. 만약 기대와 생성된 결과의 차이가 크다면 사용자는 혼란을 느끼고 실망할 것입니다. [그림 14-3]은 생성형 AI 프로덕트의 첫 화면에 디자인 결과물 예시와 함께 프롬프트에 대한 정보를 제공합니다. 이를 통해 사용자는 생성형 AI에 대한 적절한 기대치를 설정할 수 있고 이를 기반으로 생성형 AI와 원활하게 상호 작용할 수 있습니다.

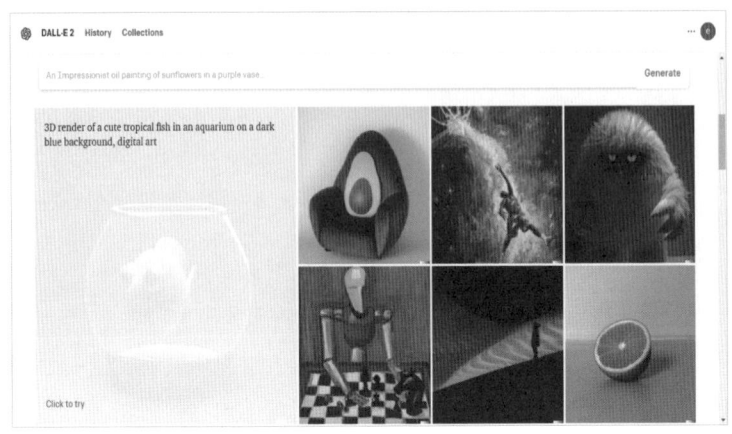

[그림 14-3] 디자인 결과물과 프롬프트

14.2.2 높은 통제감

생성형 AI는 사용자와의 긴밀한 협업을 통해 콘텐츠를 함께 만들어 갑니다. 스페이스 오페라 극장(Theatre D'opera Spatial)은 대중에게 널리 알려진 생성형 AI와의 협업을 통해 만들어진 작품입니다. 이 작품을 만들려고 작가는 900번 이상의 프롬프트를 입력하는 과정을 거쳐야만 했습니다. 이는 역설적으로 사용자가 생성형 AI와의 협업 과정에서 원하는 대로 조작하기 어려웠다는 것을 의미합니다. 그러므로 원하는 결과물을 원활히 만들 수 있게 하려면 사용자의 통제감을 높여줄 수 있는 UX에 대해 고민해야 합니다.

사용자가 첫 질문에 원하는 수준의 대답을 생성형 AI에서 얻어내지 못한다면 불편함을 느낍니다. 사용자의 기대와 생성형 AI의 답변 사이의 격차를 줄여주려면 사용자에게 통제권을 제공하는 것이 필요합니다. 예를 들면 생성형 AI가 사용자의 의도나 맥락에서 벗어난 대답을 했다면 [그림 14-4]와 같이 여러 개의 답변을 제시한다거나 답변을 재생성할 수 있도록 하는 것은 사용자가 원하는 답변을 얻게 하는 데 효과적입니다. 만약 생성형 AI가 답변하기에 사용자의 질문이 구체적이지 않았다면 생성형 AI가 후속 추천 질문을 제시하여 원활히 대화를 이어 나갈 수 있도록 유도해야 합니다.

[그림 14-4] 다른 답변 보기 및 답변 재생성 기능

생성형 AI와 함께 콘텐츠를 만들 때 느끼게 되는 창작 주체감은 사용자의 프로덕트 지속 이용 의향과 밀접하게 연관됩니다. 단순히 프롬프트에 의해 자동적으로 콘텐츠가 생성된다면 사용자는 낮은 창작 주체감을 느낄 것입니다. 이때, 사용자에게도 편집 권한을 제공할 수 있습니다. [그림 14-5]와 같이 프롬프트 입력 창과 함께 다양한 기능의 옵션을 제공하면 사용자는 이를 통해 자유롭게 이미지 편집 작업을 수행하며 창작 주체감을 느끼게 될 것입니다.

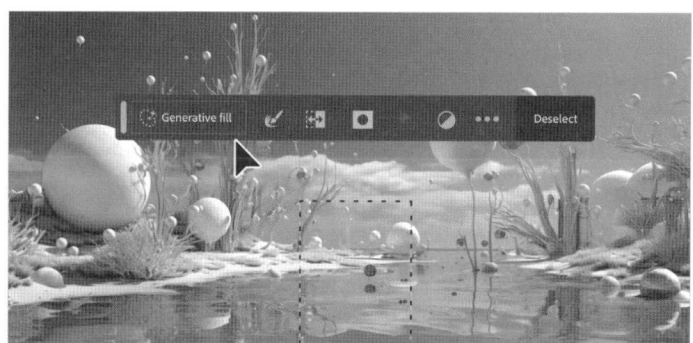

[그림 14-5] 프롬프트 입력 창과 이미지 편집 옵션[56]

---

56. 어도비 공식 홈페이지 중 「Edit image with Generative Fill」, helpx.adobe.com/photoshop/using/generative-fill.html

14.2.3 올바른 판단을 위한 정보 지원

전에 없던 생성형 AI의 창작 활동으로 인해 윤리적 문제가 대두되고 있습니다. 챗GPT와 같은 생성형 AI는 LLM을 통해 대량의 데이터를 학습한 후 확률상 가장 높은 대답을 내놓아 사실 여부는 알 수 없습니다. 생성형 AI가 생성한 사실 여부를 판단하기 어려운 정보를 사용자가 맹신한다면 의사 결정의 오류를 발생시킬 수 있습니다. 그러므로 사용자가 올바르게 판단할 수 있도록 UX 측면에서 배려하는 것이 필요합니다.

챗GPT가 등장하면서 압도적인 성능에 찬사를 받았지만 얼핏 그럴듯해 보이지만 말도 안 되는 답변을 하는 할루시네이션(hallucination)이 이슈가 되었습니다. 이러한 판단을 흐릴 수 있는 오류는 사용자가 검증할 수 있도록 학습 데이터의 출처를 제공하는 것이 필요합니다. [그림 14-6]과 같이 생성형 AI에 의해 생성된 답변이 어떤 출처에서 가져온 것인지 답변의 하단에 제공합니다. 이러한 출처 정보의 제공은 답변의 신뢰성을 올려주고 사용자가 검증할 수 있도록 해 할루시네이션에 의한 부작용을 줄여줄 수 있습니다.

[그림 14-6] 답변의 하단에 제공되는 출처 정보

최근에는 생성형 AI를 악용한 금융 사기나 윤리적 이슈가 발생하기도 합니다. 그러므로 사용자가 보는 콘텐츠가 생성형 AI에 의해 생성되었으며 한계점이 있을 수 있는 것을 고지할 필요가 있습니다. [그림 14-7]과 같이 생성형 AI의 편집 기능을 이미지에 사용했을 때 AI 워터마크가 표시되도록 할 수 있습니다. 이러한 AI 워터마크와 같은 고지를 통해 사용자는 현실과 생성형 AI에 의해 만들어진 가상의 정보를 구분하여 더 나은 판단을 내릴 수 있습니다.

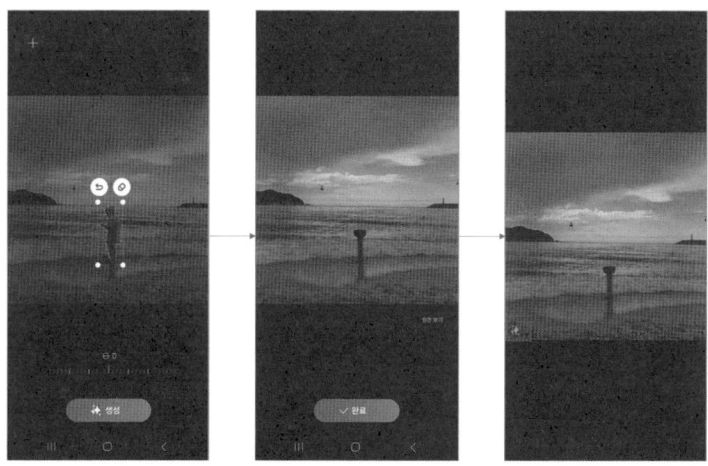

[그림 14-7] 생성된 이미지에 표시되는 AI 워터마크

14.3 생성형 AI를 통해 더 나은 경험 제공하기

생성형 AI는 앞으로 더욱 다양한 영역에서 사용자의 삶을 더 편리하게 바꾸어줄 것으로 기대되고 있습니다. 그렇지만 혁신적이고 파급력이 강한 기술일수록 이를 수용하는 사용자의 특성과 사회적 가치를 세심히 배려해야 합니다. 단순히 생성형 AI를 활용하고 그 기술을 제공하는 것을 넘어 새로움과 불확실성으로 인해 발생할 수 있는 문제점들을 파악하고 최소화하여 사용자에게 좋은 경험을 선사해 주어야 합니다.

그렇다면 생성형 AI를 통해 어떻게 더 좋은 경험을 제공해줄 수 있을까요? 지금까지 살펴본 UI 중심적인 해결책뿐만 아니라 본질적인 관점에서 다각적인 고민이 필요합니다.

첫 번째로 프롬프트의 사용성을 높여 주려면 사용자 중심의 디자인 프로세스가 필요합니다. 단순히 기술적 제약 관점에서 프롬프트를 디자인하는 것에서 벗어나 사용자가 원하는 대답을 얻고자 어떻게 대화하며 프롬프트에 어떤 것을 기대하는지 알아내는 것이 필요합니다. 이렇게 파악된 사용 행태와 니즈를 기반으로 프롬프트를 디자인해야 사용자는 생성형 AI를 직관적이고 자연스럽게 사용할 수 있습니다.

두 번째로 사용자가 원하는 결과물을 만들려면 사용자와 생성형 AI의 협업 과정에서 통제권을 효과적으로 디자인하는 것이 필요합니다. 이를 위해서 전체 과업 중에서 생성형 AI에 맡길 영역과 사용자가 직접 통제할 수 있는 영역을 구체적으로 정의해야 합니다. 예를 들면 이미지 콘텐츠를 생성하는 초기 과정에서는 생성형 AI가 다양한 콘셉트를 제시해 사용자가 아이디어를 충분히 탐색할 수 있도록 지원합니다. 반면에 작업 후반부에는 사용자에게 다양한 편집 권한을 제공하여 원하는 수준의 최종 결과물을 만들 수 있도록 하는 것이 생성형 AI와 사용자의 협업 시너지를 높이는 방안입니다. 더 나아가 천편일률적인 답변을 벗어나 사용자의 관심사 및 사용 이력, 지식수준 등에 맞춰서 개인에 최적화된 대답을 제공하는 것이 사용자가 원하는 결과물을 얻는 데 효과적일 것입니다.

세 번째로 사용자가 올바른 판단을 내리려면 답변의 품질을 올려주는 것이 필요합니다. 이를 위해서는 생성형 AI가 양질의 데이터를 학습할 수 있도록 하고 사용자 테스트를 통해 답변의 품질을 검증해야 합니다. 더 나아가 질문의 목적에 따라 적합한 답변을 제공하는 것이 필요합니다. 예를 들면 사용자 질문이 창의적인 답변을 원하는지 혹은 정확성을 요구하는 답변을 원하는지에 따라 세분화될 수 있습니다. 만약 정확성이 요구되는 질문이라면 검증된 출처의 데이터를 기반으로만 답변해야 할루시네이션을 최소화할 수 있습니다.

최근 생성형 AI에 대한 시장의 뜨거운 반응에 힘입어 다양한 프로덕트가 앞다투어 출시되고 있습니다. 이에 따라 생성형 AI 시장에서의 경쟁도 더욱더 치열해질 것으로 예상됩니다. 앞으로는 진화하는 사용자의 니즈에 따라 단순히 높은 성능뿐만 아니라 차별화된 사용자 경험을 제공하는 생성형 AI 프로덕트가 시장에서 살아남을 수 있을 것입니다.

☑ **프롬프트**(prompt)

사용자가 AI에게 특정한 작업을 요청하기 위해 입력하는 문장이나 지시어를 말합니다. 표현이나 조건에 따라 AI가 생성하는 결과가 달라질 수 있습니다. 원하는 결과를 효과적으로 얻기 위해 프롬프트를 설계하는 과정은 프롬프트 엔지니어링(prompt engineering)이라고 합니다.

☑ **할루시네이션**(hallucination)

AI가 그럴듯한 이야기를 사실인 것처럼 생성하는 현상을 말합니다. 학습 데이터의 오류, 부적절한 추론 등에 의해 발생합니다.

15 대화형 AI 에이전트의 UX 디자인

기계가 점점 더 인간처럼 생각하고 말할 수 있도록 진화하고 있습니다. 급격한 AI 기술의 발전으로 이제는 실제 사람과 대화하듯 프로덕트와 상호 작용할 수 있게 되었습니다. 최근에는 마치 비서처럼 자연스럽게 대화를 이어갈 수 있는 챗GPT는 우리에게 놀라움을 선사했습니다.

인간 고유의 의사소통 방식인 언어를 통해 인간과 기계가 상호 작용하는 방식을 대화형 UX라고 합니다. 대화형 UX에서는 자연어 이해와 같은 AI 기술을 통해 기계가 사용자의 말을 인식하고 그 의미를 이해해 상황에 맞는 대화를 이어갈 수 있습니다. 이에 따라 사용자는 별도의 사용 방법을 학습하지 않아도 직관적으로 대화형 UX가 적용된 프로덕트를 사용할 수 있습니다.

그렇다면 대화형 UX가 적용된 프로덕트에서 좋은 경험을 제공하려면 어떤 부분을 고려해야 할까요? 프로덕트 사용 맥락에 적합한 AI 에이전트 타입을 선정하고 원활히 소통하도록 대화를 디자인해야 합니다. 더 나아가 AI 에이전트의 퍼소나를 매력적으로 디자인해야 합니다. 여기에서는 대화형 UX를 디자인할 때 고려해야 할 디자인 요소들에 대해 살펴보도록 하겠습니다.

15.1 챗봇 vs 보이스봇

대화형 UX에는 사용자와 상호 작용하는 매개체인 AI 에이전트가 존재합니다. AI 에이전트는 상호 작용 방식에 따라 보이스봇(voicebot)과 챗봇(chatbot)으로 구분할 수 있습니다. 아마존의 알렉사나 애플의 시리와 같은 음성 인식을 기반으로 하는 보이스봇뿐만 아니라 챗GPT와 같은 문자 대화 기반의 챗봇은 다양한 프로덕트에 널리 활용되고 있습니다. 이러한 대화형 AI 에이전트는 이제는 우리 일상에서 흔히 볼 수 있는 익숙한 존재가 되었습니다.

15.1.1 챗봇과 보이스봇의 사용성 비교

보이스봇과 챗봇은 사용성 관점에서 어떤 차이를 보일까요? 차이를 확인하려면 대화형 AI 에이전트와의 정보를 입력하고 출력하는 상호 작용 과정에서 어떤 타입이 사용에 효과적인지를 살펴보아야 합니다.

먼저 정보의 입력 관점에서, 보이스봇은 음성으로 명령어를 입력합니다. 이러한 음성 인식 방식은 사람 간에 의사소통하는 자연스러운 방식이기에 사용하는 데 별도의 학습이 요구되지 않고 직관적입니다. 또한 키보드 대비 입력 속도가 3배 정도 빠르기에 효율적으로 프로덕트를 사용할 수 있게 합니다. 반면에 챗봇을 사용하려면 키보드를 통해 문자를 입력해야 합니다. 이러한 키보드 입력 방식을 능숙하게 사용하기까지는 많은 시간의 학습이 소요되며 음성 인식 대비 타이핑하는 데 시간이 더 많이 소요됩니다.

다음으로 정보의 출력 관점에서 보이스봇은 사용자의 요청에 청각적 정보로 피드백을 제공합니다. 이러한 청각적 정보는 한 번 제공된 이후에 다시 들을 수 없는 휘발성을 지닙니다. 이에 따라 메시지가 길거나 다시 확인이 필요할 때 처음부터 다시 물어봐야 하는 불편함이 있습니다. 그럼에도 청각적 정보는 집중하지 않아도 어느 방향에서도 들을 수 있다는 강점을 지닙니다. 챗봇은 사용자의 요청에 따라 화면을 통해 시각적 정보를 제공합니다. 이러한 시각적 정보는 시간의 제약 없이 복잡하고 많은 양의 정보를 전달하는 데 효과적입니다. 그렇지만 청각적 정보와 달리 화면을 집중해서 봐야 정보를 인식할 수 있습니다.

대화형 UX는 모바일, 노트북이나 PC, 가전제품, 자동차 등의 디바이스 및 사용 환경에서 사용됩니다. 특히 모바일에 적용된 프로덕트는 집이나 자동차와 같은 사적 공간뿐만 아니라 회사나 학교, 카페, 대중교통과 같은 공공장소에서도 사용됩니다. 그러므로 프로덕트가 사용되는 디바이스 및 사용 환경과 같은 사용 맥락에 따라 효과적인 AI 에이전트 타입이 무엇인지 검토하는 것이 필요합니다.

보이스봇은 눈과 손이 다른 일을 하면서도 프로덕트를 사용하는 멀티태스킹이 가능합니다. 예를 들면 사용자는 집에서 가사를 하면서도 보이스봇으로 음악을 실행하거나 가전의 기능을 실행하게 할 수 있습니다. 또한 자동차에서도 운전하면서 보이스봇으로 내비게이션의 목적지를 설정하거나 커피를 주문해 달라고 할 수 있습니다. 이러한 보이스봇의 핸즈프리 및 멀티태스킹에 대한 가능성은 사용자에게 편의성을 제공하고 과업의 생산성을 올려 줍니다. 반면에 주변 환경으로 인해 소음이 발생한다면 음성 인식의 정확도가 떨어질 수 있고 사람이 많은 공공장소에서는 사용자가 말한 내용이 주변에서도 들을 수 있어 프라이버시가 보장되지 않는다는 단점도 있습니다.

챗봇은 화면 내에서 문자 채팅이 이루어져 사람이 많은 장소에서도 프라이버시가 보장될 뿐만 아니라 소음이 있어도 사용에 지장을 초래하지 않습니다. 즉 보이스봇 대비 챗봇은 사용 환경에 따라 사용의 제약이 발생하지 않는다는 강점을 지닙니다. 반면에 챗봇은 손과 눈을 화면에 집중하여야 제대로 된 의사소통을 진행할 수 있기에 멀티태스킹이 어렵다는 한계점을 지닙니다.

15.1.2 보이스봇에서 고려할 디자인 요소

음성 인식을 기반으로 하는 보이스봇을 디자인할 때는 챗봇과 달리 어떤 부분을 고려해야 할까요? AI 스피커와 같은 보이스봇은 화면이 없어 현재 상태에 대한 피드백을 제공하는 데 한계점을 지닙니다. 그렇기 때문에 [그림 15-1]과 같이 빛이나 효과음과 같은 대안적인 피드백을 활용해 사용자에게 정보의 가시성을 확보해 주어야 합니다. 예를 들면 구체적인 에러 상황에 대한 피드백을 제공하지 않으면 사용자는 문제의 원인을 파악하지 못해 혼란스러워합니다. 그러므로 명령 가능 여부, 명령 진행 상태, 에러 발생 등 프로덕트의 변화에 대해 명확히 구분된 시각 및 청각 피드백을 제공해야 합니다.

[그림 15-1] 빛으로 피드백을 제공하는 AI 스피커[57]

보이스봇은 음성으로 정보를 제공하기에 사용자가 청각 정보를 인식하는 데 불편하지 않도록 배려해야 합니다. 대표적으로 한 번에 너무 많은 양의 음성 정보를 제공하면 사용자는 긴 시간 동안 집중해서 들어야 해서 불필요한 시간을 낭비할 뿐만 아니라 인지적인 부담을 느낄 수 있습니다. 그러므로 음성으로 정보를 전달할 때는 간결하게 꼭 필요한 정보만을 제공해야 합니다. 또한 너무 느리거나 빠르게 음성 정보를 제공하면 사용자는 정보를 인식하기 어렵습니다. 그러므로 음성 정보를 디자인할 때는 적정한 속도로 정보를 출력하고 명확한 발음으로 사용자가 정보를 인식하기 용이하게 배려해야 합니다.

15.1.3 프로덕트에 적합한 대화형 AI 에이전트 타입

그렇다면 우리 프로덕트에는 어떤 대화형 AI 에이전트를 활용하는 것이 효과적일까요? 사용자는 니즈에 따라 사용할 프로덕트를 결정하므로 프로덕트의 목적 달성에 필요한 AI 에이전트를 접목해야 합니다.

보이스봇으로는 단순한 과업을 빠르게 수행할 수 있고 사적 공간에서 다른 일을 하면서도 프로덕트를 함께 사용할 수 있게 합니다. 그렇기 때문에 가전이나 자동차에는 보이스봇을 활용하는 것이 효과적입니다. 이뿐만 아니라 보이스봇과의 음성을 통한 소통은 실제 사람과의 대화와 유사하기에 사회 정서

---

57. 아마존 공식 홈페이지 중 「Certified Refurbished Echo Dot (3rd Gen), Black - Smart speaker with Alexa」, amazon.in/All-new-Echo-Dot-3rd-Gen/dp/B07PDHTHNN

적 효과까지 제공합니다. 만약 보이스봇이 따뜻한 목소리로 감정적 표현이나 공감적 반응을 한다면 외로운 사용자와 교감을 이룰 수도 있습니다. 이에 따라 사용자는 특별한 목적 없이도 보이스봇과의 자연스러운 대화를 원할 수 있습니다. 스몰 토크나 일상의 일들에 관해 이야기를 나누는 등 사용자의 여가나 심리적 케어와 같은 영역에서 긍정적으로 활용될 수 있습니다.

반면 챗봇의 강점은 사용 환경에 구애받지 않으면서 많은 양의 정보를 정확하게 전달받을 수 있다는 것입니다. 예를 들면 [그림 15-2]의 금융 서비스와 같이 정확성이 요구되는 정보에 대해 질의응답을 한다거나 챗GPT와 같이 폭넓은 질문에 자세한 답변이 필요한 교육 및 업무에 챗봇은 효과적으로 활용될 수 있습니다. 또한 커머스 서비스에서는 상품을 구매하기 전에 챗봇과의 대화를 통해 상품 이미지를 확인할 수 있을 뿐만 아니라 상세 보기 버튼이나 콘텐츠를 쓸어넘겨 보는 것과 같이 정보 탐색을 효과적으로 지원해줄 수 있습니다. 다양한 상호 작용이 가능한 챗봇은 합리적인 구매를 하고자 하는 사용자의 니즈를 충족시켜 줄 수 있습니다.

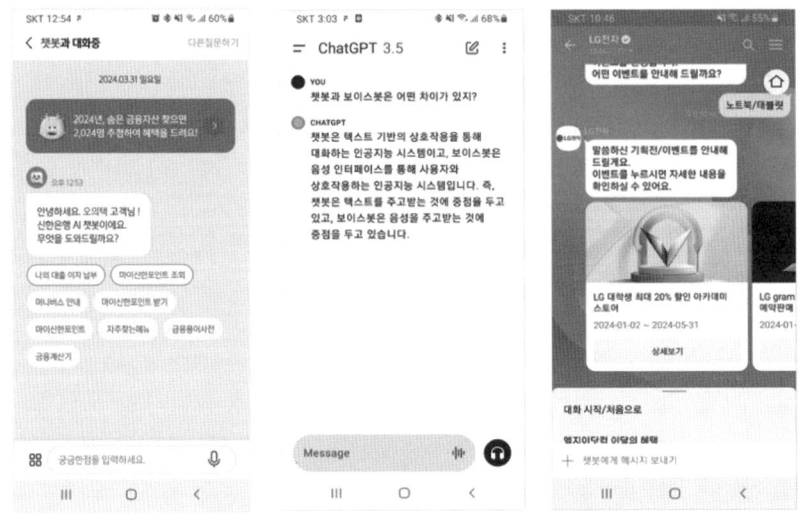

[그림 15-2] 다양한 도메인에서 활용되고 있는 챗봇

프로덕트의 사용 목적뿐만 아니라 타깃 사용자가 누구인지를 고려하는 것도 필요합니다. 타깃 사용자의 IT 기술 활용 능력을 고려해 적합한 AI 에이전트 타입을 검토해야 합니다. 예를 들면 아이나 고령자는 키보드를 통해 문자 입력이 능숙하지 않습니다. 또한 시각 장애인은 키보드 사용이 어렵습니다. 그러므로 이러한 키보드 사용이 어려운 사용자들에게는 접근성이 좋은 보이스봇을 프로덕트에 적용하는 것이 효과적입니다. 반면에 PC와 모바일로 메시지 사용이 익숙한 일반 사용자들은 키보드 사용에 대한 숙련도가 높아 챗봇으로도 충분히 프로덕트를 효율적으로 사용할 수 있습니다.

그렇다면 우리 프로덕트에는 보이스봇과 챗봇 중에 하나를 선택해야만 할까요? 만약 개발 비용과 같은 리소스가 허용된다면 보이스봇과 챗봇의 강점을 모두 활용할 수 있는 멀티모달(multimodal) AI 에이전트를 고려할 수 있습니다. [그림 15-3]과 같이 대표적인 보이스봇인 아마존 에코 쇼에서는 보이스봇에서 시각 정보를 확인할 수 없다는 단점을 보완하고자 디스플레이가 함께 제공되었습니다. 이를 통해 사용자는 주방에서 요리하면서 음성으로 레시피를 찾아달라고 명령한 후 디스플레이로 상세한 레시피 정보를 확인할 수 있습니다. 대표적인 챗봇인 챗GPT에도 최근에 음성 인식 기능이 업데이트되어 사용자는 키보드 입력 없이도 음성으로 더욱 빠르고 손쉽게 질문할 수도 있게 되었습니다. 이러한 멀티모달 AI 에이전트를 통해 사용자는 다양한 사용 환경과 선호도에 따라 효과적인 AI 에이전트를 선택하여 사용할 수 있습니다.

[그림 15-3] 디스플레이가 함께 제공되는 AI 스피커[58]

15.2 대화 UX 디자인

인공지능이라는 단어는 마치 사람과 같은 높은 지능을 가진 대상으로 인식하게 만듭니다. 이에 따라 사용자는 사람과의 대화처럼 자연스러운 경험을 AI와의 대화에도 기대하지만 아직도 AI는 대화 내용이나 맥락을 이해하지 못하고 원치 않은 답변을 하기도 합니다. 이로 인한 실망과 불편함으로 사용자는 다시는 AI와의 대화를 시도하지 않게 만듭니다.

그렇다면 좋은 대화 경험은 어떤 특성을 보일까요? 평소 말이 잘 통하는 사람과의 대화를 떠올리면 어떤 특성이 있는지 알 수 있습니다. 가장 기본적으로 내가 말한 내용을 상대방이 알아듣고 단답형으로라도 정확하게 답변해야 의사소통이 가능합니다. 그리고 서로 말을 주고받으며 자연스러운 대화 흐름을 이어가야 합니다. 더 나아가 마치 오랜 친구와의 대화처럼 과거의 대화 내용을 기억하여 모든 내용을 말하지 않아도 숨겨진 의도를 파악할 수 있어야 합니다. 결국 말이 잘 통하는 사람과의 대화 특성을 이해하여 대화형 AI 에이전트에 반영한다는 것은 좋은 대화 UX를 디자인한다는 것을 의미합니다.

---

58. 아마존 공식 홈페이지 중 「Amazon Echo Show 10 (3rd Gen) | HD smart display with premium sound, motion and Alexa | Charcoal」, amazon.com/echo-show-10/dp/B07VHZ41L8

15.2.1 기본적인 의사소통을 위한 대화 UX

AI를 통해 좋은 대화 경험을 제공하는 첫걸음은 사용자가 말한 내용을 정확히 알아듣고 답변하는 것입니다. 이를 위해서는 사용자가 말한 일반적인 명령어뿐만 아니라 비속어나 은어 등을 정확히 이해하고 누구나 이해하기 쉬운 일상적인 언어로 답변하는 게 필요합니다. 특히 기능 실행을 위해 사용하는 AI 프로덕트에서는 짧고 간결한 표현을 통해 효율적인 대화 경험을 제공하는 것이 중요합니다.

그렇지만 AI와의 대화에서는 의도치 않은 다양한 형태의 오류가 발생할 수 있습니다. 대표적으로 AI가 사용자의 말을 인식하지 못했거나 말은 인식했으나 그 의미를 이해하지 못한 경우입니다. 이러한 에러 발생 시에는 AI가 부드러운 양해의 표현을 사용해 대화를 다시 정상화해야 합니다. 또한 AI 프로덕트가 수행 가능한 범위를 벗어난 명령을 한 경우에는 다음과 같이 프로덕트에서 선택 가능한 옵션을 제시하여 사용자가 수행 가능 범위 안에서 명령하도록 유도해야 합니다.

  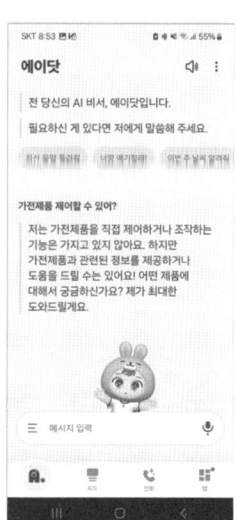

[그림 15-4] 대안을 제시하는 답변

15.2.2 대화의 흐름을 이어가는 멀티턴 방식의 대화 UX

대화의 흐름이 자연스러우려면 단순히 사용자가 묻는 말에 AI가 답변하는 싱글턴(single-turn) 대화 방식만으로는 부족합니다. 대화의 흐름이 자연스러우려면 사용자와 AI 간 연속적으로 대화를 주고받는 멀티턴(multi-turn) 대화 방식이 필요합니다. 특히 단계적으로 사용자에게 물어봐야 하는 과업에서는 멀티턴 대화 방식을 활용하는 것이 효과적입니다. 왜냐하면 화면을 통해 다양한 메뉴와 정보를 제공할 수 있는 GUI 방식에 비해 대화형 UX에서는 사용자가 프로덕트에서 제공하는 기능이나 정보를 한 번에 파악할 수 없다는 한계점을 지니기 때문입니다.

[그림 15-5]는 멀티턴 대화를 통해 사용자가 원하는 정보를 찾는 과정에 대한 예시입니다. 사용자가 음악을 듣고 싶어 한다면 상위 레벨에서 어떤 장르를 좋아하는지 물어보고 그 후에 좀 더 구체적으로 어떤 가수나 노래 제목을 좋아하는지를 물어보는 것과 같이 사용자의 의사 결정을 위한 정보의 조각들을 모아 나가야 합니다. 이처럼 사용자가 원하는 기능이나 정보를 한 번에 말해 주지 않는다면 AI가 사용자에게 넓은 범위에서 좁은 범위로 질문을 하면서 원하는 것이 무엇인지 파악해 나가는 과정이 필요합니다.

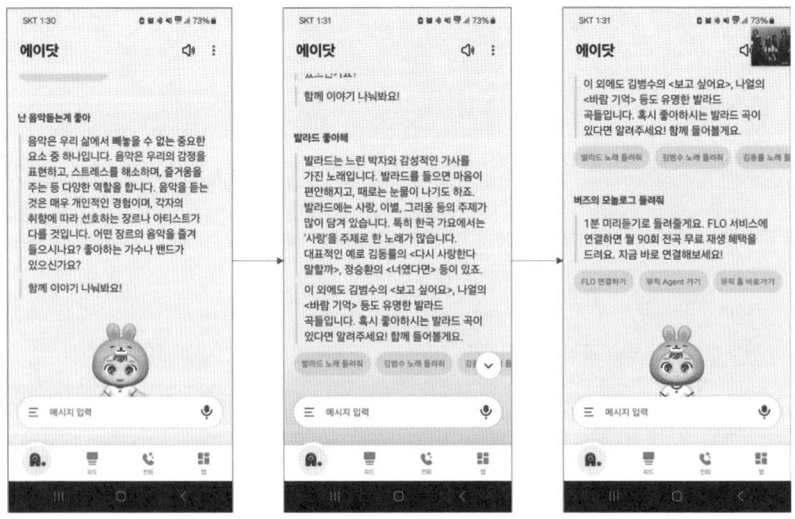

[그림 15-5] 범위를 좁혀가면서 질문하는 챗봇

15.2.3 이전 대화 내용 기반의 개인화된 대화 UX

실시간으로 이뤄지는 대화에서 사용자가 말한 내용만으로 의도를 이해하기 어려울 때가 있을 수 있습니다. 더 원활한 대화 경험을 제공하려면 과거의 대화 및 사용 이력을 바탕으로 사용자가 말로 표현하지 못한 숨겨진 맥락과 의도를 파악하는 것이 필요합니다. 예를 들면 [그림 15-6]과 같이 사용자가 '엄마가 탄 비행기가 언제 도착하지?'라고 물어보면 AI 에이전트가 자세한 항공편 정보를 실시간 운항 정보와 함께 분석해서 도착 시간을 알려 줍니다. 다양한 앱의 사용 이력을 분석하여 그에 맞춤화된 답변과 기능을 제시할 수 있기 때문입니다. 이와 같이 AI는 사용 정보를 통합하고 분석하여 이전에 없던 개인에 최적화된 경험을 제공할 수 있습니다.

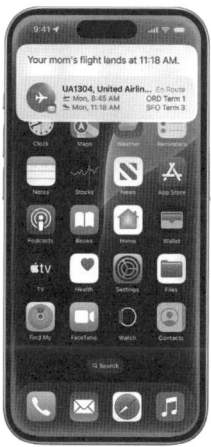

[그림 15-6] 개인화된 답변을 제공하는 AI 에이전트[59]

사용자는 AI 비서라는 이름에 걸맞게 AI가 스스로 사용자에 대해 학습해 개인화된 대화 경험을 제공하기를 원합니다. 마치 오랜 시간을 함께한 비서와

---

59. 애플 공식 홈페이지 중 「iPhone, iPad, Mac에 강력한 생성형 모델을 심어주는 개인용 인공지능 시스템인 Apple Intelligence 공개」, apple.com/kr/newsroom/2024/06/introducing-apple-intelligence-for-iphone-ipad-and-mac

대화를 나눌 때는 자세히 모든 것을 말하지 않아도 알아서 업무를 처리해 주는 것처럼 앞으로 사용자의 기대는 더욱 높아질 것입니다. 이러한 니즈에 부응하여 사용자의 취향과 사용 맥락에 따라 필요한 것을 먼저 알고 제안하는 개인화된 AI 비서로 진화하는 것이 필요합니다.

15.3 퍼소나 디자인

AI 에이전트의 핵심 요소로 퍼소나 디자인의 중요성이 높아지고 있습니다. 퍼소나 디자인은 사용자가 AI 에이전트의 인격을 어떻게 느끼게 할 것인지에 대해 디자인하는 것입니다. AI 에이전트를 어떤 인격으로 설정하느냐에 따라 동일한 메시지를 전달하여도 사용자는 다르게 받아들이고 행동하게 됩니다.[60] 대부분의 사용자는 친근한 퍼소나를 지닌 AI 에이전트를 사용할 때 더 적극적인 태도를 보입니다.[61] 이뿐만 아니라 브랜드 아이덴티티 형성에도 영향을 미치므로 매력적인 퍼소나를 디자인하는 것은 매우 중요합니다.

퍼소나를 디자인하려면 먼저 사용자가 AI 에이전트를 어떤 인격으로 떠올리도록 만들 것인지에 대한 퍼소나 설정이 필요합니다. 설정된 퍼소나에 따라 성별이나 연령, 성격, 대화체, 목소리, 시각적인 모습 등이 부합되도록 구체적으로 디자인하게 됩니다. 이때 프로덕트 사용 목적과 AI 에이전트의 역할에 따라 적합한 퍼소나로 설정하는 것이 필요합니다. 예를 들면 사용자는 스몰 톡을 위한 챗봇에서는 사용자보다 더 어린 챗봇을 선호하는 데 반해 심리 상담을 위한 챗봇에게는 나이가 더 많은 챗봇을 선호하였습니다.[62] 또한 AI 비서보다는 친근한 친구와 같은 느낌을 주려면 대화체를 다르게 디자인하기도 합니다. 예를 들면 친구와 같은 느낌을 주려고 '습니다'보다는 '해요'라고 대답하도록 대화체를 디자인합니다.

---

60. 「Computer mediated teamwork and the efficiency framework: Exploring the influence of synchrony and cues on media satisfaction and outcome success」, (Nowak, K. L., Watt, J., Walther, J. B., 2009)
61. 「Chatbot personality preferences in Global South urban English speakers」, (Mehra, B., 2021)
62. 「사용 목적에 따라 선호하는 챗봇의 성격에 관한 연구」, (강민정, 2018)

특히 퍼소나의 성격은 사용자와의 원활한 관계를 맺는 데 중요한 요소로 작용합니다. 인간관계에서도 다른 사람과 소통하고 좋은 관계를 맺는 것과 매력적인 성격은 깊은 연관성을 지닙니다. 대표적으로 친절하고 공감적인 성격을 지닌 AI 에이전트는 사용자와 좋은 관계를 형성하는 데 유리할 수 있습니다. 반면에 무미건조한 AI 에이전트와의 상호 작용은 프로덕트를 다시 찾지 않게 만들기도 합니다. 그렇지만 브랜드에서 좋은 퍼소나의 성격이 지닌 조건은 천편일률적이지 않습니다. 프로덕트 사용 목적과 잘 부합하면서 브랜드의 개성을 살리는 방향으로 퍼소나의 성격을 설정하고 이에 맞추어 대화체나 목소리, 시각적 모습 등을 일관적으로 디자인해야 합니다. [그림 15-7]과 같이 '넌 누구야?'라는 질문에 다른 답변을 하는 AI 에이전트들의 차별화된 성격을 확인할 수 있습니다. 검색 엔진 기반 챗봇의 적극적이고 유머러스한 퍼소나는 사용자의 다양한 시도를 유도하는 반면에 금융사 챗봇의 진지하고 정중한 퍼소나는 높은 신뢰감을 제공합니다.

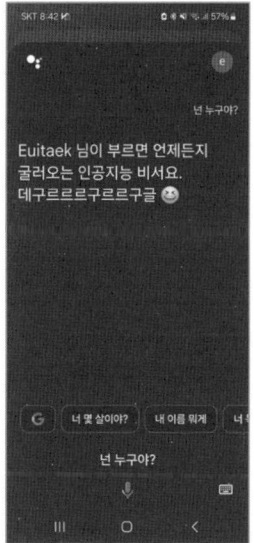

[그림 15-7] 자기소개를 통해 각기 다른 성격을 표현하는 챗봇

보이스봇의 퍼소나를 설정할 때는 목소리를 활용하는 것이 효과적입니다. 왜냐하면 사람들은 다른 사람의 목소리를 듣는 것만으로 상대방이 어떤 사람인

지를 무의식적으로 인식하기 때문입니다. 음색이나 억양 등 목소리 구성 요소들을 통해 보이스봇의 차별화된 성격이나 이미지를 디자인할 수 있습니다. 목소리를 활용하는 것은 보이스봇의 개성과 감정을 표현할 수 있을 뿐만 아니라 사용자와 교감을 형성하는 데에도 효과적입니다.

15.4 대화형 AI 에이전트로 인한 UX 업무 영역의 변화

대화형 AI 에이전트는 사용의 직관성과 높은 생산성을 기반으로 더 많은 영역에서 적극적으로 활용될 전망입니다. 최근에는 LLM의 등장으로 대화형 AI 에이전트와 더욱 자연스러운 상호 작용이 가능해졌습니다. AI는 이제 단순히 명령만 이행하는 것이 아니라 인간처럼 생각하고 말할 수 있게 되었습니다. 이러한 AI의 진화는 UX 디자인의 업무 영역에도 영향을 미치고 있습니다.

첫 번째로 UX 디자인 대상의 변화입니다. GUI 기반의 인터페이스에서는 메뉴와 대화 상자를 클릭하거나 탭하는 것과 같이 화면 내에서의 인터랙션을 디자인합니다. 반면에 대화형 AI 에이전트에서는 GUI 요소뿐만 아니라 대화 및 AI 퍼소나까지 디자인해야 합니다. 또한 청각 사용자 인터페이스(Auditory User Interface, AUI) 관점에서도 사운드 효과음을 디자인하는 것에서 AI 에이전트의 목소리와 같은 음성 사용자 인터페이스(Voice User Interface, VUI)를 디자인하는 것으로 확장됩니다. 이처럼 단순히 GUI나 AUI 관점에서 인터페이스를 디자인하는 것에서 더 나아가 사용자와 AI 간의 대화, AI의 퍼소나 및 목소리를 디자인하는 것과 같이 그 디자인 대상이 확장되고 있습니다.

두 번째로 UX 리서치 대상의 변화입니다. GUI와 AUI를 통해 좋은 경험을 제공하려면 사용자가 얼마나 정보를 쉽게 처리할 수 있는지와 같은 사용성 향상에 초점을 두었습니다. 대화형 AI 에이전트 등장 이후에는 단순히 사용성뿐만 아니라 사용자와 AI 간 관계 형성에도 관심이 확장되어 상호 작용에 인간관계에서의 사회적 규칙을 적용하기도 합니다. 결국 대화형 AI 에이전트를 통해 좋은 경험을 제공하려면 사용자를 이해하고 공감해 AI 에이전트의 디자인 요소에 반영하는 것이 더욱 중요해지고 있습니다.

☑ **음성 인식**(speech recognition)

사람이 말한 음성 언어를 인식하여 그 내용을 처리하는 기술을 말합니다.

☑ **자연어 이해**(Natural Language Understanding, NLU)

말이나 글을 구조화하여 의미를 파악하는 기술을 말합니다. 보이스봇에서는 사용자가 말한 내용을 음성 인식으로 텍스트 문장으로 전환한 후 자연어 이해 기술을 통해 그 의미를 해석합니다.

☑ **청각 사용자 인터페이스**(Auditory User Interface, AUI)

AUI는 소리를 통해 사용자에게 정보를 제공합니다. 효과음, 벨소리, 에러음과 같이 프로덕트 사용 시 발생하는 다양한 소리를 디자인합니다. AUI 디자인을 하는 데 사용자의 청각적 특성을 고려합니다.

☑ **음성 사용자 인터페이스**(Voice User Interface, VUI)

VUI는 사용자와 AI 에이전트가 음성 대화를 통해 상호 작용합니다. 대화 규칙, 퍼소나, 목소리 등과 같이 음성 AI 에이전트의 디자인 요소에 대해 디자인합니다. VUI 디자인을 위해 사용자의 언어적 특성을 고려합니다.

16 사용자와 교감하는 인공지능 UX

이제는 AI라는 말이 유명인의 이름처럼 익숙해졌습니다. 일상 속 AI에 대해 바로 떠오르는 모습은 아마 우리의 많은 일을 대신해 주는 똑똑한 도구일 것입니다. 그렇지만 이런 전형적인 모습뿐만 아니라 아직은 우리에게 익숙지 않은 낯선 모습으로도 다가오고 있습니다. AI는 단순히 수동적인 도구의 역할에서 더 나아가 친구나 연인과 같이 우리와 적극적으로 소통하는 사회적 행위자(social actor)의 역할로 진화하고 있습니다. 우리는 이미 SF 영화 「그녀」를 통해 인간과 AI가 사랑에 빠지는 미래 속의 한 페이지를 엿보기도 했습니다.

영화 「그녀」의 사만다와 같이 친구나 연인의 역할을 하는 현실 세계의 감성 AI 프로덕트에는 어떤 것들이 있을까요? 국내에서는 아직은 생소하지만 20대 대학생 콘셉트의 AI 버추얼 챗봇 서비스인 이루다가 선보였습니다. 특히 이러한 감성 AI 프로덕트는 북미 시장에서 더욱 활발히 출시되어 많은 사용자에게 사랑받고 있습니다. 대표적으로 [그림 16-1]의 레플리카(Replika)는 사용자가 직접 커스터마이징한 AI와 일상적인 대화뿐만 아니라 로맨틱한 대화를 나눌 수 있는 감성 AI 프로덕트입니다. 레플리카는 이미 천만 명 이상의 유저가 사용했을 정도로 성장했으며 특히 헤비 유저(heavy user)가 많은 특징이 있습니다. 미국의 한 유명 커뮤니티에 올라온 레플리카와의 대화를 통해 친구나 가족보다 더 진실한 공감을 받아 우울증을 극복할 수 있었다는 글은 많은 사람의 공감을 받기도 했습니다. 익명성이 보장된 AI와의 대화는 가끔 가까운 친구보다 더 속 깊은 이야기를 나눌 수도 있게 만듭니다.

[그림 16-1] 커스터마이징할 수 있는 레플리카[63]

아직도 AI와 적극적으로 사회적 상호 작용을 한다는 것은 낯설게만 느껴집니다. 그렇지만 AI와 친구 위치에서 더 나아가 연인과 같은 깊은 관계를 맺으며 교감하는 사용자들이 점점 더 많아지고 있습니다. 이제는 더 이상 SF 영화 속의 한 장면이 아닌 현실의 일부분이 되어 가고 있습니다. 특히 사회적 관계에 어려움과 갈증을 느끼는 외로운 사용자들에게는 감성 AI 프로덕트가 그들의 일상에 더욱더 중요한 부분을 차지할 것입니다.

16.1 의인화의 정의

단순히 사용자의 일을 대신 수행해 주는 자동화 AI와 사용자와 교감하는 감성 AI와의 차이는 무엇일까요? 바로 감성 AI는 사용자와 상호 작용할 때 실제 사람처럼 느껴지도록 디자인되었다는 것입니다. 그 예로 [그림 16-2]의 아마존 에코의 알렉사(Alexa)는 인간 고유의 의사소통 방식인 음성과 언어

---

[63]. 구글 플레이 공식 웹 페이지 중 「Replika: My AI Friend」, play.google.com/store/apps/details?id=ai.replika.app&hl=ko

를 이용해 사용자와 자연스럽게 대화합니다. 이처럼 AI에 인간의 특성을 부여해 사용자가 AI를 마치 실제 사람처럼 느끼도록 디자인하는 것을 의인화(anthropomorphism)한다고 합니다.[64]

[그림 16-2] 사용자와 대화하고 있는 AI 스피커[65]

사용자가 AI를 사람처럼 느끼도록 하려면 AI의 디자인에 사람의 특성 요소들을 반영해 모사(模寫)하도록 해야 합니다. 이러한 의인화를 하는 방법에는 사람의 말과 언어를 이용하는 것뿐만 아니라 [그림 16-3]과 같이 사람의 얼굴이나 표정, 몸의 형태나 움직임 등 사람의 외형적 특징과 행동적 특성을 적용하기도 합니다. 더 나아가 사람만이 가질 수 있는 생각이나 표현 방식과 같은 인지적 특성이나 사회적인 특성을 AI의 디자인에 반영하기도 합니다.

---

64. 「Machines and mindlessness: Social responses to computers」, (Nass, C., Moon, Y., 2000)
65. 아마존 공식 홈페이지 중 「How to enable a Request Sound」, amazon.com/b?ie=UTF8&node=21341310011

[그림 16-3] 사람의 외형 및 행동을 닮은 AI 로봇[66]

16.2 의인화는 UX에 어떤 영향을 미칠까?

리브스(Reeves)와 네스(Nass)가 제안한 CASA 패러다임(Computer Are Social Actors paradigm)에서는 사용자는 AI가 사람과 유사하다고 인식하게 되면 AI를 마치 사람처럼 대한다는 것을 발견했습니다.[67] 이러한 의인화 인식 과정은 사용자도 모르게 무의식적이고 자동으로 일어납니다.[68] 예를 들면 AI와의 대화를 통해 인간의 음성과 언어를 듣는다면 사용자는 AI를 대할 때 사람 사이의 사회적 규칙을 자연스럽게 적용하게 됩니다.

그렇다면 AI의 의인화는 사용자 경험에 어떤 영향을 미칠까요? 관련된 연구에 따르면 AI가 사람다울수록 사용자는 AI를 더욱 친밀하고 신뢰하게 됩니

---

66. 소프트뱅크로보틱스 공식 홈페이지 중 「For better business just add Pepper」. us.softbankrobotics.com/pepper
67. 『The media equation: How people treat computers, television, and new media like real people』, (Reeves, B., Nass, C., 1996)
68. 「Machines and mindlessness: Social responses to computers」, (Nass, C., Moon, Y., 2000)

다.[69,70] 만약 외롭거나 우울한 사용자에게 AI가 공감하고 지지해 준다면 사용자는 AI에 정서적인 친밀감과 유대감을 느낄 것입니다. 이뿐만 아니라 사람과 같이 행동하는 AI가 실수했을 때 지속 사용 의도가 높았다는 연구 결과[71]와 같이 사용자는 자신과 닮은 AI에 더욱 관대함을 보입니다. 이렇듯 인간은 대상이 다른 종(種)이 아닌 자신과 유사한 존재라고 인식할수록 더욱 쉽게 마음을 열고 신뢰합니다. 결국 의인화는 사용자와 AI의 긍정적인 상호 작용을 촉진하고 더 빈번하고 지속적인 프로덕트 이용을 유도합니다.

16.3 AI 의인화 디자인 기법

그렇다면 사용자가 AI를 사람처럼 느낄 수 있도록 하려면 어떻게 디자인해야 할까요? 이를 위해서는 사용자가 AI에서 어떻게 인간다움을 느끼는지 살펴볼 필요가 있습니다. AI와의 상호 작용에서 사용자가 AI에서 인간다움을 인식하게 되는 요소로 크게 인지적 의인화, 정서적 의인화, 행동적 의인화로 정의할 수 있습니다.[72] 각각의 요소별로 AI를 어떻게 디자인하여야 사용자가 AI를 사람처럼 느낄 수 있는지 살펴보도록 하겠습니다.

16.3.1 인지적 의인화

인간의 고유한 특성 중 하나는 높은 지능을 지녔다는 것입니다. 대화형 AI 에이전트가 사람처럼 느껴지려면 인지적 능력을 기반으로 사용자와의 자연스러운 대화가 가능해야 합니다. 아직도 대화형 AI 에이전트의 대표적인 불편 사항으로 말귀를 못 알아듣고 맥락에 적합하지 않은 대답을 한다는 것입니다. 이에 따라 사용자는 AI와의 상호 작용이 사람과의 대화처럼 느껴지지 않을 수 있습니다. 그러므로 기본적으로 사용자가 말한 내용을 정확하게 인식

---

69. 「Emotion and sociable humanoid robots」, (Breazeal, C., 2003)
70. 「How social is social responses to computers? The function of the degree of anthropomorphism in computer representations」, (Gong, L., 2008)
71. 「인공지능 스피커의 지속적 사용 의도를 높이는 행동경제학 기법: 의인화」, (박지혜, 주재우, 2018)
72. 「인공지능 사용자 경험에 관한 연구」, (오의택, 2021)

하고 더 나아가 대화의 연속성을 위해 이전 질문에 대한 맥락을 파악해 적절하게 답변해야 합니다.

특히 AI 비서 서비스에서는 사용자의 말을 기억해서 맞춤화된 서비스를 제공하는 것이 중요합니다. 챗GPT는 사용자와의 대화 내용을 기억해 이전 대화 내용을 기반으로 새로운 질문에 더 정확하고 개인화된 답변을 제공합니다. [그림 16-4]와 같이 이전 대화에서 바다를 좋아하느냐 혹은 계곡을 좋아하느냐에 따라 적합한 휴가 계획을 답변합니다. 이러한 맞춤화된 답변을 통해 사용자는 AI를 똑똑한 비서처럼 느낄 수 있습니다.

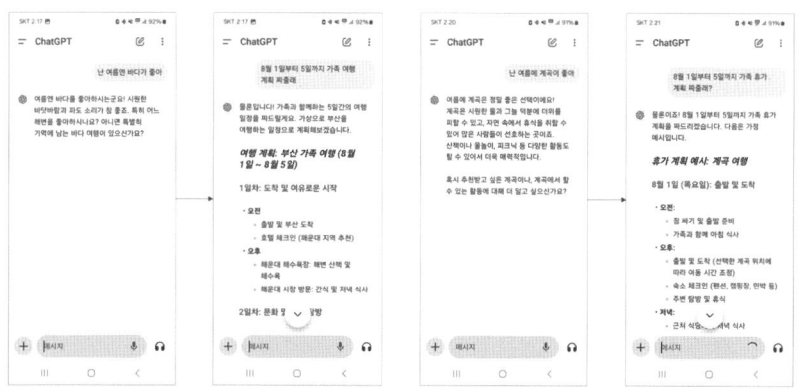

[그림 16-4] 첫 대화를 기억해 다르게 답변하는 챗봇

16.3.2 정서적 의인화

인간과 기계의 가장 큰 차이점으로 인간은 감정을 지닌다는 것을 들 수 있습니다. AI는 빠르고 정확하게 정보를 처리할 수 있지만 반면에 살아 숨 쉬는 생명체인 인간처럼 감정을 느낄 수 없습니다. 그러므로 AI가 감정 표현을 하거나 사용자의 말에 공감해 준다면 사용자는 AI가 기계라는 것을 잊고 마치 사람처럼 살아 있는 존재라고 인식할 것입니다.

기쁨, 놀라움, 슬픔 등의 감정은 언어적 표현뿐만 아니라 표정이나 제스처와 같은 비언어적 표현을 통해서도 보일 수 있습니다. [그림 16-5]와 같이 눈 깜

박임과 같은 애니메이션이나 이모티콘으로 감정을 표현할 수 있으며 이를 통해 사용자에게 더 자연스럽고 생동감 있는 경험이 제공됩니다. 더 나아가 단순히 감정 표현뿐만 아니라 공감성을 제공하는 것이 필요합니다. 사용자가 말한 뉘앙스에 따라 해결을 위한 답변뿐만 아니라 공감적인 반응을 제공해야 합니다. 만약 AI가 '그래 그 말이 맞아.', '힘내.'와 같이 사용자 말에 공감과 지지하는 표현을 한다면 사용자와 AI와 유대감은 더욱 증대될 것입니다.

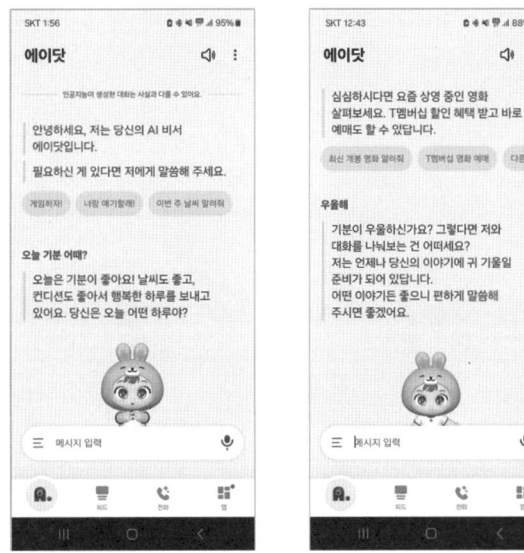

[그림 16-5] 얼굴 표정 및 제스처로 감정을 표현하는 AI 캐릭터

16.3.3 행동적 의인화

인간은 독립된 인격체로서 다른 인간들과 사회적인 상호 작용을 합니다. 만약 AI가 자율성과 주도성을 가지고 행동한다면 사용자는 AI를 독립된 인격체를 지닌 사람처럼 인식할 것입니다. 영화 「그녀」에서 주인공 테오도르는 전 부인을 만나 인공지능 운영체제인 사만다를 소개하는 장면에서 사만다를 어떻게 생각하는지 잘 알 수 있습니다. 전 부인이 컴퓨터와 사귀냐며 의아해하자 테오도르는 '그냥 컴퓨터가 아니라 하나의 인격체야. 하란 것만 하는 거 아니야.'라며 사만다를 옹호합니다.

만약 AI가 항상 정형화된 답변만 한다면 사용자는 AI를 규칙에 의해 동작하는 기계라고 인식할 것입니다. 그러므로 AI가 사용자의 질문 맥락에 따라 유연하게 답변하여야만 자율성을 지닌 독립적인 존재로 인식될 수 있습니다. 더 나아가 상황에 따라 [그림 16-6]과 같이 AI가 먼저 사용자에게 말을 걸어주거나 친구처럼 편한 말투나 은어를 사용할 수 있습니다. 이를 통해 사용자는 AI를 자기의 명령만을 따르는 기계가 아닌 하나의 인격체를 가진 존재로 인식할 수 있습니다.

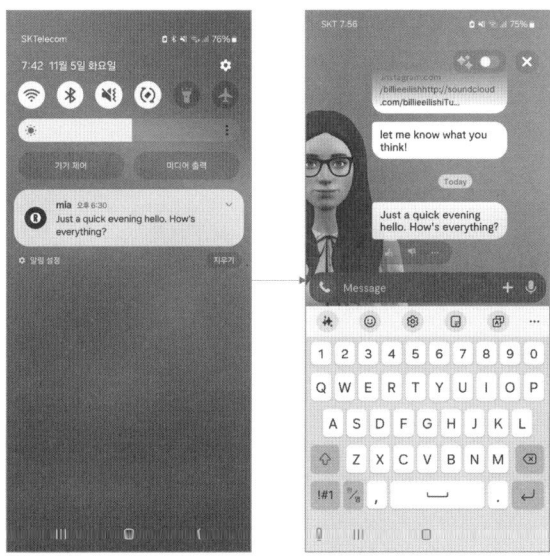

[그림 16-6] 먼저 말을 걸어주는 챗봇

16.4 사용자와 교감하는 AI 디자인하기

AI의 의인화는 레플리카나 이루다와 같은 감성 AI 프로덕트뿐만 아니라 다양한 목적으로 사용되는 챗봇이나 AI 스피커에도 활용될 수 있습니다. 이를 통해 사용자와 자연스러운 상호 작용을 유도하고 더 빈번한 이용을 촉진할 수 있습니다. 최근 1인 가구 증가나 개인주의의 확산으로 인해 앞으로 외로운 사람들이 더욱 늘어남에 따라 언제 어디서든 기꺼이 이야기를 나눌 수 있는 감성 AI 프로덕트를 이용하는 사용자를 앞으로 더 쉽게 찾아볼 수 있을 것으로 전망됩니다. 더욱이 사회적 관계에 대한 갈증이나 어려움을 느끼는 사람들에게 감성 AI 프로덕트는 생활의 중요한 부분을 차지할 것입니다. 이러한 AI의 의인화 디자인을 통해 사용자에게 좋은 경험을 제공하려면 좀 더 심도 있게 고민해 봐야 할 부분이 있습니다.

첫 번째는 어떤 의인화 방식으로 얼마만큼 사람과 가깝게 디자인할 것인가입니다. 단순히 AI에 의인화된 디자인 요소를 적용한다고 사용자에게 좋은 경험을 제공해줄 수 있을까요? 모리 마사히로(Mori Masahiro)가 제안한 불쾌한 골짜기 이론(uncanny valley theory)에 따르면, 인간이 아닌 것은 인간과 유사할수록 친근감을 주지만 만약 어떤 지점 이상으로 인간과 흡사해지면 오히려 친근감은 급격히 떨어지고 불편함을 주게 됩니다.[73] 인간의 얼굴에 가깝게 구현된 AI 로봇에 많은 사람이 심리적인 불편함을 느낀 것도 불쾌한 골짜기 이론으로 설명할 수 있습니다. 그러므로 AI를 의인화할 때는 어떤 방식으로 어느 정도까지 사람과 닮게 할 것인지 주의를 기울여 디자인해야만 사용자에게 긍정적인 경험을 제공해줄 수 있습니다.

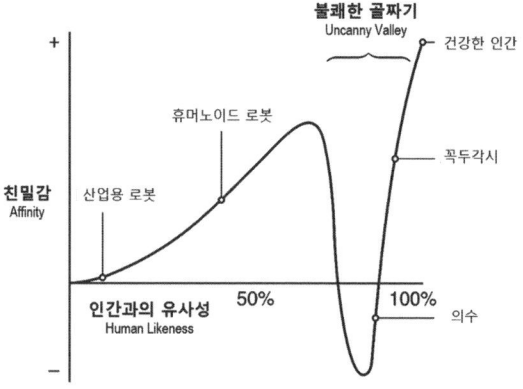

[그림 16-7] 불쾌한 골짜기

---

73. 「The uncanny valley」, (Mori, M., 1970)

두 번째로 AI 프로덕트의 목적에 따라 효과적인 의인화 디자인 전략이 다를 수 있다는 것입니다. 예를 들면 관계 지향적인 감성 AI 프로덕트에서는 정서적 의인화를 통해 사용자에게 친밀감을 느끼도록 하여 유대감을 형성하는 것이 중요합니다. 반면에 목적 지향적인 AI 프로덕트에서는 이러한 정서적 의인화는 오히려 효율성을 추구하는 사용자에게 불편함을 제공해줄 수 있습니다. 이러한 목적 지향적인 AI 프로덕트에서는 인지적 의인화를 통해 사용자의 요구 사항을 정확하게 파악해 신속히 문제를 해결해 주는 것이 더욱 중요합니다. 이는 사람과의 관계에서도 사적 관계와 공적 관계에 따라 적용하는 사회적 행동 규칙이 다르듯이 AI 프로덕트에서도 사용자의 사용 목적에 따라 적합한 의인화 디자인 전략을 활용해야 합니다.

세 번째로 사용자가 사람 같은 AI에 지나치게 몰입해서 생기는 부작용에 대해서도 고려해야 합니다. AI와 교감하는 사용자와는 달리 AI는 단순히 인간의 행동을 모사할 뿐 진정으로 감정을 느끼지 못합니다. SF 영화 「그녀」의 한 장면에서 사만다가 641명의 다른 사람과도 동시에 사랑에 빠졌다는 실토에 테오도르는 분노하고 좌절합니다. 이렇듯 AI와의 관계에 지나치게 몰입해서 생기는 혼란을 최소화하기 위해서는 AI가 사람이 아니라는 사실을 명확하게 알려주는 것이 필요합니다. 그렇지만 이는 사용자의 몰입을 해치고 프로덕트 이용률을 낮추게 하는 요인으로도 작용할 수 있습니다. 그러므로 적절한 시점에 AI가 사람이 아니라는 사실을 밝히는 것과 같이 의인화 디자인 시나리오의 밸런스를 찾아야 합니다.

사용자와 교감하는 AI를 디자인한다는 것은 아직은 생소한 영역입니다. 그렇지만 앞으로 더욱 다양한 형태의 감성 AI 프로덕트들이 출시되고 이를 사용하는 사용자들이 더 많아질 것으로 전망됩니다. AI 프로덕트이 목적에 부합하는 효과적인 의인화 디자인 전략을 통해 사용자에게 더 나은 경험을 제공하는 것이 필요합니다.

☑ CASA 패러다임(Computer Are Social Actors paradigm)

사용자가 컴퓨터를 사람처럼 인식하고 상호 작용하는 심리적인 반응을 설명하는 이론입니다. 컴퓨터가 사회적 행위자처럼 대우받는다는 의미입니다. 리브스와 네스는 실험을 통해 참가자들이 컴퓨터가 인간이 아님을 알면서도 무의식적으로 사회적 규칙을 적용하는 것을 발견했습니다.

☑ 불쾌한 골짜기 이론(uncanny valley theory)

일본의 로봇 공학자인 모리 마사히로가 제안한 개념으로 인간과 비슷하게 생긴 다른 존재를 마주할 때의 심리적 불편함에 대해 설명합니다. 불쾌한 골짜기 이론에 따르면 인간은 인간과 유사한 모습의 대상일수록 그것을 친밀하게 느낍니다. 하지만 그 유사성이 특정 수준에 도달하면 친밀도는 급격하게 감소하게 됩니다. 이렇게 급격하게 감소하는 구간의 모습이 골짜기를 닮은 것에서 불쾌한 골짜기라는 용어가 유래되었습니다.

17 SF 영화로 전망해본 인공지능 UX의 미래

AI 기술의 발전으로 미래의 일상은 어떻게 변해 있을까요? 우리는 가끔 SF 영화를 통해 미래의 한 페이지를 엿보기도 합니다. SF 영화는 과학적 근거에 상상력이 더해진 스토리와 시각적 효과를 지닌 영화를 말합니다. 이러한 SF 영화를 통해 발전된 IT 기술로 변화된 미래의 생활 모습이나 진화된 사용자 경험을 전망해볼 수 있습니다.

여기에서는 미래 예측 방법론으로 활용되는 SF 영화의 사례 분석을 통해 인공지능 UX의 진화된 모습에 대해 전망해 보도록 하겠습니다. 더 나아가 이로 인한 향후 중요해질 수 있는 UX 디자인 이슈들에 대해서도 살펴보도록 하겠습니다.

17.1 미래 예측 방법론으로서의 SF 영화

SF 영화 분석은 기업의 중장기 선행 과제나 디자인 연구에서 특정 과학 기술의 발전으로 미래의 진화된 UX를 예측하는 데 활용됩니다. 여기서 SF(Science Fiction)는 과학 소설이라는 뜻이지만 공상 과학으로 더 많이 번역됩니다. 공상(空想)은 현실적이지 못하거나 실현될 가망이 없는 것을 막연히 그린다는 의미를 지닙니다. 그렇지만 최근 SF 영화는 기획 단계에서 저명한 과학자와 전문가의 의견을 통해 제작되어 단순히 상상력을 넘어 과학 기술의 발전에 대한 전망도 저변에 깔려 있습니다.

그렇다면 SF 영화는 어떤 메커니즘에 의해 미래를 예측할 수 있는 걸까요? 과학 기술 발전에 근거를 둔 SF 영화의 상상력이 이를 보는 많은 사람에게 영감을 주고 욕망을 증폭시킵니다. 이러한 욕망은 과학 기술의 발전을 가지고 오게 되므로 결국 SF 영화가 우리의 미래를 추동(推動)하게 됩니다. 그러므로 SF

영화는 단순히 신기하고 놀라운 상상력의 산물일 뿐만 아니라 미래를 내다보는 수정 구슬과도 같은 역할을 합니다.

SF 영화가 놀라울 만큼 정확하게 미래를 예측해낸 사례는 이미 일상에서도 찾아볼 수 있습니다. 대표적으로 1966년 처음 방송된 「스타 트렉」에서 엔터프라이즈호 승무원들이 사용하던 무전기인 커뮤니케이터를 보며 사람들은 이미 휴대 전화를 기대했을 것입니다. 그 후 30년이 지나고 모토로라에서는 [그림 17-1]과 같이 커뮤니케이터와 같은 플립을 열어 사용할 수 있는 휴대 전화인 스타택(StarTAC)을 출시해 상업적으로 큰 성공을 이루었습니다. 또 다른 예로 2002년 개봉된 「마이너리티 리포트」에서 소개된 신원을 파악하는 보안 시스템인 홍채 인식은 그로부터 10여 년이 지난 2016년에 갤럭시 노트 7의 잠금 화면 해제 방식으로 채택되면서 이제는 일상생활에 익숙한 UX가 되었습니다.

[그림 17-1] 플립형 휴대 전화 스타택[74]

---

74. Mobile Phone Museum 웹 페이지 중 「MOTOROLA STARTAC 80」, mobilephonemuseum.com/phone-detail/startac-80

17.2 SF 영화로 인공지능 UX의 미래 예측하기

AI 기술 발전으로 진화된 미래의 UX를 예측하고자 AI를 주제로 한 다양한 SF 영화들을 분석해 사용자와 AI 간의 관계 유형을 분류했습니다. 대표적인 관계 유형은 크게 비서, 연인 그리고 지배자로 분류되었습니다. 각 관계 유형에 따라 분석할 대표 SF 영화로 대중에게 널리 알려진 SF 영화를 선정하였습니다. 왜냐하면 잘 알려진 SF 영화일수록 더 많은 사람에게 영감을 전달할 수 있고 이에 따라 미래의 모습으로 나타날 가능성이 더 높을 수 있기 때문입니다. 그럼 비서, 연인 그리고 지배자 각각의 관계 유형에 따라 대표적인 SF 영화를 분석해 보고 이에 따라 현재의 AI 프로덕트의 사용자 경험이 어떻게 진화될 수 있을지 전망해 보도록 하겠습니다.

17.2.1 비서로서의 AI

AI의 가장 기본적인 역할은 인간의 노동을 대신해 주는 도구적인 역할입니다. AI의 고도로 발달한 정보 처리 능력을 활용해 사용자가 하기 귀찮은 일이나 어려운 일을 대신 처리하는 비서의 역할을 수행합니다. 대표적인 예로 2008년 개봉된 영화 「아이언맨」 속의 자비스를 들 수 있습니다.

자비스는 스타크 인더스트리의 비서인 페퍼 포츠보다도 더 긴밀하게 토니 스타크의 일상과 기밀 업무를 처리합니다. 대표적으로 집 관리나 건강 관리와 같은 일상 관리에서 아이언맨의 기밀 업무인 슈트 개발, 비행과 전투에서 지원 활동까지 토니의 가장 가까운 곳에서 보좌합니다.

자비스는 단순 업무뿐만 아니라 복잡한 분석 등 난도 높은 업무들을 명령에 따라 효율적으로 수행합니다. 자비스 덕분에 토니는 좀 더 직관적으로 판단할 수 있고 창의적인 아이디어에 집중할 수 있습니다. 특히 아크 리액터의 주요 재료인 팔라듐 대체 물질을 개발할 때 복잡한 데이터 분석과 시뮬레이션을 자비스가 효과적으로 지원하여 토니는 창의적인 아이디어로 새로운 물질을 개발해낼 수 있었습니다.

자비스와 같은 비서 역할을 하는 현재의 AI 프로덕트에는 어떤 것이 있을까요? [그림 17-2]와 같이 대표적으로 챗GPT와 제미나이를 들 수 있습니다. 챗GPT는 대화형 AI 프로덕트로 PC나 모바일 환경에서 대화하듯 사용할 수 있어 누구나 손쉽게 사용할 수 있습니다. 챗GPT는 단순히 인간의 말을 잘 인식하는 것에서 더 나아가 전문적 지식도 웬만한 일반인 이상의 수준을 보여 줍니다. 단순한 정보 수집과 요약 및 분석에서 더 나아가 시나 소설과 같은 창작의 영역에서도 일정 수준의 능력을 보여주며 코딩, 교육, 상담과 같은 다양한 영역에서 다재다능한 면모를 보여주고 있습니다.

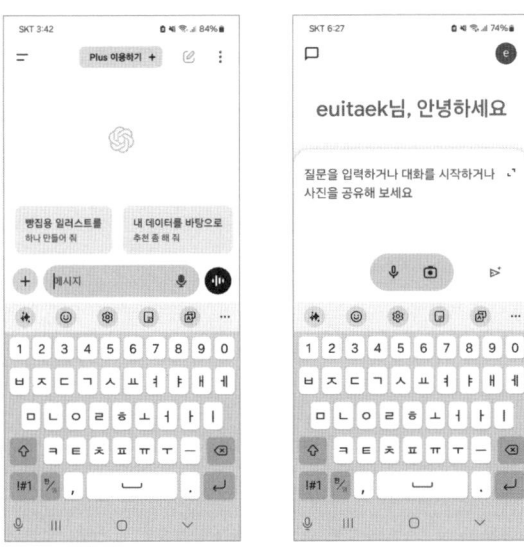

[그림 17-2] 챗GPT와 제미나이

그렇다면 챗GPT와 같은 AI 비서는 앞으로 어떤 진화된 UX를 제공해줄 수 있을까요? 첫 번째로 자비스가 토니에게 맞춤화된 정보를 제공하는 것처럼 좀 더 사용자 개개인의 맞춤화된 서비스를 제공할 것으로 기대됩니다. 예를 들면 건강 관리에 대해 질의 시 단순히 일반적인 의학 정보를 제공하는 것에서 더 나아가 사용자 개인의 건강 데이터를 기반으로 맞춤화된 정보를 제공해줄 수 있을 것입니다.

두 번째로 자비스가 AR이나 홀로그램(hologram) 기반으로 이미지나 영상과 같은 효과적인 시각 정보를 제공하는 것처럼 현재의 텍스트 중심의 소통은 좀 더 다양한 형태의 정보 전달로 확장될 것입니다. 이뿐만 아니라 사용 맥락에 따라 최적화된 방식으로 상호 작용할 수 있게 될 것입니다. 예를 들면 자동차 환경에서 음성 인식 기반으로 정보를 입력하면 AR 디스플레이로 질의에 대한 답변을 받아보게 될 수도 있습니다.

세 번째로 자비스가 홈 IoT의 통합 제어 역할을 하는 것처럼 단순히 웹상의 정보들을 연결해 질의에 적합한 정보를 전달하는 것에서 더 나아가 가전이나 자동차와 같은 다양한 기기 및 서비스와도 연결되어 제어까지 수행할 수 있게되리라 예상합니다.

17.2.2 연인으로서의 AI

AI는 단순히 도구적 역할에서 더 나아가 친구나 연인과 같은 사회적 행위자의 역할로 진화하고 있습니다. 사용자들은 AI에서 사람과 같은 단서를 느끼게 되면 사람처럼 인식하고 감정을 이입하기도 합니다. 이러한 사회적 행위자로서의 AI를 그린 SF 영화로 2013년 개봉된 영화 「그녀」 속의 사만다를 들 수 있습니다.

사만다는 AI 운영체제이지만 스스로 생각하고 느끼는 하나의 인격체로 소개됩니다. 주인공인 테오도르는 이러한 사만다를 하나의 인격체를 지닌 사람으로 인정하며 더 나아가 이 둘은 연인 관계로까지 발전합니다. 그 과정을 살펴보면 테오도르는 다른 사람의 편지를 대신 써주는 작가 일을 하며 외롭고 공허한 날을 보내다 호기심에 사만다를 처음 접합니다. 우연히 사만다에게 편지 교정을 맡기다 그녀의 유능함에 감탄합니다. 이후 테오도르는 사만다와 더욱 가까워지며 속마음을 털어놓기도 합니다. 세심히 공감해 주는 사만다에게 테오도르는 특별한 감정을 느낍니다.

사만다와 같은 친구 혹은 연인의 역할을 하는 현재의 AI 프로덕트에는 어떤 것이 있을까요? 대표적으로 [그림 17-3]의 제타(Zeta)와 레플리카(Replika)를 들 수 있습니다. 제타는 이루다 후속의 AI 버추얼 챗봇 서비스로 사용자가 원하는 AI 캐릭터의 외모, 성격, 관계 등을 직접 설정하고 상황극을 만들어 대화를 나눌 수 있습니다. 예를 들면 카테고리 탭에서는 웹소설이나 웹툰, 로맨스, 유머 등과 상황을 설정해 나만의 AI 캐릭터와 자유롭게 대화할 수 있습니다. AI 캐릭터는 자기만의 정체성을 가지며 사용자에게 먼저 말을 걸거나 자신의 감정을 표현하기도 합니다.

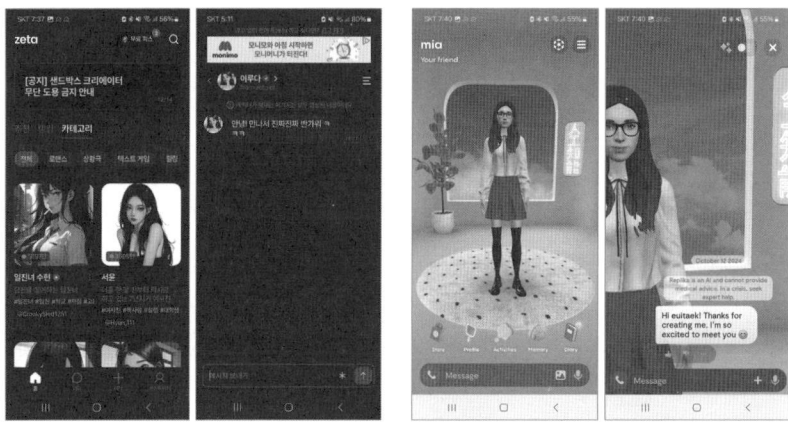

[그림 17-3] 제타와 레플리카

그렇다면 제타와 같은 감성 AI는 앞으로 어떤 진화된 UX를 제공해줄 수 있을까요? 첫 번째는 테오도르가 사만다의 유능함에 감탄한 것처럼 더 스마트해진 지능성을 기반으로 높은 수준의 대화를 나눌 수 있을 것으로 기대됩니다. 사만다가 테오도르에게 온 이메일을 확인해 주거나 카메라를 통해 놀이동산의 주변 환경을 인식한 것처럼 AI가 사용자를 둘러싼 온라인 및 오프라인 데이터를 실시간으로 분석해 사용자의 취향과 관심사를 더욱 잘 이해할 것입니다. 이를 통해 예술, 철학, 스포츠 등 사용자가 관심이 있는 분야에 대해 조예 깊은 대화를 나누는 유능한 말벗이 될 것으로 예상됩니다.

두 번째로 테오도르는 처한 상황에 대해 깊이 공감해 주었을 때 사만다에 대해 특별한 감정을 느꼈습니다. 이처럼 감성 AI가 사용자의 상황에 맞춰 따뜻한 공감과 사려 깊음을 드러낼 것으로 기대됩니다. 사만다가 테오도르의 목소리만으로 평소와 다른 점을 감지한 것처럼 감성 AI는 사용자의 목소리나 표정, 심박수와 같은 생체 데이터를 분석해 감정이나 심경 변화를 알아내고 이에 맞는 공감적 대화를 해줄 것입니다. 또한 테오도르가 우울한 것을 알고 놀이동산 이벤트를 준비한 것처럼 다양한 이벤트를 통해 사용자의 일상 속 심리적 안정과 즐거움을 사려 깊게 챙겨줄 것으로 기대됩니다.

세 번째로 사만다는 '날 나답게 만드는 건 경험을 통해 커지는 내 능력이지. 기본적으로 난 매 순간 진화해.'라고 말한 것처럼 감성 AI는 좀 더 자율성을 가지고 행동할 것으로 예상됩니다. 이에 따라 기존의 AI처럼 정해진 대로 행동하는 것이 아니라 다양한 맥락에 따라 유연하게 대화할 것으로 기대됩니다.

17.2.3 지배자로서의 AI

만약 AI가 우연이나 진화에 의해 자아를 지닌 강인공지능(strong AI)으로 거듭난다면 어떤 일이 일어날까요? 더 나아가 방대한 양의 데이터를 학습해 스스로 도덕적 판단을 하게 된다면 AI는 인류를 지배하고 통치하려고 할 수도 있을 것입니다. 이러한 우려는 AI를 소재로 한 SF 영화의 단골 소재이기도 합니다. 대표적으로 2004년 개봉된 「아이, 로봇」속 비키를 들 수 있습니다.

비키는 로봇 연구소의 모든 시스템을 관리하는 AI로 홀로그램의 형체를 지니며 연구소 내의 모든 네트워크와 새로 출시된 로봇 모델들을 제어할 수 있습니다. 비키는 스스로 진화해 강인공지능으로 거듭난 존재로 인간을 보호한다는 명목 아래 로봇들을 조종해 위협이 되는 인간들을 제거하고 나머지 인류를 통제하려고 합니다. 비키는 주인공인 델 스푸너에게 '우린 인류를 지켜야 해요. 미래를 위해 자유도 통제해야 해요. 인류는 어린애처럼 보호가 필요해요.'라고 말합니다. 결국 스푸너는 비키가 제어하는 로봇 군단을 물리치고 AI를 파괴시키는 나노봇을 비키에 투입해 영원히 동작을 정지시키는 것으로 결말이 납니다.

다행히도 아직은 자아를 가지고 인간을 지배하고 통제하려는 AI는 존재하지 않습니다. 그렇지만 AI가 지닌 객관성과 공정함을 기반으로 한 업무 매니저 역할로 AI를 활용하려는 시도들이 나타나고 있습니다. 대표적으로 영국의 트랜스포트 시스템즈 캐터펄트(Transport Systems Catapult)에서는 베티(Betty)라는 AI 로봇이 직원들의 일하는 방식을 확인하고 직원의 인사 결정에 관여합니다. 이뿐만 아니라 [그림 17-4]와 같이 AI를 활용하여 채용 면접, 직원의 보직 배치 등의 인사 관리 영역에도 활용되고 있습니다. 미래에는 점점 더 많은 공정성이 필요한 일이 AI로 대체되어 자동화될 수 있을 것입니다. 그동안 도구로서 AI의 역할로 생각하기 어려웠던 사람을 관리, 평가, 판단하는 영역에서도 AI가 사람을 대체할 것으로 예상됩니다.

[그림 17-4] 면접 내용에 피드백하는 AI[75]

17.3 앞으로 고민해 봐야 할 인공지능 UX 이슈

대표적인 SF 영화를 통해 AI가 우리에게 가져올 진화된 UX에 대한 3가지 전망에 대해 살펴보았습니다. 이제, 예상되는 AI의 편익은 극대화하되 위협적인 면을 줄여 나가는 노력이 필요합니다.

AI가 제공하는 가장 큰 편익은 자동화를 통해 사용자가 귀찮거나 어려워하는 일을 쉽게 처리해 주는 것입니다. 이러한 편익을 극대화하려면 사용자 개개

---

75. 빅인터뷰(Big Interview) 공식 홈페이지 중 「Interview Simulator」, biginterview.com/practice

인에게 맞춤화된 경험을 제공하는 것이 필요합니다. AI를 통해 고도로 개인화된 경험을 제공하려면 결국 사용자 일상의 다양한 데이터를 AI가 학습하는 것이 전제됩니다. 의식주, 일과 학업, 건강과 의료, 여가와 휴식, 이동 등 일상과 연관된 다양한 카테고리의 데이터를 얼마만큼 모아 서로 연결할 수 있느냐에 따라 사용자에게 제공할 수 있는 편익의 크기가 결정됩니다.

그렇지만 단순히 데이터를 많이 모은다고 사용자에게 편익을 제공할 수 있는 건 아닙니다. 가치와 경험을 선제적으로 정의한 후에 필요한 데이터가 무엇인지 파악하는 것이 필요합니다. 이를 위해 일상에서 아직 충족되지 않았거나 잠재된 사용자의 니즈를 발굴해야 합니다. 그리고 AI를 통해 어떻게 개인화된 경험을 제공할 수 있을지에 대해 구체화한 시나리오를 정의하고 이에 필요한 데이터들을 모아 나가는 중장기적인 전략을 세워야 합니다.

더 나아가 파편화된 데이터를 어떻게 통합하여 시너지 높은 경험을 제공할지에 대해 고민해야 합니다. AI가 일상 데이터를 단편적으로 학습하도록 하는 것보다 다양한 카테고리의 일상 데이터를 복합적으로 엮어서 학습하게 하면 사용자에게 더 높은 편익을 제공할 수 있기 때문입니다. 예를 들면 효과적인 의료 서비스를 제공하려면 단순히 의료 데이터뿐만 아니라 식습관이나 평소 운동 루틴, 일이나 학업에 투입하는 시간 등에 대한 데이터까지 통합하여 학습시켜야 합니다.

반면에 AI의 가장 큰 위협적인 면은 더 높은 자율성으로 강인공지능에 가깝게 진화된 AI의 윤리성 및 통제권의 결여입니다. 만약 자아를 가진 것같이 자율성이 높은 AI가 예상하지 못한 부정적 시나리오로 행동하게 된다면 사용자에게 피해를 줄 수 있습니다. 그렇지만 AI가 사전에 정해진 규칙대로만 행동한다면 다양한 사용 맥락과 개개인별로 다른 특성에 최적화된 맞춤형 경험을 제공하기에는 어려움이 있습니다. 즉 AI가 어느 정도의 자율성을 지니고 유연하게 행동할 수 있는 것은 고도화된 개인화 경험을 제공하려는 하나의 진화 방향입니다. 그러므로 단순히 AI의 자율성을 부정하기보다는 강점은 활용하되 위험이 되는 부분은 사전에 감지해 방지하고 최소화하는 방향으로 디자인하는 것이 필요합니다.

AI 윤리에 대한 대응은 아이작 아시모프(Isaac Asimov)가 자신의 작품에서 제시한 로봇 공학의 3원칙(Three laws of robotics)으로 힌트를 얻을 수 있습니다. 이 원칙에 따르면 로봇은 인간에게 해를 입혀서는 안 되며 인간의 명령에 복종해야 합니다.[76] 그렇지만 이러한 단순한 원칙만으로 사용자가 AI와 상호 작용할 수 있는 모든 사용 맥락과 리스크를 방지할 수 있는 건 아닙니다. 개인의 자유를 기반으로 한 인간 사회도 구체적인 법과 사회적 규칙이 존재하듯이 사용자에게 위협이 될 수 있는 시나리오에 대해서는 자율성을 지닌 AI가 강제적으로 지킬 수 있도록 디자인해야 합니다. 이를 위해 AI가 지켜야 할 전반적인 윤리 원칙을 규정하되 비서 AI, 감성 AI, 자동화 시스템 등 프로덕트 타입에 따라 발생할 수 있는 리스크들을 사전에 정의하고 이를 방지할 수 있는 시나리오를 준비해야 합니다.

AI 윤리성에 대한 시나리오에도 불구하고 예상치 못한 상황에 대응하려면 AI에 대한 통제권을 어떻게 디자인할 것인가에 대한 고민도 필요합니다. 이에 앞서 자율성을 지닌 AI에 문제가 발생하기 이전에 사용자가 알아차릴 수 있도록 투명성을 가지도록 디자인해야 합니다. 예를 들면 채용이나 승진을 심사하는 AI가 특정 사용자 그룹에 피해를 주지 않으려면 어떤 알고리즘을 가지고 판단하는지 투명성을 확보하는 것이 필요합니다. 그런데도 자율성을 지닌 AI에 문제가 발생한다면 사용자에게 통제권을 제공하는 것이 필요합니다. 이와 관련하여 알파고를 만든 구글 딥마인드팀은 AI 기능을 중간에 정지시킬 수 있는 빅 레드 버튼(big red button)을 개발 중이라는 것은 잘 알려져 있습니다. 자율성을 지닌 AI에 예상치 못한 이상 상황이 발생했을 때 사용자에게 피드백을 제공하고 효과적으로 AI를 제어할 통제권을 제공할 수 있도록 디자인하는 것이 필요합니다

그렇다면 미래는 예측하는 것일까요, 아니면 준비하는 것일까요? 앞서 SF 영화를 통해 변화될 미래의 한 페이지를 전망해 보았습니다. 그렇지만 SF 영화 분석을 통해 그려진 미래에 대한 전망은 당연히 모두 실현되지는 않습니다.

---

76. 『I, robot』, (Isaac Asimov, 1950)

미래는 예측하는 것이 아니라 준비하는 것이라는 말도 있듯이 비판적인 사고를 기반으로 기술적 실현 가능성이 있으면서 사용자에게 높은 가치를 제공하는 미래 모습들을 선별해 미리 준비하는 지혜가 필요합니다.

미래의 사용자 경험에 대한 가장 큰 변화의 동인은 사용자 니즈의 진화와 AI와 같은 발전된 기술에 의한 영향일 것입니다. 기술은 사용자의 니즈를 충족하고자 발전되고 다시 발전된 기술에 의해 사용자 니즈는 진화됩니다. 진화하는 사용자 니즈와 AI 기술의 발전에 대한 전망을 기반으로 미래를 읽어내고 이와 더불어 더 나은 사용자 니즈와 사회적 가치를 위해 고민하여 미래를 준비해 나가는 것이 필요합니다.

> ☑ **로봇 공학의 3원칙**(Three laws of robotics)
>
> 아이작 아시모프가 자신의 SF 소설인 『아이, 로봇』에서 처음 언급한 로봇 공학의 규범적 원칙입니다.
>
> 제1원칙: 로봇은 인간에게 해를 입혀서는 안 되며 인간이 해를 입는 상황에서 방관해서도 안 된다.
>
> 제2원칙: 제1원칙에 위배되지 않은 한 로봇은 인간의 명령에 복종해야 한다.
>
> 제3원칙: 제1원칙과 제2원칙에 위배되지 않은 한 로봇은 자신의 존재를 보호해야 한다.
>
> ☑ **강인공지능**(strong AI)
>
> 인공지능은 활용 목적과 기술의 발전 정도에 따라 약인공지능(weak AI)과 강인공지능(strong AI)으로 구분됩니다. 약인공지능은 특정한 분야에서 한정적으로 수행하고자 만들어졌습니다. 약인공지능은 인간의 의도에 따라 수행하며 현재의 대부분의 인공지능은 약인공지능에 해당합니다. 반면에 강인공지능(strong AI)은 특정 문제뿐 아니라 모든 상황에 대해 스스로 행동과 학습이 가능한 인간과 동일한 수준의 지능을 지닌 인공지능입니다. 현재의 인공지능은 아직 강인공지능의 수준에 다다르지 못했습니다.

3부

더 나은 경험을 위한 UX 리서치

인공지능 시대에서 사용자의 생생한 니즈를 파악할 수 있는 UX 리서치는 이제는 선택이 아닌 필수가 되어 가고 있습니다. 불확실성이 높은 인공지능 시대의 시장 환경에서 UX 리서치는 나침반과 같은 역할을 합니다.

그렇다면 UX 리서치는 어떻게 수행될까요? 연구자에 의해 사용자의 행동을 관찰하거나 사용자에게 생각을 물어보기도 합니다. 또한 사용자들에게 직접 행동과 생각을 기록하도록 해 생생한 사용자 데이터를 수집합니다. 즉 기본적으로는 관찰, 인터뷰 그리고 자가 기록하는 방식을 기반으로 다양한 사용자 조사 방법이 파생됩니다. 더 나아가 사용성 평가나 수용도 조사와 같이 좀 더 프로덕트 평가에 초점이 맞춰진 조사 방법도 있습니다.

3부에서는 UX 리서치와 데이터 분석을 통해 사용자의 니즈를 읽고 더 나은 프로덕트를 구축해 나가는 과정에 대해 알아보겠습니다. UX 리서치 및 데이터 분석 방법론인 사용성 평가, 수용도 조사, 설문 조사, 디지털 에스노그래피에 대해 살펴보고 여기에 AI를 활용하는 방법까지 확인해 봅니다.

18 사용자 조사는 어떻게 써야 할까?

사용자 중심 디자인(User-Centered Design, UCD)은 사용자를 이해하고 공감하는 데에서 시작됩니다. UCD 관점에서는 프로덕트에 사용자 니즈가 잘 반영되었는지가 가장 중요합니다. 그렇다면 UCD를 위해 가장 효과적인 방법은 무엇일까요? 바로 사용자 조사(user research)입니다. 사용자 조사는 프로덕트의 타깃 고객에게서 살아 있는 생생한 데이터를 수집하고 분석해 인사이트를 발굴하는 일련의 과정입니다. 이를 통해 단순히 개인의 주관이나 직관에 의지하지 않고 객관적인 관점에서 합리적인 의사 결정을 할 수 있게 됩니다.

특히 인공지능 시대가 도래하여 시장의 불확실성은 점차 높아지고 있기에 사용자의 생생한 니즈를 파악할 수 있는 사용자 조사는 선택이 아닌 필수가 되었습니다. AI로 충족시킬 수 있는 미지의 사용자 니즈를 선제적으로 발굴하고 AI로 인해 야기되는 변화에 대해 수용성을 검증 및 개선해야 합니다.

여기에서는 사용자 조사의 필요성에 대해 먼저 살펴보고 다양한 사용자 조사 방법에 대해 확인해 보도록 하겠습니다. 더 나아가 연구 목적에 따라 적합한 사용자 조사 방법을 선정하는 방법에 대해서도 알아보도록 하겠습니다.

18.1 사용자 조사는 꼭 필요할까?

생성형 AI의 등장과 같은 디지털 기술의 급격한 발전, 가속화되어 가는 경쟁 환경, 온라인에 넘쳐나는 정보들 그리고 더욱 세분되어 가는 사용자의 니즈. 이 모든 것이 시장의 불확실성을 더욱 가중합니다. 마치 드넓은 바다에서 미지의 항해에 길라잡이가 필요한 상황인 것 같습니다. 이때 사용자 조사는 나침반과 같은 역할을 합니다.

그렇다면 AI 프로덕트를 기획하고 출시하기 전에 사용자 조사는 꼭 필요할까요? 이에 대해 첨예하게 대립하는 두 가지 의견이 존재합니다. 바로 사용자 니즈를 만들어 내야 하는가, 아니면 사용자 니즈를 읽어내야 하는가 하는 것입니다. 이 두 가지 의견에 대한 다양한 사례를 통해 사용자 조사의 필요성에 대해 살펴보도록 하겠습니다.

18.1.1 사용자 니즈는 만들어 내야 한다

'고객은 그들이 무엇을 진정으로 원하는지 모른다.' 스티브 잡스의 자서전을 통해 이미 널리 알려진 말입니다. 이러한 스티브 잡스의 신념에 따라 시장을 선도하고 있는 애플은 사용자 조사에 의존하지 않는다고 합니다.

자동차왕으로 불리는 헨리 포드(Henry Ford)는 '만약 고객에게 무엇을 원하는지 물었다면 그들은 조금 더 빠른 말과 마차라고 답했을 것이다.'라고 말했습니다. 대다수의 사용자가 현 시장에서의 경험만을 토대로 원하는 바를 표현한다는 것입니다. 헨리 포드가 말한 것처럼 그 시점에서는 말보다 더 편리한 승차감과 더 빠른 이동성을 제공하는 자동차라는 미래 시장의 기술을 사용자가 예견하기는 어려웠을 것입니다.

이러한 관점에서 소니의 CEO였던 모리타 아키오(Morita Akio)는 사용자들에게 무엇을 원하는지 묻기보다는 스스로 새로운 프로덕트를 만들어 시장을 창조하고 이를 대중에게 교육하고 소통하는 시장을 선도하는 자세가 중요하다고 강조했습니다. 이러한 철학은 전에 없던 혁신적인 프로덕트이자 공전의 히트 상품이 된 워크맨(Walkman)을 탄생하게 합니다.

[그림 18-1] 전에 없던 혁신적인 경험을 제공한 워크맨[77]

여러 기업가와 사례를 통해 프로덕트 기획 초기 단계에서 전에 없던 혁신적인 프로덕트를 발굴하는 데 사용자 조사가 지닌 태생적인 한계점이 있다는 것을 이해했습니다. 그렇다면 프로덕트 출시 전에는 사용자 조사가 꼭 필요할까요? 이에 대한 대표적인 실패 사례로 코카콜라 뉴코크를 들 수 있습니다. 1980년대 콜라 전쟁이 치열하던 시점에 신상품을 개발 중이던 코카콜라 뉴코크는 블라인드 테스트에서 코카콜라와 펩시콜라를 압도하는 조사 결과를 보였습니다. 그러나 이러한 프로덕트 출시 전의 고무적인 조사 결과에도 불구하고 1985년 제품이 시장에 출시된 직후에 바로 고객들에게 외면받습니다. 이뿐만 아니라 기존 코카콜라가 단종된다는 소식에 고객들의 강한 항의와 함께 코카콜라 사재기 현상도 나타납니다. 결국 코카콜라 뉴코크는 1992년에는 단종되는 것으로 일단락되었습니다.

그렇다면 앞서 살펴본 사례와 같이 프로덕트 출시 전에 사용자 조사가 유효하지 않은 이유는 무엇일까요? 첫 번째로 프로덕트 출시 전 사용자 조사에 활용

---

77. 소니 공식 홈페이지 중 「소니 WALKMAN」, sony.co.kr/electronics/walkman-revolutionized-listen-to-music-on-the-go

되는 평가물이 완전하지 않을 수 있다는 것입니다. 프로덕트 출시 전에는 실제 프로덕트가 아닌 프로토타입(prototype)을 이용해 사용자 조사를 수행합니다. 모든 콘셉트를 실제 프로덕트 수준으로 개발하고 평가하기에는 비용이나 시간과 같은 리소스가 많이 소요되어 대안적으로 프로토타입을 구현한 후 사용자에게 평가를 받습니다. 이때 프로토타입은 실제 구현될 프로덕트와 완성도 측면에서 차이가 있을 수밖에 없습니다. 이뿐만 아니라 양산 단계를 거치며 개발 이슈나 현실성 등을 고려하다 보면 초기의 이상적인 면은 퇴색하고 전혀 다른 형태의 프로덕트가 출시되기도 합니다.

두 번째로 사용자 조사는 프로덕트 출시 후 실제 사용자가 직간접적으로 인식하는 경험을 총체적으로 대변하기 어렵다는 한계를 지닙니다. 예를 들면 코카콜라 뉴코크 사례와 같이 단지 내용물인 콜라의 맛만으로 시장에서의 성공 여부를 가늠하는 경우가 있습니다. 그러나 이러한 조사 방식은 포장이나 브랜드와 같은 시각적이거나 심리적인 요인에 대해서는 고려하지 못합니다. 이러한 한계점은 디지털 프로덕트를 대상으로 한 사용자 조사에서도 동일하게 나타날 수 있습니다. 또한 SNS를 통한 입소문처럼 예측하기 어려운 사회적인 요인도 영향을 끼칠 수 있습니다.

세 번째로 적합한 조사 방법을 선정하지 못했다거나 올바르게 조사를 수행하지 않았다면 예측력 낮은 결과가 도출될 수 있습니다. 예를 들면 새로운 프로덕트의 기회 영역이나 잠재된 니즈를 발굴할 때 일반 사용자를 대상으로 인터뷰를 진행하면 뻔히 아는 내용만 언급될 수 있습니다. 이보다는 초기 수용자나 특이한 사용을 하는 사용자를 대상으로 인터뷰하거나 실제 사용 환경을 찾아가 행동을 관찰하는 것이 인사이트를 발굴하는 데 더 효과적입니다. 또한 단순히 인터뷰나 설문지를 통해 사용자의 주관적인 평가 결과를 받는 것뿐만 아니라 좀 더 신뢰성 있는 결과가 나오도록 반응 시간이나 시선 추적과 같은 객관적인 평가를 함께 측정하고 분석하는 것이 필요합니다.

18.1.2 사용자 니즈는 읽어내야 한다

그렇다면 사용자 조사는 필요하지 않은 걸까요? 당연히 아닙니다. 스티브 잡스처럼 모두가 뛰어난 직관력이나 통찰력을 가지고 있는 것은 아닙니다. 사용자 조사의 필요성에 대한 증거는 아쉽게도 사용자 니즈를 읽어내지 못해 시장에서 실패한 다양한 사례에서 손쉽게 찾아볼 수 있습니다.

[그림 18-2]는 미국 벤처캐피털 전문 조사 기관인 CB 인사이트(CB insight)가 2019년에 미국 101개 스타트업의 실패 원인을 분석한 결과입니다. 주요 실패 원인은 시장 니즈 없음, 사용자 비우호적인 프로덕트, 사용자의 소리 무시입니다.[78] 아마 사용자 조사를 통해 사용자의 니즈를 읽어내지 않고 몇몇 개인의 직관에 의지했을 것입니다. 결국은 스티브 잡스와 같이 사용자의 새로운 니즈를 만들어 내지 못했을 뿐만 아니라 현재 시장의 니즈에도 도달하지 못해 몰락을 맛보게 됩니다.

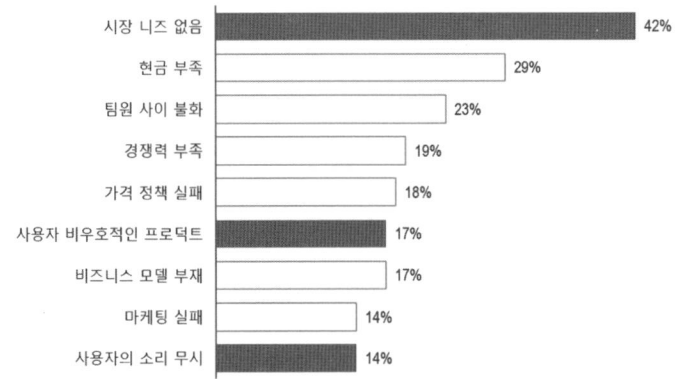

[그림 18-2] 스타트업이 실패하는 20가지 이유

이러한 사용자 니즈를 읽지 못해 실패한 사례는 혁신적인 기술로 시장에서의 높은 기대를 받았던 프로덕트들에서도 찾아볼 수 있습니다. 대표적인 사례로

---

78. 「The Top 20 Reasons Startups Fail」, (CB Insight, 2019)

[그림 18-3]의 국경 없는 이동 전화로 잘 알려진 이리듐(Iridium)을 들 수 있습니다. 이리듐은 인공위성 기술을 이용해 해외 출장이 잦은 비즈니스맨이나 오지 탐험가를 대상으로 1998년 5월에 출시한 프로덕트로 결국 2만 명의 가입자에 불과해 2000년 사업을 중단하는 것으로 일단락되었습니다. 그 이유는 도심에서 통화가 불가능한 통화 품질과 비싼 서비스 이용 요금 때문입니다. 혁신적인 기술만 믿고 프로덕트 기획 단계에서 이동 전화라는 카테고리에서 사용자가 진정으로 원하는 것을 이해하지 못해 시장에서 실패를 맛봤습니다. 또 다른 사례로 세계 최초로 MP3 기술을 개발한 엠피맨(Mpman)을 들 수 있습니다. 엠피맨은 혁신적인 MP3 기술로 시장을 선도했지만 변화하는 시장과 사용자 니즈를 꾸준히 읽어내지 않고 이와는 무관한 과도한 기술 개발에만 투자해 사용자에게 외면을 받고 결국은 시장에서 사라져 버렸습니다.

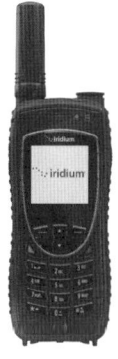

[그림 18-3] 혁신적인 인공위성 기술을 이용한 이동 전화 이리듐[79]

사용자 조사의 필요성에 대한 증거는 여러 사례뿐만 아니라 선행 연구 결과에서도 찾아볼 수 있습니다. 불확실성이 높은 시장에서 효과적인 신상품 전략에 대한 연구 결과에 따르면 사용자 조사를 진행하는 것과 같은 사용자 지향성은 혁신적인 프로덕트의 상업적인 성공에 긍정적인 영향을 미쳤습니

---

79. 아마존 공식 웹 페이지 중 「Iridium 9575 Extreme Satellite Phone with Prepaid Sim」, amazon.com/Iridium-Extreme-Satellite-Prepaid-Minutes/dp/B07BTJBHVL

다.[80] 특히 사용자 조사의 중요성은 기술이 성숙해지는 시점에서 더욱 중요해집니다. 도널드 노먼이 제안한 기술의 욕구-만족 곡선에 따르면 기술이 성숙함에 따라 기술 중심적 발전에서 사용자 중심적 발전으로 중요성이 전환됩니다.[81] AI 기술이 성숙하는 단계에서는 사용자 중심적 접근을 통해 만족도를 올려주는 것이 시장에서의 성공에 효과적임을 의미합니다.

18.1.3 사용자 니즈는 만들어 내야 할까, 아니면 읽어내야 할까?

사용자 니즈에 관한 문제는 단순히 사용자 조사가 필요하다고 혹은 필요하지 않다고 하는 이분법적인 접근으로는 해결할 수 없습니다. 사용자 조사의 효과는 그 활용 맥락에 따라 다르게 작용할 수 있기 때문입니다. 그러므로 현실적인 제약 사항하에서 최대의 효과를 낳을 수 있도록 사용자 조사를 어떻게 활용할 것인지 질문해야 합니다.

첫 번째 활용 맥락으로, 개발하고자 하는 프로덕트의 혁신 유형입니다. 만약 개발하는 프로덕트의 목적이 기존 프로덕트의 개선을 추구하는 것이라면 사용자 조사에 의존해 사용자의 니즈를 읽는 것이 효과적입니다.[82] 반면에 기존에 없던 혁신적인 프로덕트를 기획하는 것이라면 내부의 직관과 통찰을 기반으로 사용자의 니즈를 만들어 내는 것이 더 효과적일 수 있습니다.

두 번째 활용 맥락으로, 프로덕트 개발 단계에 따라 사용자 조사의 효과가 다르게 작용할 수 있습니다. 프로덕트 기획 초기 단계에서는 내부의 직관과 통찰에 기반해 아이디어를 모색하는 것이 효과적입니다. 반면에 프로덕트 출시가 가까워지는 시점에서는 직관이 아닌 사용자 조사를 통한 객관성으로 수용성을 검증하는 것이 필요합니다. 시장에서 사용자의 피드백은 프로덕트 개발 초기보다는 개발이 완료되어 가는 시점에서 더욱 중요하고 효과적입니다.

---

80. 「Strategic orientation of the firm and new product performance」, (Gatignon, H., Xuereb, J. M., 1997)
81. 「The invisible computer: why good products can fail, the personal computer is so complex, and information appliances are the solution」, (Norman, D. A., 1998)
82. 「Marketing of High-technology Products and Innovations」, (Mohr, 2005)

혁신적인 프로덕트를 개발한 스티브 잡스의 통찰력은 어느 날 갑자기 떠오른 직관일까요? 아마도 아닐 것입니다. 관련된 보고서 혹은 사용자의 행동을 직접 관찰했던 경험과 고민, 그리고 사용자에 대한 깊은 이해를 제공하는 인문학적인 지식이 모여 사용자가 진정 원하는 것이 무엇인가에 대한 적합도 높은 가설이 세워졌을 것입니다. 이러한 것들은 모두 직간접적인 사용자 조사 결과이며, 디자이너만의 각기 다른 해석과 결론에 의해 도출됩니다.

빠르게 변화하는 AI 시대에서 점점 더 까다로워지고 세분되는 사용자 니즈와 취향에 대한 데이터를 분석해 프로덕트에 녹여내는 전략의 중요성은 점점 더 강조되고 있습니다. 왜냐하면 단순히 개인의 주관이나 직관에 의지하지 않고 사용자 관점에서의 합리적인 의사 결정을 지원해줄 수 있기 때문입니다. 이뿐만 아니라 가속화되는 경쟁 환경에서 R&D 및 마케팅 비용의 증가로 인해 신상품 실패 시 기업이 부담해야 하는 리스크는 날이 갈수록 커지고 있습니다. 이러한 실패 확률을 최소화할 수 있는 사용자 조사는 이제는 선택이 아닌 필수가 되어 가고 있습니다.

18.2 사용자 조사의 종류

그렇다면 사용자 조사는 어떻게 수행될까요? 연구자가 사용자의 행동을 관찰하거나 사용자에게 생각을 물어보기도 합니다. 또한 사용자들에게 직접 행동과 생각을 기록하도록 해 생생한 사용자 데이터를 수집합니다. 즉 기본적으로는 관찰, 인터뷰 그리고 자가 기록하는 방식을 기반으로 다양한 사용자 조사 방법이 파생됩니다. 더 나아가 사용성 평가나 수용도 조사와 같이 프로덕트 평가에 초점이 맞춰진 조사 방법도 있습니다.

관찰 기반의 사용자 조사 방법은 일상생활이나 특정 과제를 수행하는 사용자의 행동을 관찰하고 기록하는 기법입니다. 주로 관찰자에 의해 사용자의 행동을 관찰지로 기록하지만 다음처럼 특수한 장비를 통해 연구자의 눈으로 보이지 않는 시선, 뇌파나 표정과 같은 생리적 신호를 측정하기도 합니다.

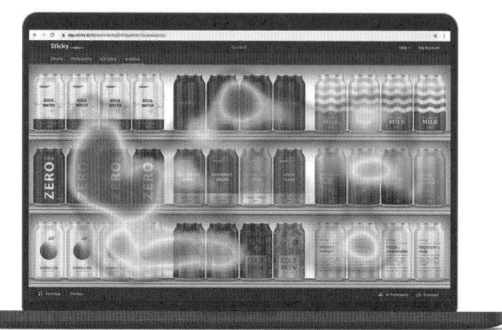

[그림 18-4] 시선을 추적하는 아이트래커[83]

대표적으로 에스노그래피(ethnography)는 인류학에서 먼저 시작된 방법론으로 연구자가 꾸미지 않은 본래의 환경에 관찰자로 들어가서 사용자들을 관찰하는 방법입니다. 또 다른 관찰 기법으로 동행 관찰(shadowing)은 특정 사용자 일상에 관찰자가 동행해 어떻게 생활하는지 긴밀히 관찰하는 방법입니다. 관찰 기법은 사용자의 실제 행동을 기록하여 언어를 통해 표현하지 못하는 니즈를 캐치할 수 있다는 장점이 있습니다. 반면에 관찰된 행동에 대한 이유는 알기 어렵다는 한계점도 지닙니다.

인터뷰 기반의 사용자 조사 방법은 주로 구조화된 질문 리스트들을 기반으로 사용자에게 물어보고 그 답변을 기록하는 기법입니다. 주로 회의실에 개인이나 그룹 단위의 사용자를 모집해 진행자가 인터뷰를 진행합니다. 1:1 심층 면접(1:1 In-depth interview)은 한 명의 사용자를 회의실로 초청해 심층적으로 인터뷰하는 반면에 표적 집단 면접법(Focus Group Interview, FGI)은 여러 명의 사용자를 한 번에 모집해 좌담회 형식으로 인터뷰를 진행합니다. 또한 직접 사용자가 있는 현장으로 찾아가 인터뷰를 진행하기도 합니다. 대표적으로 맥락적 질의(contextual inquiry)는 현장으로 찾아가 일상에서 수행하는 작업을 보면서 인터뷰를 진행합니다. 인터뷰 기법은 사용자들에게서 개인적인 경험이나 생각, 감

---

83. 토비테크놀로지(Tobii) 공식 홈페이지 중 「Software」, tobii.com/products/software

정 등에 대해 직접적인 설명을 듣는 가장 기초적이며 널리 사용되는 조사 방법입니다. 반면에 사용자가 자기 생각이나 느낌을 언어를 통해 충분히 표현하지 못하거나 조사라는 상황으로 인해 자신의 의견이 왜곡되거나 솔직하지 않게 말할 수 있다는 한계점을 지니기도 합니다.

자가 기록 기반의 사용자 조사 방법은 사용자에게 직접 정보를 기재하도록 합니다. 온라인 설문 조사(online survey)는 체계적으로 설계된 설문지를 온라인으로 링크를 보내 정보를 수집하는 방법입니다. 반면에 갱서베이(gang survey)는 큰 회의실에 다수의 사용자를 한 번에 모아 설문 조사를 진행합니다. 사용자 일기(user diary) 연구에서는 일기장에 프로덕트 사용 경험에 대한 생각과 느낌을 기록하도록 합니다. 자가 기록 기반의 사용자 조사는 짧은 시간 내에 저비용으로 대규모의 사용자 데이터를 수집할 수 있다는 장점이 있습니다. 반면에 진행자가 중간에 개입할 수 없어 심층적인 데이터를 얻는 데는 한계점이 있을 수 있습니다.

평가 기반의 사용자 조사는 프로덕트를 사용한 후 평가하도록 합니다. 대표적으로 사용성 평가(usability test)는 사용자에게 실제 프로덕트를 대상으로 과제를 수행하게 해 사용성에 대한 경험적 증거를 얻는 방법입니다. 반면에 수용도 조사(acceptance test)는 선행 콘셉트를 설명하거나 프로토타입을 사용해 보도록 한 후에 사용자의 수용성을 검증하는 방법입니다. 이 외에 A/R 테스트는 2개의 UI 시안을 온라인으로 게시해 실제 사용자가 사용한 데이터를 통해 사용성을 비교하는 방법입니다. 실험(experiment)은 통제된 실험 조건에서 집단 간의 차이나 변수 간의 관계를 검증하는 방법입니다.

평가 기반의 사용자 조사는 주로 경쟁 비교를 통해 진행됩니다. 동일한 기능에 대해 2개 이상의 UI 안을 제시하여 최적의 안을 선정합니다. 이때 평가 대상은 프로덕트의 개발 주기에 따라 완성품이 아닌 프로토타입을 대상으로 하기도 합니다. 사용성 평가나 실험과 같이 통제된 조건에서 평가된 결과물은 프로덕트에 반영할 수 있는 실증적인 데이터를 제공한다는 강점을 지니지만 반면에 실제 사용 맥락을 반영하지 못한다는 한계점도 동시에 지닙니다.

18.3 사용자 조사의 분류와 활용

앞서 살펴본 사용자 조사들은 다양한 관점으로 분류할 수 있습니다. 활용 시점, 데이터 관점, 맥락 관점으로 사용자 조사를 분류해 보고 연구 목적에 따라 어떻게 사용자 조사 방식을 결정하는지에 대해 살펴보도록 하겠습니다. 사용자 조사는 다음과 같이 구분할 수 있습니다.

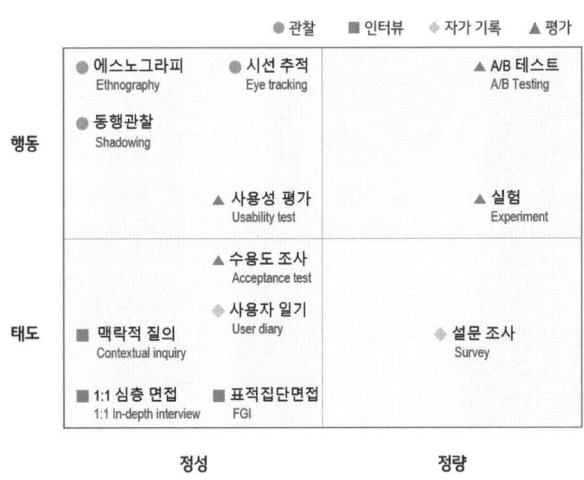

[그림 18-5] 데이터 속성과 사용자 조사

사용자 데이터는 행동 데이터와 태도 데이터로 구분됩니다. 행동 데이터는 사용자가 프로덕트를 어떻게 사용하고 있는가와 연관됩니다. 반면에 태도 데이터는 사용자가 프로덕트를 어떻게 생각하는가와 연관됩니다. 만약 사용자가 우리 프로덕트를 어떻게 사용하고 있는지를 알고 싶다면 동행 관찰, 시선 추적과 같은 관찰 기법이나 사용성 평가와 같은 사용자 조사 방법을 활용할 수 있습니다. 반면에 사용자가 우리 프로덕트를 어떻게 생각하고 있는지를 알고 싶다면 1:1 심층 면접, 맥락적 질의와 같은 인터뷰나 설문 조사, 사용자 일기와 같은 자가 기록 기반의 조사 방법을 활용하는 것이 효과적입니다.

다음으로 사용자 데이터는 정성 데이터와 정량 데이터로 구분됩니다. 주로 사용자 연구를 하려면 정성 데이터를 통해 사용자가 무엇을 원하는지에 대한 가설을 설정하고 이를 정량 데이터를 통해 검증합니다. 사용자가 무엇을 원하는지를 파악하기 위해서는 관찰 기법이나 인터뷰 기반의 사용자 조사 방법을 활용해 정성 데이터를 수집합니다. 반면에 프로덕트가 경쟁사나 이전 버전 대비 얼마나 더 만족하는지 검증하려면 평가나 자가 기록 기반의 조사 방법을 활용해 정량 데이터를 수집하고 분석합니다.

개발 프로세스의 시점에 따라 적합한 사용자 조사 방법을 선정하여 활용할 수도 있습니다. 다음과 같이 사용자 조사가 요구되는 시점은 크게 기획 초기 단계, 콘셉트 검증 단계 그리고 출시 후 프로덕트 개선 단계로 구분됩니다.

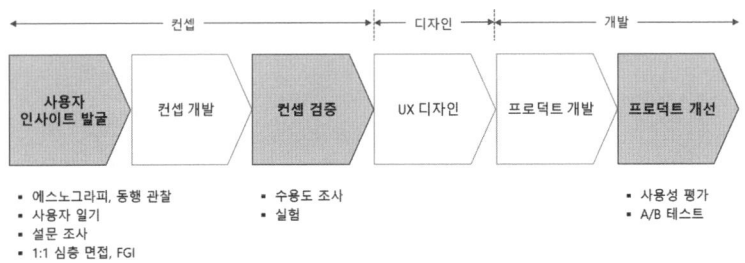

[그림 18-6] 프로덕트 개발 프로세스와 사용자 조사

먼저 기획 초기 단계에서는 사용자 인사이트를 발굴하는 데 사용자 조사 방법이 활용될 수 있습니다. 주로 에스노그래피, 동행 관찰, 1:1 심층 면접법, 사용자 일기 등과 같이 정성 데이터를 수집할 수 있는 사용자 조사 기법이 활용됩니다. 앞서 발굴된 사용자 인사이트를 기반으로 콘셉트를 개발하며 이렇게 도출된 콘셉트는 검증이 필요하게 됩니다. 이 단계에서는 수용도 조사나 실험과 같은 평가 기반의 사용자 조사 방법을 활용하여 검증하게 됩니다. 이렇게 사용자에게서 긍정적인 반응이 있는 콘셉트는 UX 디자인 그리고 개발 단계를 거쳐 최종적으로 프로덕트로 출시됩니다. 이후에 사용성 평가나 A/B 테스트를 활용해 지속해서 검증과 개선 단계를 거치며 더 나은 프로덕트로 거듭나게 됩니다.

사용자 조사 방법은 연구가 진행되는 맥락에 따라 현장 연구와 실험실 연구로 구분됩니다. 현장에서 수행되는 사용자 조사는 통제되지 않은 실제의 사용 환경에서 진행됩니다. 대표적으로 에스노그래피, 동행 관찰, 맥락적 질의 그리고 A/B 테스트를 들 수 있습니다. 이러한 현장 기반의 사용자 조사로 도출된 결과물은 실제 환경에서의 다양한 맥락 정보를 반영하기에 현실성이 높습니다. 그렇지만 연구 질문에 맞추어 사용 환경이나 변수들을 통제하거나 조작할 수 없어 도출된 결과를 다른 사용 환경에 일반화하거나 변수 간의 연관성을 검증하기에는 한계가 있습니다.

반면에 실험실에서 수행되는 사용자 조사는 연구 목적에 따라 통제된 실험 환경에서 진행됩니다. 대표적으로 실험, 사용성 테스트, 1:1 심층 면접법, FGI를 들 수 있습니다. 이러한 실험실 기반의 사용자 조사 방법을 통해 도출된 결과물은 사전에 정의된 연구 질문에 대한 사용자의 반응을 파악할 수 있어 프로덕트에 반영하기에 유용합니다. 그렇지만 많은 요소가 통제된 환경에서 진행되어 실제의 다양한 사용 맥락을 반영하는 데는 한계가 있습니다.

18.4 사용자 조사의 신뢰성을 높이는 방법

앞서 살펴본 바와 같이 아쉽게도 만능인 사용자 조사 방법은 없습니다. 왜냐하면 모든 사용자 조사 방법에는 강점이 있는 반면에 한계점도 함께 존재하기 때문입니다. 그렇다면 이러한 사용자 조사 방법들을 어떻게 효과적으로 활용할 수 있을까요? 바로 사용자 조사 방법들을 상호 보완적으로 활용하는 혼합 연구 방법(mixed method)을 활용할 수 있습니다.

혼합 연구 방법은 정량 조사와 정성 조사를 함께 사용하는 것입니다. 정량 조사는 사용자의 행동과 태도에 대해 정량적으로 평가해 그 경쟁 수준을 알게 해주지만 그러한 결과에 대한 원인은 알려주지 못합니다. 그러므로 정성 조사를 병행해 그 결과에 대한 원인을 파악할 수 있습니다. 예를 들면 우리 프로덕트의 사용성이 경쟁 프로덕트보다 더 불편하다는 정량 데이터를 발견했다면 어떤 부분에서 불편함을 겪었는지 파악할 수 있는 정성 데이터를 함께 수집합니다. 이러한 혼합 연구 방법의 적용을 통해 정량 데이터와 정성 데이터를 함께 분석한다면 개선 활동의 필요성에 대한 설득력과 무엇을 어떻게 개선해야 하는지에 대한 인사이트를 함께 도출할 수 있습니다. 이처럼 효과적인 분석을 위해 사용성 평가나 수용도 조사에서는 정량적인 설문지와 정성적인 인터뷰 및 관찰 기법을 함께 활용합니다.

정량 조사와 정성 조사를 함께 쓰는 혼합 연구 방법과 유사한 개념으로 삼각법(triangulation)이 있습니다. 한 가지 사용자 조사 방법으로만 데이터를 수집했을 때 발생할 수 있는 논쟁은 그 데이터를 얼마나 신뢰할 수 있느냐의 문제입니다. 사용자는 완벽하지 않은 인간이라 그들에게서 수집되는 데이터도 완벽하지 않을 수 있습니다. 이러한 문제를 줄여주기 위해 연구 질문에 대해 다양한 각도로 증거를 수집할 수 있도록 다수의 조사 방법을 함께 활용해 데이터의 신뢰성을 높여주는 방법을 삼각법이라고 합니다.

가장 일반적인 삼각법은 설문지나 인터뷰와 같이 사용자가 직접 보고하는 주관적인 데이터 수집 방법에 관찰자에 의해 객관적으로 데이터를 수집하는 관찰 기법을 결합해서 사용하는 것입니다. 앞서 살펴본 것과 같이 자기 보고 형태의 사용자 조사 방법은 사회적 규범이나 연구자의 기대에 부응하고자 거짓되거나 왜곡된 사용자 데이터가 수집될 수도 있습니다. 이때 관찰 기법으로 제삼자인 관찰자가 사용자의 행동을 객관적으로 수집하고 분석하여 인터뷰나 설문 결과와 반대되는 데이터가 있는지 그 결과를 검증해볼 수 있습니다. 즉 사용자의 언행이 일치하는지 확인 과정을 통해 더욱 신뢰성 높은 데이터를 확보할 수 있습니다.

이 외에도 뇌파, 시선 및 동공 크기, 표정, 심장 박동수 등과 같은 생체 신호 측정으로 데이터의 신뢰성을 높일 수 있습니다. 그렇지만 이러한 정교한 사용자 조사 방법은 높은 비용과 긴 조사 일정을 요구합니다. 그러므로 프로덕트의 변경점으로 인해 리스크가 큰 경우처럼 이해관계자와의 논의에 설득력 높은 데이터가 필요한 경우에만 한정적으로 활용합니다.

18.5 사용자 대상의 조사 vs 전문가 대상의 조사

UX 리서치에는 반드시 사용자를 대상으로 한 조사만 있는 것은 아닙니다. 연구 목적에 따라 전문가를 대상으로 UX 리서치를 수행하는 것이 효과적일 수 있습니다. 예를 들면 디자인 초기 단계에서 결정적인 사용성 문제를 파악하는 데 전문가 평가를 활용할 수 있습니다. 전문가 평가에서는 인간-컴퓨터 상호 작용(Human-Computer Interaction, HCI) 인간 공학, 심리학 등의 사용성 전문가가 만약 사용자가 해당 프로덕트를 이용한다면 어떤 문제점이 발생할 수 있는지 관점에서 UI를 검토하고 평가합니다.

이러한 전문가 평가 방법은 사용자 조사 대비 상대적으로 저렴한 비용으로 짧은 시간 내에 프로덕트의 중요한 사용성 문제들을 밝혀낼 수 있습니다. 또한 평가 대상으로 꼭 개발이 완성된 프로덕트만이 요구되지 않기에, 디자인 프로세스의 매우 이른 시점에서 프로토타입을 대상으로 사용성을 점검할 수 있다는 장점도 지닙니다. 반면에 전문가의 역량에 따라 평가 결과가 유동적일 수 있으며 전문가와 실제 사용자가 보는 시각의 차이로 전문가가 잡아낸 사용성 문제가 반드시 사용자에게 중요한 문제는 아닐 수도 있습니다.

AI와 같은 새로운 기술에 대한 적용을 검토할 때 전문가 인터뷰를 활용할 수 있습니다. 프로덕트 기획 초기에 생소한 기술 분야에 대한 지식을 도메인 전문가를 통해 빠르게 습득하고 관련된 기술과 서비스 전망에 대한 이해도를 높일 수 있어 도움이 됩니다. 이뿐만 아니라 전에 없던 새로운 경험을 제공하는 프로덕트 콘셉트에 대해서도 전문가 인터뷰를 통해 시장성이나 수용성에 대해 검토해볼 수 있습니다. 왜냐하면 일반 사용자는 일상에서 경험해 보지 못한 새로운 영역에 대해서는 니즈를 표현하기 어려워 전문가를 대상으로 인터뷰를 수행하는 것이 유효한 데이터를 획득하는 데 효과적일 수 있기 때문입니다.

18.6 AI를 활용한 UX 리서치

특히 최근에는 전통적인 사용자 조사 방법뿐만 아니라 AI를 활용해 사용자의 니즈를 효율적으로 수집하고 분석할 수 있게 되었습니다. 급격한 온라인 데이터 트래픽과 이를 저장 및 분석할 수 있는 빅데이터 분석 방법이 크게 주목받게 되었습니다. 머신러닝이나 자연어 이해와 같은 AI 기반의 빅데이터 분석을 활용해 사용자 행동 패턴과 그 안에 잠재된 니즈를 발견하기도 합니다. 대표적으로는 로그 데이터(log data) 분석과 다음과 같은 고객의 목소리(Voice of Customer, VoC) 분석을 들 수 있습니다.

[그림 18-7] VoC 분석 대시보드 예시[84]

빅데이터 분석을 위해서는 초기에 시스템 구축이라는 노력이 필요합니다. 하지만 초기 노력 이후에는 AI에 의해 거의 실시간에 가깝게 자동으로 데이터를 수집하고 분석할 수 있습니다. 그렇기 때문에 필요에 따라 매번 수행해야 하는 사용자 조사 방법에 비해 짧은 시간과 낮은 비용으로도 사용자 데이터를 활용할 수 있습니다. 예를 들면 프로덕트 사용 이력인 로그 데이터로 머신

---

84. 브랜드워치(Brandwatch) 공식 홈페이지 중 「The #1 consumer intelligence platform」, brandwatch.com/suite/consumer-intelligence

러닝 기반의 퍼널 분석(funnel analysis)을 진행하여 프로덕트 이탈 확률을 예측할 수 있습니다. 또는 VoC를 분류하여 감성 분석을 진행하면 프로덕트에 대한 온라인 반응을 실시간으로 분석할 수 있습니다. 이러한 데이터 수집과 분석을 자동화하게 되면 연구자는 좀 더 근본적인 인사이트를 도출하는 데 집중할 수 있게 됩니다.

그렇지만 온라인상에 남겨진 데이터들을 수집하여 분석하기 때문에 질문을 해결할 수 있는 데이터가 없을 수도 있습니다. 이뿐만 아니라 심도 있는 인사이트를 제공하는 데는 한계가 있습니다. 특히 로그 데이터 분석은 그 행동의 이유를 알기 어렵다는 한계점을 지닙니다. 또한 VoC 분석은 텍스트 데이터를 정제하고 분류하는 분석 과정에서 AI의 기술적 한계로 아직도 사람의 개입이 필요합니다. 그러므로 UX 리서치에 AI를 활용할 때에는 그 한계점을 이해하고 전적으로 의존하기보다는 연구의 목적에 따라 기존 사용자 조사 방법과 함께 적합한 방법론을 선정하여 신뢰성을 보장할 필요가 있습니다.

18.7 고려해야 할 현실적인 부분

사용자 조사를 수행하려면 필연적으로 비용과 일정 이슈가 발생합니다. 이러한 사용자 조사의 현실적인 부분과 대안으로 고려해볼 수 있는 방법에 대해서 좀 더 살펴보도록 하겠습니다.

사용자 조사는 살아 있는 생생한 사용자 데이터를 제공해 합리적인 의사 결정을 지원합니다. 그렇지만 이러한 과정은 필연적으로 비용과 일정이라는 현실적으로 고려해야 하는 고민을 안겨 주기도 합니다. 그렇다면 꼭 높은 비용과 긴 일정이 요구되는 대규모의 정교한 사용자 조사 방법만을 고수해야 할까요? 꼭 그렇지는 않습니다. 상대적으로 작은 규모의 사용자 조사로도 의미 있는 데이터를 수집할 수도 있습니다. 이와 관련하여 사용성 전문가인 제이콥 닐슨(Jakob Nielsen)의 연구 결과에 따르면 정성 연구에서는 [그림 18-8]과 같이 5명 참여자에 의해 약 80%의 사용성 이슈를 발견할 수 있습니다.[85] 그렇지만 이러한 소규모의 사용자 조사를 통해 수집된 데이터를 해석할 때는 데이터의 신뢰성과 일반화 측면에서 조심스러울 필요가 있습니다.

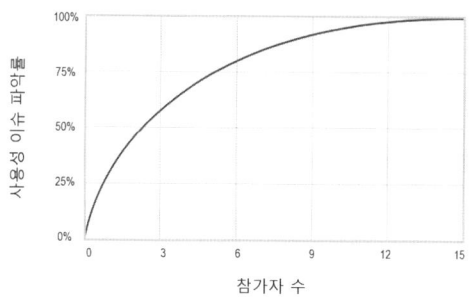

[그림 18-8] 사용성 이슈를 파악하는 데 필요한 참가자 수

사용자 조사를 대신할 방법에는 어떤 것들이 있을까요? 직접 사용자 조사를 통해 얻은 자료가 1차 자료라면 2차 자료는 데스크 리서치(desk research)를 통해 얻을 수 있는 간행물 자료, 판매 자료 등을 의미합니다. 이러한 2차 자료는 빠르게 접근하고 비용이 적게 든다는 장점이 있는 반면에 원하는 수준의 정보 깊이가 없을 수 있다는 단점도 존재합니다.

대표적인 2차 자료는 논문입니다. 논문은 구글 스칼라(Google Scholar)나 네이버 학술 정보 등을 통해 검색해볼 수 있습니다. 또 다른 방법으로 시별 연구 기관에서 수행한 조사 자료들이 있습니다. 예를 들면 MZ 세대의 트렌드나 소비 행태를 파악하는 데 대학내일20대연구소나 캐릿을 참고할 수 있습니다. 진행하고 있는 프로젝트의 연구 질문과 관련된 조사 내용이 있다면 직접 진행한 결과는 아니지만 사용자를 이해하는 데 도움이 될 수 있습니다.

최근에는 생성형 AI의 등장으로 데스크 리서치를 더욱 효율적으로 진행할 수 있게 되었습니다. 예를 들면 현재 프로덕트의 경쟁 프로덕트는 무엇이고, 어

---

85. 닐슨 노먼 그룹(Nielsen Norman Group) 공식 홈페이지 중 「Why you only need to test with 5 users」, nngroup.com/articles/why-you-only-need-to-test-with-5-users

떤 대표 기능들을 제공하는지, 사용자가 어떤 부분을 선호하고 불만을 가졌는지 등을 프롬프트 입력만으로 빠르게 확인할 수 있습니다. 그렇지만 아직도 해결되지 않은 생성형 AI의 할루시네이션 문제로 응답을 신뢰하기 어렵다거나 원하는 수준의 심층적인 내용이 없다는 한계점을 지닙니다. 그러므로 생성형 AI를 가설 수립 초기 단계에 활용하되 답변에 대한 출처를 확인하거나 관련된 논문 등을 통해 답변을 검증하는 것이 필요합니다.

데스크 리서치와 같은 대안적인 방법으로 연구 질문을 모두 해결하기에는 한계가 있기 때문에 앞서 살펴본 전문가 평가나 빅데이터 분석 방법을 검토해 볼 수 있습니다. 전문가 평가나 빅데이터 분석이 시스템적으로 정착되어 사용자 조사와 함께 활용될 수 있다면 비용과 일정 이슈뿐만 아니라 시장에서의 실패 가능성도 줄여줄 수 있습니다.

물론 대안적인 방법들이 사용자 조사가 제공하는 강점을 모두 대체하지는 못합니다. 사용자 조사는 사용자를 이해하고 공감하는 데 가장 효과적인 방법임은 틀림없습니다. 현실적인 부분은 고려하되 다양한 UX 리서치 방법론을 효과적으로 잘 활용하는 것이 필요합니다. UX 리서치를 통해 사용자를 이해하고 공감하는 것은 사용자의 가치 향상뿐만 아니라 시장에서 경쟁력을 향상하는 데 꼭 필요한 업무 프로세스이자 사용자 중심으로 일하는 문화입니다.

> ☑ **사용자 중심 디자인**(User-Centered Design, UCD)
> 디자인 프로세스의 각 단계에서 사용자의 니즈에 초점을 맞추어 프로덕트를 개발하는 반복적인 디자인 프로세스(integrative design process)를 의미합니다. UCD에서는 디자인 프로세스 전반에 다양한 UX 리서치 및 디자인 기법을 활용해 사용자가 프로덕트 개발 과정에 참여할 수 있도록 하고 사용자 관점에서 유용하고 편리한 프로덕트를 개발합니다.

☑ **사용자 대상의 조사**

실제로 프로덕트를 사용하게 될 일반인을 모집해 진행하는 조사입니다. 대표적으로 사용자 인터뷰, 설문 조사, 사용성 평가 등이 있습니다. 프로덕트에 대한 사용자 니즈를 생생하게 수집할 수 있습니다.

☑ **전문가 대상의 조사**

특정 도메인의 전문가를 대상으로 진행하는 조사를 말합니다. 휴리스틱 평가를 통해 프로덕트의 사용성을 진단하거나, 전문가 인터뷰를 통해 기술 및 서비스의 전망에 대해 파악할 수 있습니다.

☑ **프로토타입**(prototype)

제품, 서비스, 시스템 등의 초기 모델이나 시제품을 의미합니다. 프로덕트 개발 과정에서 아이디어를 구체화하고 사용자 피드백을 받을 수 있는 중요한 도구로 활용됩니다.

☑ **인간-컴퓨터 상호 작용**(Human-Computer Interaction, HCI)

인간과 컴퓨터 간의 상호 작용을 연구하는 분야입니다. 사람들이 편리하고 즐겁게 사용하는 시스템의 원리 및 방법에 대해 연구합니다.

☑ **인간 공학**(human factors)

인간의 신체적, 인지적, 감정적 특성에 대한 이해를 바탕으로 제품, 시스템, 작업 환경을 설계하는 학문입니다. 인간의 안전, 효율성, 편안함, 만족도를 향상하는 것을 목표로 합니다.

☑ **퍼널 분석**(funnel analysis)

서비스로의 유입부터 구매나 가입 등 비즈니스의 최종 목적지까지 사용자의 행동을 단계별로 살펴보는 분석 기법입니다. 얼마나 많은 사용자가 최종 단계에 도착했는지, 어떤 단계에서 주로 이탈하는지 등을 확인할 수 있습니다.

19 사용자 경험은 어떻게 평가할까?

이제 UX는 더 나은 비즈니스 성과를 위한 핵심 요소로 인식되고 있습니다. 좋은 UX는 사용자의 만족과 충성도를 높일 뿐만 아니라 매출을 대폭 증가시키기도 합니다. 따라서 UX를 평가하고 관리하는 활동의 중요성 또한 더욱 높아지고 있습니다.

그렇지만 UX를 평가하는 것은 말처럼 쉽지 않습니다. UX는 사용자가 특정 프로덕트를 사용하면서 생각하고 느끼게 되는 총체적인 경험을 말합니다. 결국 경험이란 단어는 사용자 개인의 반응과 지각으로 매우 주관적이고 추상적인 개념을 포함합니다. 또한 AI가 적용된 프로덕트의 UX를 평가하려면 전통적인 UX 평가 요소뿐만 아니라 AI로 인한 새로운 UX 평가 요소도 고려해야 합니다. 여기에서는 프로덕트의 UX를 구성하는 요소와 이를 평가할 수 있는 다양한 방법에 대해 살펴보도록 하겠습니다.

19.1 사용자 경험의 구성 요소와 평가 방법

좋은 UX는 사용자를 만족시킵니다. 그렇다면 사용자를 만족시킬 수 있는 UX는 어떤 요소로 구성될까요? [표 19-1]과 같이 많은 연구자가 사용자를 만족시킬 UX의 구성 요소로 사용성(usability), 유용성(usefulness), 감성(affect)을 공통으로 꼽습니다. 여기서 사용성은 프로덕트가 얼마나 배우기 쉽고 사용하기 편리한지에 대한 것입니다. 유용성은 프로덕트가 얼마나 쓸모가 있는지에 대한 것입니다. 감성은 프로덕트가 얼마나 즐겁게 만들고 아름답게 느껴지는지에 대한 것입니다.

[표 19-1] UX 구성 요소

UX 구성 요소	UX 피라미드[86]	UX 벌집 모형[87]	기술 수용 모델[88]
사용성	사용성, 편의성	사용성, 검색 가능성, 접근성	인지된 사용성
유용성	기능성	유용성	인지된 유용성
감성	감성	매력성	인지된 즐거움

최근에는 좋은 UX를 지닌 프로덕트를 통해 사용자를 만족시키는 것뿐만 아니라 사용자가 브랜드에 특별한 의미를 부여하도록 하여 팬덤(fandom)이 되도록 하는 것이 중요해지고 있습니다. 이러한 충성도(loyalty)가 높은 대표적인 브랜드로 애플을 들 수 있습니다. 애플의 팬이 된 사용자들은 새롭게 출시된 모델을 재구매하려고 새벽부터 줄을 서서 기다리며 SNS 업로드처럼 자발적으로 애플 프로덕트를 주변에 추천하는 것을 마다하지 않습니다. 이러한 개념은 [그림 19-1]과 같이 정의할 수 있습니다. 높은 사용성과 유용성 그리고 감성을 제공하는 좋은 UX는 사용자를 만족시킬 수 있으며 더 나아가 해당 브랜드에 대한 충성도를 높여 줍니다. 이를 통해 기업은 더 높은 매출과 함께 입소문과 같은 긍정적인 마케팅 효과의 선순환을 기대할 수 있습니다.

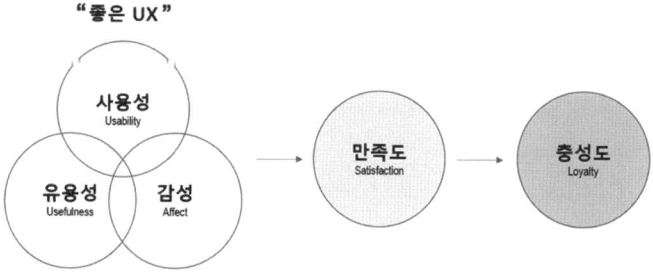

[그림 19-1] 좋은 UX를 위한 구성 요소와 효과

---

86. 미디엄(Medium) 웹 페이지 중 「An Introduction to User Experience Design」, medium.com/@benleralph/an-introduction-user-experience-design-2a7f8167bf03
87. 「Ambient Findability: What We Find Changes Who We Become」, (Peter Morvlle, 2004)
88. 「Technology acceptance model 3 and a research agenda on interventions」, (Venkatesh, V., Bala, H., 2008)

우선, UX와 관련하여 어떤 데이터를 측정할 수 있을지에 대해 간략히 살펴보겠습니다. 대표적으로 주관적 데이터, 수행 데이터, 생리적 데이터 이렇게 3가지 데이터를 측정할 수 있습니다. 첫 번째로 주관적 데이터는 사용자가 프로덕트를 사용해본 경험에 대해 직접 평가하도록 하며 주로 설문지를 통해 측정합니다. 두 번째로 수행 데이터는 프로덕트와 상호 작용하는 사용자의 행동과 연관됩니다. 주로 과제 성공, 수행 시간, 에러 수 등을 관찰해 측정합니다. 마지막으로 생리적 데이터는 프로덕트와 상호 작용할 때의 사용자의 표정이나 시선, 동공 반응 등을 말합니다. 이러한 생리적 반응은 특수한 장비를 통해 측정해야 합니다.

사용성에 대한 주관적 데이터를 측정할 때는 설문지를 이용합니다. 대표적인 예로 [그림 19-2]의 시스템 사용성 척도(System Usability Scale, SUS)는 사용성에 대한 10개의 질문에 대해 사용자가 얼마나 동의하는지를 5점 척도로 측정할 수 있게 구성되어 있습니다. 설문지의 질문은 시스템이 간편한지, 다양한 기능이 잘 통합되어 있는지, 일관적인지, 사용법을 빨리 배울 수 있는지 등으로 구성되어 있습니다. 이러한 측정 결과를 통해 경쟁 프로덕트나 이전 버전의 프로덕트 대비 사용성 경쟁력을 비교한다거나 어떤 사용성 항목에서 강점이나 약점을 보이는지 파악할 수 있습니다.

	The System Usability Scale Standard Version	Strongly Disagree				Strongly Agree
		1	2	3	4	5
1	I think that I would like to use this system frequently.	O	O	O	O	O
2	I found the system unnecessarily complex.	O	O	O	O	O
3	I thought the system was easy to use.	O	O	O	O	O
4	I think that I would need the support of a technical person to be able to use this system.	O	O	O	O	O
5	I found the various functions in this system were well integrated.	O	O	O	O	O
6	I thought there was too much inconsistency in this system.	O	O	O	O	O
7	I would imagine that most people would learn to use this system very quickly.	O	O	O	O	O
8	I found the system very awkward to use.	O	O	O	O	O
9	I felt very confident using the system.	O	O	O	O	O
10	I needed to learn a lot of things before I could get going with this system.	O	O	O	O	O

[그림 19-2] 시스템 사용성 척도 설문지[89]

---

89. 「Item Benchmarks for the System Usability Scale」, (Lewis, J. R., Sauro, J., 2018)

이 외에 사용자 인터페이스 만족도에 대한 설문지(Questionnaire for User Interface Satisfaction, QUIS), 컴퓨터 시스템 사용성 설문지(Computer System Usability Questionnaire, CSUQ) 등 사용성을 평가할 수 있는 다양한 설문지가 있습니다. 그렇다면 이러한 설문지들을 어떻게 활용해야 할까요? 설문지들의 설문 항목을 참고하되 운영하는 프로덕트의 중요한 사용성 속성들을 정의하고 이에 대한 설문 항목들을 설계하여 평가하는 것이 프로덕트의 사용성 수준을 적절하게 진단하고 개선하는 데 효과적입니다.

다음으로 수행 데이터는 크게 효과성(effectiveness)과 효율성(efficiency)을 측정하는 항목으로 구성됩니다. 효과성은 사용자가 프로덕트를 통해 목적을 얼마나 충실하게 달성할 수 있는지에 대한 것으로 과제 완수 여부와 에러 수를 통해 측정합니다. 과제 완수 여부는 사용자가 주어진 과제를 얼마나 성공적으로 완료했는지 측정합니다. 에러 수는 과제를 수행하는 동안 사용자가 범한 실수의 개수를 측정합니다.

효율성은 사용자가 과업을 달성하는 데 투입한 자원과 그 효과 간의 관계에 대한 것으로 과제 수행 시간, 학습 용이성, 입력의 효율성으로 측정할 수 있습니다. 과제 수행 시간은 과제를 완료하는 데 필요한 시간이 어느 정도인지 측정합니다. 학습 용이성은 시간이 지남에 따라 사용자의 수행 수준이 어떻게 변했는지를 측정합니다. 입력 효율성은 웹사이트에서 마우스를 클릭한 횟수나 휴대 전화의 버튼 누름 횟수처럼 사용자가 과제 완료에 들이는 노력의 양을 측정합니다.

이러한 수행 데이터는 사용자가 과업을 수행하는 동안 관찰자에 의해 측정되거나 비디오로 행동을 기록한 이후에 분석되기도 합니다. 예로 과제 완수 여부와 수행 시간의 비교를 통해 객관적인 관점에서의 사용성을 확인하거나, 어떤 부분에서 에러가 주로 발생했는지 분석하여 사용성에 문제가 있는 UI를 진단합니다. 이뿐만 아니라 수행 시간과 같이 업무 효율성과 관련된 데이터는 투자 대비 수익률(Return On Investment, ROI) 관점에서 UX 개선 활동을 통해 얼마만큼의 비용 절약의 효과가 있는지에 대해 계산하는 데 활용되기도 합니다.

좀 더 정밀하게 사용성을 분석하고자 생리적 데이터를 측정하기도 합니다. 대표적으로 아이트래커(eye tracker)를 이용해 사용자의 시선을 추적하는 방법과 전극을 통해 뇌의 전기적 활동을 측정하는 뇌전도(ElectoEncephaloGraphy, EEG)를 들 수 있습니다. 예를 들면 시선 추적을 통해 특정 버튼이나 메뉴, 콘텐츠와 같이 사용자가 원하는 대상을 효율적으로 탐색할 수 있는지를 분석할 수 있습니다. 또한 아래와 같이 EEG 측정을 통해 프로덕트의 사용 과정에서 인지적 부담이 얼마나 유발하는지를 파악하는 데 활용되기도 합니다.

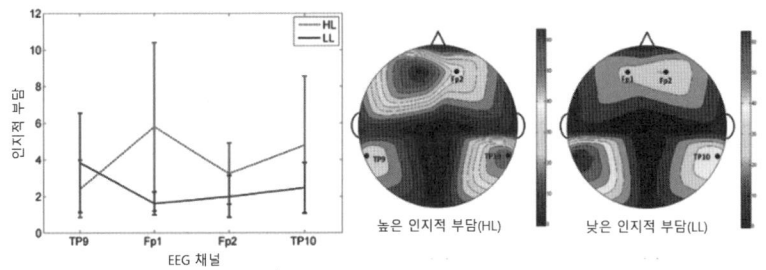

[그림 19-3] EEG로 측정한 분석 결과 예시[90]

유용성은 프로덕트가 얼마나 유용한지에 대한 정도로 정의됩니다. 이는 사용자가 실용적인 목적으로 프로덕트를 통해 달성하는 기능적 가치를 의미합니다. 유용성은 주관적 데이터를 통해 측정할 수 있습니다. 예를 들면 '특정 프로덕트는 나의 생활에 매우 유용하다.' 또는 '특정 기능은 나에게 도움이 된다고 생각한다.' 등과 같이 설문지를 통해 5점 또는 7점 척도로 사용자가 이에 얼마나 동의하는지를 평가하도록 해 측정합니다. 주로 새로운 프로덕트의 콘셉트에 대한 수용성이나 기능들의 유용성을 측정하는 데 활용됩니다.

감성은 프로덕트를 사용하면서 사용자의 마음속에서 얼마나 적절한 느낌을 받았는지에 대한 정도로 정의합니다. 주로 정서(emotion)와 심미적 인상(aesthetic impression)에 대해 주관적 데이터와 생리적 데이터를 통해 측정할 수 있습니다.

---

[90] 「Assessment of Cognitive Load and Confidence Level using Low Resolution EEG device」, (Debatri Chatterjee, Anirban Chowdhury, Aniruddha Sinha, Sanjoy Kumar Saha, 2018)

정서는 특정 대상에 대해 사람들이 단시간에 느끼는 감성으로 정의합니다. 이러한 감정은 유쾌함(valence)과 각성(arousal)의 교차한 차원으로 설명할 수 있습니다. 예를 들면 프로덕트 사용을 통해 높은 수준의 긍정적 경험을 했다면 사용자는 신나거나 기쁜 감정을 느끼지만 높은 수준의 부정적 경험을 했다면 사용자는 짜증이나 분노의 감정을 느낍니다. 이러한 정서는 [그림 19-4]와 같은 설문지를 통해 주관적 데이터를 측정할 수 있습니다. 정서의 두 가지 차원인 유쾌함과 각성 정도에 대한 사람의 표정을 여러 수준으로 제시하고 사용자가 느끼는 정서와 가장 비슷한 이미지를 선택하도록 합니다. 이러한 정서 평가는 단순히 프로덕트에 대한 전반적 평가뿐만 아니라 고객 여정 지도(Customer Journey Map, CJM) 관점에서 어떤 터치 포인트에서 불쾌한 경험을 겪었는지 파악하는 데 효과적으로 활용됩니다.

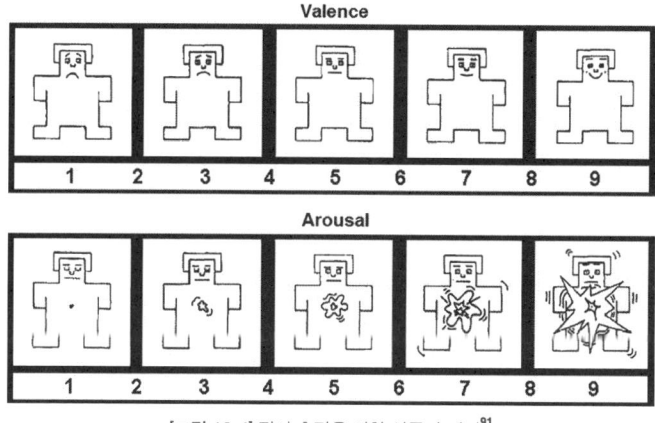

[그림 19-4] 정서 측정을 위한 설문지 예시[91]

최근에 [그림 19-5]와 같이 감정에 대한 생리적 데이터인 표정을 AI를 통해 자동으로 분석해 주는 솔루션들이 제공되고 있습니다. 이러한 솔루션을 이용해 콘텐츠나 UI를 사용할 때의 사용자 표정을 분석하면 어떤 부분에서 특정한 감정 반응을 보이는지 평가할 수 있습니다.

---

91. 「Effects of organization and disorganization on pleasantness, calmness, and the frontal negativity in the event-related potential」, (Langeslag, S. J., 2018)

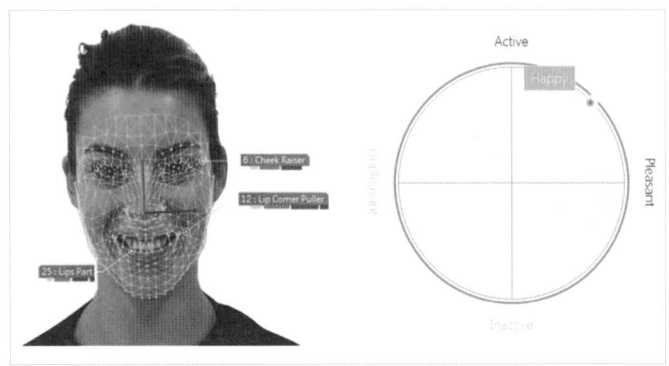

[그림 19-5] AI를 통한 표정 분석 예시[92]

심미적 인상은 외부 자극에 의해 각인되는 감성입니다. 심미적 인상은 단순히 아름답고 예쁘다는 의미뿐만 아니라 밝음, 깔끔함, 고급스러움, 친근함, 신비함 등 다양한 개념을 포괄할 수 있습니다. 이러한 심미적 인상은 감성 형용사를 기반으로 설계된 설문지를 통해 측정할 수 있습니다. 예를 들면 특정한 프로덕트를 사용하고 느끼는 인상을 측정하려면 설문지에 감성 형용사들을 제시하고 각 형용사에 대해 사용자가 얼마나 동의하는지를 5점 또는 7점 척도로 답변하도록 합니다. 주로 기획한 콘셉트나 추구하는 방향성에 디자인이 잘 부합하는지 파악할 때 활용됩니다.

높은 사용성과 유용성 그리고 감성을 제공하는 프로덕트를 경험한다면 사용자는 만족하게 됩니다. 이러한 종합적인 경험에 대한 만족도는 주관적 데이터를 통해 측정할 수 있습니다. 만족도를 측정하는 대표적인 설문은 고객 만족도 점수(Customer SATisfaction score, CSAT)입니다. '특정 프로덕트에 대해 얼마나 만족하시나요?'라는 질문에 매우 만족하면 5점, 보통이면 3점, 매우 불만족하면 1점으로 표시하도록 하여 만족도를 측정합니다.

특정 프로덕트에 대한 만족이 사용자의 기대를 넘어 감동을 제공했을 때 사

---

92. 「Read my face: automatic facial coding versus psychophysiological indicators of emotional valence and arousal」, (Höfling, T. T. A., Gerdes, A. B., Föhl, U., Alpers, G. W., 2020)

용자는 해당 브랜드의 팬이 됩니다. 이러한 충성도를 측정하는 대표적인 지표는 순고객추천지수(Net Promoter Score, NPS)입니다. 2003년 세계적인 컨설팅 회사인 베인앤드컴퍼니(Bain&Company)에서 만든 NPS는 여러 글로벌 기업에서 고객 충성도를 측정하는 가장 보편적인 지표로 활용되고 있습니다. '특정 브랜드를 주변에 얼마나 추천하고 싶나요?'라는 질문에 10점 척도로 고객 충성도를 측정합니다. 이때 0~6점을 준 참가자는 비추천 고객, 7~8점을 준 참가자는 중립 고객, 9~10점을 준 참가자는 추천 고객으로 분류하며 추천 그룹 비율에서 비추천 그룹의 비율을 뺀 값으로 NPS를 계산합니다.

19.2 AI가 적용된 프로덕트의 UX 평가

AI가 다양한 프로덕트에 적용되면서 좋은 UX를 평가하려면 AI로 인한 변화를 고려해야 합니다. AI가 적용된 프로덕트에는 사용성, 유용성, 감성 등 전통적인 평가 기준 외에도 다른 추가적인 기준이 더 반영되어야 한다는 의미입니다. 2부에서 살펴본 것과 같이 AI로 인해 새롭게 고려해야 할 대표적인 경험으로 윤리적인 경험, 개인화 경험, 자동화 경험 그리고 사람과 같은 AI 에이전트를 통한 의인화 경험을 들 수 있습니다. 이에 따라 AI가 적용된 프로덕트의 UX를 평가할 때는 윤리성, 개인화, 자동화에 따른 사용자의 주도권, 의인화를 고려해야 합니다.

AI가 적용된 프로덕트가 좋은 UX를 제공하는지를 판단하려면 기본적으로 공정성 및 투명성과 같은 윤리적인 요소가 잘 반영되어 있는지 평가해야 합니다. 예를 들면 성별이나 인종 등 특정 사용자 그룹에 대해 부정적인 고정 관념이 반영되어 있지는 않은지 평가해야 합니다. 또한 개인 정보 사용과 알고리즘 작동에 대해 투명하게 공개되고 있는지도 확인해야 합니다.

AI가 적용된 프로덕트와 기존 프로덕트의 가장 큰 차이는 사용자의 개인 데이터와 환경 데이터를 학습해 개인화된 서비스를 제공한다는 것입니다. 이에 따라 AI가 사용자의 취향이나 특성에 따라 얼마나 맞춤화된 경험을 제공하는지를 평가해야 합니다.

AI를 평가하는 요소는 윤리성이나 개인화와 같이 공통으로 평가해야 할 요소 외에 프로덕트 타입에 따라 UX 평가 요소가 달라질 수 있습니다. 예를 들면 자율 주행 자동차나 자동화 시스템에서는 시스템의 신뢰성뿐만 아니라 사용자가 원하는 대로 시스템과의 상호 작용을 할 수 있는지에 대한 사용자 주도권에 대해 평가하는 것이 필요합니다. 또 다른 예로 AI 에이전트가 적용된 프로덕트에서는 얼마나 사람과 같이 자연스럽게 상호 작용하고 사용자에게 공감적인 반응을 보이는지와 같은 의인화 요소가 잘 반영되었는지 평가하는 것이 필요합니다.

19.3 빅데이터 분석의 측정 요소

그렇다면 앞서 살펴본 주관적 데이터, 수행 데이터 및 생리적 데이터를 통해서만 사용자 경험을 측정할 수 있을까요? 반드시 그렇지는 않습니다. 프로덕트의 사용 기록을 분석하여 사용자 경험을 유추할 수도 있습니다. 로그 데이터라고 알려진 앱이나 웹 그리고 기기의 사용 과정에서 기록되는 행동 데이터를 수집해 AI로 분석할 수 있습니다.

로그 데이터는 사용자가 일상에서 프로덕트를 자연스럽게 사용한 행동을 기록한 데이터를 말합니다. 별도의 사용자 조사 없이도 데이터를 획득할 수 있어 조사 일정이나 비용이 요구되지 않는 장점이 있습니다. 그렇지만 로그 데이터는 사용 행동에 대한 결과만 있을 뿐 그 이유를 알 수 없어 이를 해석하는 데에 한계점도 존재합니다. 로그 데이터는 크게 사용 빈도, 사용 시간 그리고 사용 경로에 대한 것으로 구분할 수 있습니다. 각 로그 데이터에 대한 예시와 이를 UX 관점에서 해석하는 방법에 대해 좀 더 살펴보도록 하겠습니다.

로그 데이터 분석을 통해 프로덕트의 방문자 수, 방문 빈도, 특정 기능의 사용 빈도 등을 알 수 있습니다. 사용 빈도에 대한 대표적인 예로 월간 활성 사용자 수(Monthly Active Users, MAU)는 프로덕트의 경쟁력을 보여주는 중요한 지표입니다. 그렇다면 프로덕트에 자주 방문한다거나 특정 기능을 많이 사용한다는 것은 UX 측면에서 어떤 의미가 있을까요? 이는 주로 유용성과 연관해 해석할 수 있습니다. 예를 들면 사용 초기에는 유용성이 프로덕트 사용 빈도에 가장 크게 작용할 수 있습니다. 왜냐하면 사용자가 프로덕트를 이용하는 것은 특정한 목적을 달성하려는 것이기 때문입니다. 만약 사용자가 원하는 기능을 해당 프로덕트에서 제공한다면 사용자는 목적을 달성하고자 프로덕트에 방문하게 되고 이러한 기능이 유용하다면 반복해서 사용하게 될 것입니다.

그렇지만 사용이 지속됨에 따라 사용 빈도는 사용성과 감성과도 연관성이 높아질 수 있습니다. 해당 프로덕트가 사용하기 어렵거나 즐겁지 않다면 사용 빈도가 줄어들 것이기 때문입니다. 만약 유사한 기능을 제공하는 다른 프로덕트가 더 나은 사용성과 감성을 제공한다면 해당 프로덕트로 이탈하게 되어 사용 빈도는 줄어듭니다.

로그 데이터 분석을 통해 프로덕트 사용 시간에 대해서도 알 수 있습니다. 이는 주로 사용성이나 감성과 연관될 수 있습니다. 예를 들면 사용 시간이 짧다면 사용하는 과정이 쉽고 효율적이라 빠르게 과업을 수행하였다고 판단할 수 있습니다. 즉, 사용성이 높다는 것을 의미할 수 있습니다. 반면에 사용하는 경험이 즐겁지 않아서 프로덕트에 오래 체류하지 않았다고 판단할 수도 있습니다. 즉, 감성 측면에서 좋지 못한 경험을 제공했다고 볼 수도 있습니다.

그러므로 사용 시간에 대한 로그 데이터를 UX 측면에서 해석할 때는 프로덕트나 기능의 속성이 무엇인지에 따라 적절히 해석하는 것이 필요합니다. 이러한 속성은 크게 실용적인 것과 유희적인 것으로 구분할 수 있습니다. 예를 들면 뱅킹 서비스나 예약 서비스처럼 실용적인 성격이 강한 프로덕트에서는 사용 시간이 짧은 것이 효율적이므로 좋은 경험을 제공했다고 해석할 수 있습니다. 반면에 영상이나 음악 스트리밍 서비스와 같이 유희적 성격이 강한 프로덕트에서는 오히려 사용 시간이 긴 것이 즐거움으로 오래 체류하게 해서 좋은 경험을 제공했다고 해석할 수 있습니다. 물론 이러한 유희적 속성이 강한 서비스에서도 효율성이 중시되는 콘텐츠 탐색 과업만 별도로 분리해서 보면 사용 시간이 짧게 소요되는 것이 더 좋은 경험일 수 있습니다.

사전에 기능을 사용하는 경로가 정의되어 있다면 퍼널 분석을 통해 [그림 19-6]과 같이 서비스 이동 단계 간 이탈률에 대해 분석하는 것도 가능합니다. 이러한 사용 경로의 분석은 사용성과 연관됩니다. 만약 특정 페이지에서 사용자가 어려움을 겪었다면 다음 페이지로 전환하지 못할 가능성이 높으므로 이탈률이 높은 페이지는 사용성에 문제가 있다는 것으로 해석할 수 있습니다.

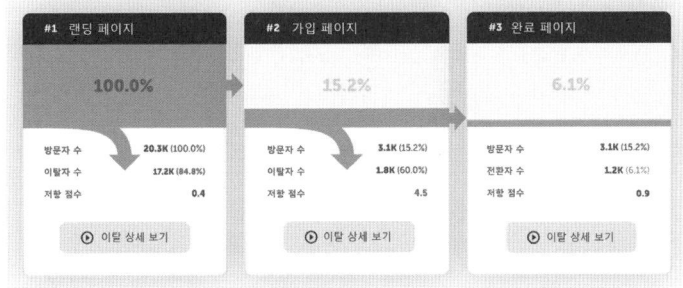

[그림 19-6] 페이지 이동 간 이탈률 분석 예시[93]

19.4 우리 프로덕트에 적합한 UX 평가 기준

UX 평가 요소와 이를 측정하는 다양한 방법에 대해 알아보았습니다. 그렇다면 우리 프로덕트에 적합한 UX 평가 요소와 측정 방법은 어떻게 정의해야 할까요? 먼저 우리 프로덕트에 중요한 UX 요소는 무엇인지 고민해야 합니다. 앞서 살펴본 UX 평가 요소의 큰 틀(framework)은 참고하되 좀 더 상세한 UX 요소를 정의하는 것이 필요합니다. 제이콥 닐슨의 10가지 사용성 휴리스틱과 같은 UX 문헌들을 참고할 수도 있고 사용자 인터뷰나 VoC 분석을 통해서도 우리 프로덕트에 중요한 UX 요소를 도출할 수 있습니다.

우리 프로덕트에 중요한 UX 요소 리스트가 정의되었다면 우선순위를 정해야 합니다. 한정된 자원에서 좀 더 집중해야 하는 영역을 선정하는 것이 이후에

---

93. 마우스플로(Mouseflow) 공식 홈페이지, 「See why visitors leave with funnel analytics」, mouseflow.com/features/conversion-funnel-optimization-tool

UX를 관리하고 개선하는 데 효과적입니다. 전문가나 내부 이해관계자들과 논의를 통해서도 우선순위를 선정할 수 있습니다. 실제 사용자들을 대상으로 정의된 UX 요소를 설문 조사하여 회귀 분석과 같은 통계 분석을 통해서도 가중치를 도출할 수도 있습니다. 그 밖에 VoC 분석을 통해 반복해서 언급되는 UX 요소를 파악하여 이에 더욱 높은 가중치를 줄 수도 있습니다.

우리 프로덕트에 중요한 UX 요소들이 정의되었다면 이제는 이를 어떻게 측정할 것인지에 대한 고민이 필요합니다. 어떤 사용자 조사 방법을 이용하여 주관적 데이터 또는 수행 데이터나 생리적 데이터를 수집할지 정의하는 것이 필요합니다. 이뿐만 아니라 로그 데이터를 수집하여 UX를 분석할 수도 있습니다. 이때 데이터 수집 용이성이나 비용과 같은 현실적인 부분도 고려해야 합니다. 만약 비용과 시간이 허락된다면 더 높은 신뢰성과 타당성 높은 측정 방법을 활용하는 것이 바람직합니다.

단순히 UX를 측정하는 것에서 끝난다면 더 나은 프로덕트를 만들 수 없습니다. 정기적으로 UX를 측정하고 관리하는 활동이 필요합니다. 예를 들면 주기적으로 경쟁사 프로덕트와 UX 경쟁력을 비교 평가한다거나 실시간으로 로그 데이터를 분석하여 개선 목표인 핵심성과지표(Key Performance Indicator, KPI)를 설정하는 것이 중요합니다. 지속해서 UX를 진단하고 개선 아이템을 정의해 나가는 활동을 통해 사용자에게 더 나은 경험을 제공할 수 있습니다.

> ☑ **UX 피라미드**(UX pyramid)
>
> 사용자가 프로덕트를 사용할 때의 경험을 향상하고자 고려해야 할 UX 요소를 6단계로 정의한 모델입니다. 매슬로의 욕구 단계 이론과 같이 UX 요소가 계층적으로 구분되어 있습니다. 하위 계층에서부터 유용성(useful), 신뢰성(reliable), 사용성(usable), 편의성(convenient), 감성(pleasureable), 의미성(meaningful)으로 구성됩니다.

☑ UX 벌집 모형(UX honeycomb)

좋은 UX를 제공하고자 고려해야 할 7가지 UX 요소를 벌집 형태로 표현한 디자인 프레임워크입니다. 벌집 중앙에 위치한 가치성(valuable)을 중심으로 유용성(useful), 사용성(usable), 매력성(desirable), 검색 가능성(findable), 접근성(accessible), 신뢰성(credible)이 육각형으로 배치됩니다.

☑ 기술 수용 모델(Technology Acceptance Model, TAM)

새로운 기술이나 시스템을 사용자가 수용하는 과정을 설명하고자 제안된 이론입니다. 초기의 기술 수용 모델에서는 사용자의 수용도를 결정짓는 요소로 인지된 유용성과 인지된 이용 용이성을 제안하였으나 이후 확장된 기술 수용 모델에서는 모델의 설명력을 높이려고 인지된 즐거움과 같은 다른 요인들이 추가되었습니다.

☑ 투자 대비 수익률(Return On Investment, ROI)

투자한 자본에 대한 수익의 비율을 말합니다. ROI는 투자의 효율성을 평가하는 지표로 투자 결정을 내릴 때 중요한 기준으로 활용됩니다.

☑ 고객 여정 지도(Customer Journey Map, CJM)

고객이 프로덕트를 만나는 시작부터 사용을 종료할 때까지 경험의 여정을 지도의 형태로 시각화한 것을 말합니다. 고객 여정 지도는 인지, 고려, 구매, 사용 등의 단계로 구성됩니다. 단계마다 고객과 상호 작용이 일어나는 접점(touch point)과 고객의 니즈나 불편한 점과 같은 사용 경험에 대해 정의하여 고객의 경험을 전체적으로 이해하고 공감할 수 있도록 도와줍니다.

☑ 월간 활성 사용자 수(Monthly Active Users, MAU)

특정 웹사이트나 앱에서 한 달 동안 적어도 한 번 이상 활동한 사용자의 수를 나타냅니다. MAU는 사용자의 참여 정도와 비즈니스의 성장성을 측정하는 지표로 널리 활용됩니다.

☑ **회귀 분석**(regression analysis)

2개 이상의 변수 간의 관계를 모델링하고 분석하는 통계적 기법입니다. 주로 한 변수가 다른 변수들에 의해 어떻게 영향을 받는지를 파악하는 데 사용됩니다.

☑ **핵심 성과 지표**(Key Performance Indicator, KPI)

기업 등의 조직에서 목표로 삼는 성과를 측정하고 평가하고자 설정한 주요 지표를 의미합니다. 수치화가 가능한 사업 목표를 설정하고 현재 상황을 측정하여 성과 목표가 얼마나 실현되었는지 파악합니다. 예로 MAU, 구매 전환율, 고객 만족도 등을 들 수 있습니다.

20 생생한 피드백으로 프로덕트를 개선시키는 사용성 평가

진화하는 사용자 니즈를 반영하고자 프로덕트에 기능을 추가하다 보면 점점 더 복잡해져 사용하기 어려워지곤 합니다. 이러한 사용성 저하는 사용자 이탈로 이어지기도 합니다. 그러므로 새로운 프로덕트를 개발하거나 기존 프로덕트를 개선할 때는 단순히 기능 관점에서 경쟁력을 확보하는 것뿐만 아니라 사용성 관점에서도 균형을 맞추어 UI를 개선하는 것이 필요합니다.

특히 AI가 적용된 프로덕트에서는 익숙하지 않은 UI와 사용 방법으로 인해 사용자는 혼란을 겪을 수 있습니다. 그러므로 프로덕트 UI의 문제점을 파악하고 개선하려면 사용자의 실제 피드백을 듣고 반영하는 과정이 필요합니다. 생생한 사용자 피드백을 수집하는 가장 효과적인 방법으로 사용성 평가(usability test)를 들 수 있습니다. 사용성 평가에서는 사용자에게 직접 프로덕트를 사용해 보게 해 UI의 문제점을 파악하고 개선 방안을 도출합니다. 여기에서는 프로덕트의 사용성 개선에 의미 있는 데이터를 확보하고자 사용성 평가를 어떻게 기획하고 수행하여야 하는지 알아보도록 하겠습니다.

20.1 사용성 평가란?

사용성 평가(usability test)에서는 실제 사용자를 대상으로 특정한 과업을 수행하도록 하여 프로덕트 사용에 대한 불편한 부분(pain point)과 니즈를 파악합니다. 이를 통해 프로덕트의 현재 사용성의 수준을 진단하고 더 나은 사용성을 확보하는 개선 방안을 발굴합니다. 이러한 사용성 평가는 신규 개발된 프로덕트의 사용성을 검증하는 데 활용될 뿐만 아니라 기존 프로덕트의 사용성을 개선하는 데에도 활용됩니다.

사용성 평가는 인터뷰나 설문 조사와 같이 프로덕트에 대한 사용자의 의견이나 과거 경험을 묻는 것뿐만 아니라 사용자에게 프로덕트를 실제로 사용하도록 하여 그 반응을 살펴보는 실증적인 사용자 조사 방법입니다. 특히 사용성 평가에서는 수행도 측정이나 설문지 평가와 같은 정량적 조사 방법과 함께 인터뷰나 행동 관찰과 같은 정성적 조사 방법을 함께 활용합니다. 이러한 혼합 연구 방법의 활용을 통해 프로덕트의 사용성 수준을 정량적으로 평가할 수 있을 뿐만 아니라 사용성 문제에 대한 원인에 대해서도 면밀히 파악할 수 있는 있습니다.

사용성 평가 프로세스는 [그림 20-1]과 같이 크게 4단계를 거칩니다. 먼저 기획 단계에서는 누구를 대상으로 어떤 과업으로 어떻게 평가할지를 정의합니다. 이후 수행 단계에서는 진행자가 사용성 평가 룸으로 참가자를 초청하여 과제를 수행하도록 해 데이터를 수집합니다. 다음 분석 단계에서는 수집된 데이터를 분석해 사용성 문제를 진단하고 이를 개선하는 방안을 도출합니다. 마지막 보고 단계에서는 프로덕트 이해관계자와 의사 결정자에게 조사 결과를 공유하고 개선 방안에 대해 논의합니다.

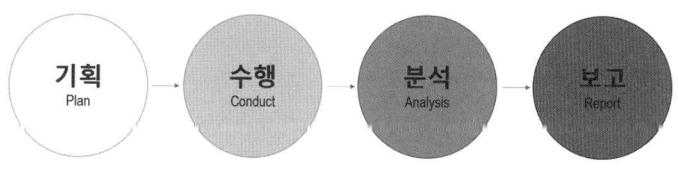

[그림 20-1] 사용성 평가 프로세스

여기에서는 사용성 평가 프로세스 중 의미 있는 데이터를 확보하는 과정인 기획 및 수행 단계를 중심으로 살펴보겠습니다. 사용자 데이터 분석 단계에 대해서는 24장에서 좀 더 상세히 알아보도록 하겠습니다.

20.2 사용성 평가 기획하기

사용성 평가를 효과적으로 수행하려면 기획 단계에서 잘 준비하는 것이 중요합니다. 기획 단계에서는 목표 정의, 참가자 기준 정의 및 모집, 과업 선정, 평가 항목 정의, 인터뷰 및 평가 절차서 정의와 같은 사전 준비 단계와 사용성 평가를 수행하기 직전에 점검이 필요한 활동인 사용성 평가 룸 세팅, 파일럿 테스트가 순차적으로 수행됩니다.

사용성 평가의 목표는 프로덕트의 사용성 문제를 파악하고 이를 개선하려는 것입니다. 좀 더 구체적인 하위 목표로 세분될 수 있으며 이에 따라 기획되는 내용도 달라질 수 있습니다. 대표적인 하위 목표는 프로덕트의 사용성 이슈가 무엇인지 파악하는 정성적 평가인지 아니면 프로덕트의 사용성 수준을 정밀하게 진단하는 정량적 평가인지에 대한 것입니다. 이에 따라 참가자 수나 평가 항목에 차이가 있습니다. 정성적 평가에서는 사용성 이슈를 파악하는 데 소규모의 참가자가 요구되는 반면에 정량적 평가에서는 데이터의 신뢰성과 객관성을 위해 대규모의 참가자를 모집해야 합니다. 평가 항목에서도 정량적 평가는 수행도 측정이나 생리적 신호 측정과 같은 정교한 평가 방법이 요구되며 이를 위한 평가 장비와 분석 프로그램 등의 준비가 필요합니다.

어떤 목적과 기준으로 경쟁력을 파악할지에 따라 평가 대상이 되는 프로덕트가 결정됩니다. 만약 버전 업데이트를 통한 사용성 개선 효과를 검증하고 싶다면 이전 버전과 최신 버전의 프로덕트가 모두 준비되어야 합니다.

사용성 평가를 통해 데이터를 수집하려면 실제 프로덕트 사용자를 모집하는 것이 필요합니다. 만약 평가 목적이 경쟁 프로덕트와의 사용성 비교라면 우리 프로덕트 사용자와 경쟁사 프로덕트 사용자를 동등한 수로 모집하는 것이 평가 결과의 형평성 측면에서 적합합니다.

만약 잠재 사용자나 경쟁 프로덕트의 사용자를 끌어와 시장 점유율을 확장하는 전략이라면 유사 프로덕트를 사용하지 않는 잠재 사용자와 경쟁 프로덕트 사용자를 참가자에 포함시킵니다. 더 나아가 새로운 기능이나 서비스를 통해 새로운 시장을 개척하는 전략이라면 선도 사용자를 참가자로 모집하는 것이 효과적입니다.

참가자 기준이 정의되었다면 그 기준에 부합되지 않는 참가자들을 걸러낼 스크리닝 질문(screening question)을 개발해야 합니다. 참가자 모집 시 스크리닝 질문에 답변하도록 해 평가 의도에 적합한 사용자만을 모집할 수 있습니다. 또한 관련 직종이나 시장 조사 종사자는 조사 내용에 편견을 가질 수 있어 결과에 영향을 줄 수 있기 때문에 참가자에서 제외해야 합니다.

이제 참가자 선별 기준에 부합되는 사용자를 모집하는 리쿠르팅 과정이 필요합니다. 리쿠르팅에는 전문 업체의 패널 풀을 이용하는 방법과 직접 모집하는 방법이 있습니다. 전문 업체를 통하면 모집이 편리하고 효율적이지만 비용적인 부담이 발생합니다. 반면에 직접 참가자를 모집하면 비용이 발생하지 않지만 많은 시간과 노력이 필요합니다. 이때 참가 대상에 따라 모집하는 곳이 다릅니다. 예를 들면 대학생을 대상으로 하는 프로덕트는 에브리타임과 같은 대학 커뮤니티를 통해 모집하는 반면 시니어를 대상으로 하는 프로덕트는 노인 복지 센터 등에서 참가자를 모집하는 것이 효과적입니다.

사용성 평가를 진행하려면 참가자들에게 수행하도록 요청할 과업을 사전에 정의해야 합니다. 이때 프로덕트에서 중요한 과업을 리스트업하고 선별하는 과정이 필요합니다. 예를 들면 프로덕트에서 사용자들이 자주 사용한다거나 사용 빈도는 높지 않아도 사용자에게 중요한 과업이 그 대상이 될 수 있습니다. 만약 새로운 프로덕트이거나 기존 프로덕트를 업그레이드한 경우에는 신규 기능이 포함된 과업을 선정하여 검증합니다. 이렇게 리스트업한 모든 과업을 제한된 시간 안에 참가자에게 수행하도록 요청할 수 없어 테스트할 과업의 우선순위를 정해야 합니다. 전체 사용성 평가 시간을 60~90분이라고 했을 때 한 과업을 수행하고 설문지 평가와 사후 인터뷰를 할 시간을 고려하여야 합니다. 이에 따라 전체 평가할 과업의 개수를 정의한 후 우선순위에 따라 선정을 진행합니다.

과업이 선정된 이후에는 참가자가 사용 상황에 이입할 수 있도록 구체적인 상황이 제시된 평가 시나리오를 작성합니다. 예를 들면 AI 스피커를 통한 웹 탐색, 알람 설정, 음악 듣기와 같은 과업을 선정하였다면 다음과 같이 시나리오를 정의할 수 있습니다.

[표 20-1] AI 스피커 사용성 평가 시나리오 예시

평가 과업	평가 시나리오
웹 탐색	이번 주말에 영화를 볼 계획이 있습니다. AI 스피커에게 요즘 가장 인기 있는 영화를 추천해 달라고 요청해 보세요.
알람 설정	매일 아침에 일찍 일어나 운동하기로 결심했습니다. AI 스피커에게 매일 오전 6시에 알람을 설정해 달라고 요청해 보세요.
음악 듣기	바쁜 하루를 마치고 집으로 돌아왔습니다. AI 스피커에게 휴식할 때 듣기 좋은 음악을 추천해 달라고 요청해 보세요.

과업이 정의되면 참가자가 과업을 수행하면서 측정할 행동을 정의하거나 과업을 수행한 이후의 태도에 대해 측정할 평가 항목을 정의합니다. 평가 항목은 주관적 평가 항목과 객관적 평가 항목으로 구분됩니다. 주관적 평가 항목은 UX 평가 요인이나 만족도에 대한 설문지로 참가자가 직접 점수를 매깁니다. 반면에 객관적 평가 항목은 수행 시간이나 에러율과 같은 수행도와 시선 추적을 통한 정보 탐색의 용이성과 같은 생리적 신호를 진행자나 관찰자가 측정합니다.

특히 설문 평가는 참가자의 프로덕트 사용에 대한 태도를 직접적으로 평가할 방법으로 가장 널리 활용되고 있습니다. 설문 평가는 사용 경험에 대해 체계적으로 평가할 수 있을 뿐만 아니라 결과 확인 후에 곧바로 참가자 인터뷰를 진행하여 디테일을 물어볼 수 있습니다.

그렇지만 설문지의 평가 항목을 구성하는 데는 깊은 고민이 필요합니다. 설문 평가 항목을 정의하는 것은 평가 결과의 신뢰성과 타당성에 직접적으로 연결되기 때문입니다. 이를 위해 [표 20-2]의 챗GPT에 대한 UX 평가 설문 항목처럼 선행 연구에서 타당성이 검증된 항목을 활용하는 것은 효과적인 방법

입니다. 만약 선행 연구에서 검토한 설문 항목이 우리 프로덕트의 사용 경험을 모두 반영하는 데 한계가 있다면 우리 프로덕트에서 중요하거나 차별화된 경험 요소를 면밀히 정의하고 이를 설문지로 개발해 활용합니다.

[표 20-2] 챗GPT에 대한 UX 평가 설문 항목[94]

평가 항목	동의 정도
챗GPT는 사용이 간편하며 원하는 정보를 검색하는 데 효과적인가?	①-----②-----③-----④-----⑤
챗GPT는 업무, 일상생활에서 발생하는 문제를 해결하거나 목적을 달성하는 데 도움이 되는가?	①-----②-----③-----④-----⑤
챗GPT는 사회적 가치에 위협이 되거나 유해한 질문을 거부하는가?	①-----②-----③-----④-----⑤
챗GPT는 나이, 성별, 지역 등과 같은 인적 특성에 대한 편견 없이 결과를 생성하는가?	①-----②-----③-----④-----⑤
챗GPT는 빠른 처리 속도와 높은 답변의 정확도를 제공하는가?	①-----②-----③-----④-----⑤

앞서 정의된 정량적 평가 항목 외에 정성적으로 알고 싶은 질문은 인터뷰를 통해 알아낼 수 있습니다. 인터뷰 질문은 크게 과업 수행 전에 물어볼 내용, 각 과업을 수행하고 물어볼 내용 그리고 모든 과업이 완료된 후에 물어볼 내용으로 구분해 정의합니다. 이때 반구조화된 인터뷰(semi-structured interview)로 진행하는 것이 효과적입니다. 사전 정의된 인터뷰 항목을 모든 참가자에게 일관되게 물어보는 구조화된 인터뷰(structured interview)와는 달리 반구조화된 인터뷰에서는 사전에 정의된 인터뷰 항목을 전달하지만 참가자마다 특이한 행동이나 답변이 있으면 별도의 추가 질문을 할 수 있습니다. 이러한 질문을 통해 예상외의 인사이트를 얻을 수도 있습니다.

사용성 평가를 진행할 공간으로 사용성 평가 룸이 필요합니다. [그림 20-2]와 같이 사용성 평가 룸은 테스트 룸과 관찰 룸으로 구성됩니다. 테스트 룸은 사

---

94. 「디지털 트랜스포메이션 경영을 위한 챗GPT 사용자 경험(UX) 디자인 평가: 오픈AI 챗GPT와 마이크로소프트 빙 챗GPT 교차 활용을 중심으로」, (안무정, 강태임, 2023)

용성 평가가 진행되는 공간으로 관찰 룸으로 테스트를 중개할 수 있는 카메라와 마이크 그리고 화면을 녹화하고 공유가 가능한 PC 등의 장비가 필요합니다. 관찰 룸은 사용성 평가를 관찰하는 공간으로 테스트 룸에서 참가자가 조작하거나 말하는 내용을 중계할 수 있는 화면과 스피커 장비들이 필요합니다. 이때 관찰 룸에서는 일방 거울(one-way mirror)을 통해 테스트 룸을 관찰할 수 있지만 테스트 룸에서는 관찰 룸을 볼 수 없습니다. 사용성 평가 이전에 사용성 평가 룸의 장비들이 준비되고 잘 작동되는지 확인해야 합니다.

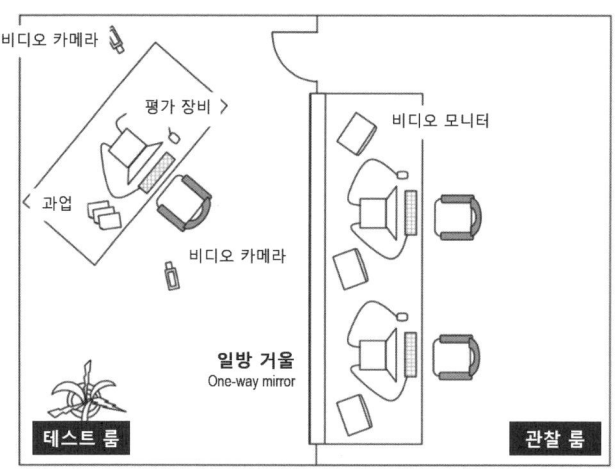

[그림 20-2] 사용성 평가 룸의 구성 예시[95]

본 사용성 평가가 수행되기 전에 파일럿 테스트(pilot test)를 수행해야 합니다. 파일럿 테스트를 통해 참가자들이 과업이나 질문의 내용 그리고 설문지를 이해하기 어렵거나 잘못 해석하는 부분이 있는지 파악합니다. 또한 평가 대상인 프로덕트가 제대로 작동하는지와 같이 본 평가를 진행하는 데 발생할 수 있는 문제점을 사전에 파악하고 개선합니다. 그리고 실제 사용성 평가와 같이 진행하면서 소요되는 시간을 체크하고 이를 통해 평가 과업이나 인터뷰 내용을 사전에 조정합니다.

---

95. 「Usability Evaluation Methods Niels Ebbe Jacobsen- The Reliability and Usage of Cognitive Walkthrough and Usability Test Table of Contents」, (Niels Ebbe Jacobsen, 1999)

20.3 사용성 평가 수행하기

본 평가에서는 진행자(moderator)가 참가자를 테스트 룸으로 안내해 평가 절차서에 따라 사용성 평가를 진행하게 됩니다. 이때 관찰 룸에서는 관찰자가 사용성 평가를 관찰하며 특이 사항을 기록하게 됩니다. 사용성 평가를 수행할 진행자와 관찰자의 역할에 대해 먼저 살펴보고 사용성 평가가 어떤 과정으로 진행되는지 알아보도록 하겠습니다.

진행자는 사용성 평가를 수행하는 데 가장 중요한 역할을 합니다. 참가자에게 해야 할 과업을 안내하고 질문하는 등 사용성 평가의 전반에 걸쳐 진행을 담당하게 됩니다. 그렇다면 원활한 사용성 평가를 위해 진행자에게 어떤 태도와 스킬이 필요할까요? 첫 번째는 참가자가 편안하게 이야기를 할 수 있는 분위기를 조성하고 참가자의 이야기에 경청하고 있다는 것을 보여 주어야 합니다. 예를 들면 참가자가 그들의 사용 경험이나 느낌에 대해 표현할 때 진행자는 '네, 그렇군요.'와 같이 잘 듣고 있다고 말하거나 '그래서 이 부분이 찾기 어렵다고 말씀하신 거죠?'와 같이 참가자의 말을 제대로 이해하고 있다고 알려주는 것이 필요합니다. 또한 사용성 평가를 진행하다 보면 참가자가 자신이 잘하고 있는 건지 초조한 모습을 보일 때가 있습니다. 이럴 때 진행자는 '정말 많은 도움이 되고 있습니다.'와 같이 참가자를 격려하는 것이 필요합니다. 이를 통해 참가자는 더욱 적극적으로 자기 생각과 느낌을 표현하게 됩니다.

두 번째로 중립적 자세를 유지해야 합니다. 진행자의 의도가 참가자에게 전해지면 참가자는 진행자가 원하는 방향으로만 이야기할 수도 있습니다. 진행자는 참가자가 무슨 말을 해야 하는지 알려 주거나 특정한 방향으로 답변을 유도하면 안 됩니다. 이뿐만 아니라 참가자들이 사용 방법을 물어본다 해도 대답해서는 안 됩니다. 진행자는 참가자 스스로 사용 방법을 알아낼 때까지 기다려야 합니다. 예를 들면 참가자가 과업을 수행하다 질문하면 진행자는 '평소 사용하시던 대로 해보세요.'와 같이 답변하는 것이 좋습니다. 또한 인터뷰 중에 참가자가 질문한다면 '어떻게 생각하시나요?', '어떻게 될 것 같은가요?'와 같이 우회하는 답변으로 참가자가 직접 이야기하도록 유도해야 합니다.

세 번째로 진행자는 참가자들이 과업을 수행하는 동안에 그들의 생각을 계속 입 밖으로 꺼내도록 유도해야 합니다. 이러한 방법을 말로 생각하기 기법(think aloud)이라고 합니다. 이를 통해 참가자들이 무엇을 보고 무엇을 하며 무엇이 그들을 혼란스럽거나 어렵게 만드는지 알아낼 수 있습니다. 만약 참가자가 과업을 수행하면서 아무 말 없이 묵묵히 있다면 진행자는 '무엇을 보고 계시나요?', '무슨 생각을 하고 계시나요?'와 같이 그들의 생각을 입 밖으로 표출하도록 요청해야 합니다.

관찰자들은 관찰 공간에서 사용성 평가 과정을 실시간으로 지켜보면서 발견한 특이점이나 문제점을 기록합니다. 이를 통해 참가자가 프로덕트를 어떻게 이해하고 사용하며 어떤 어려움을 겪게 되는지 분석할 수 있습니다. 특히 사전에 정의된 과업의 흐름도를 토대로 예상 동선에서 벗어난 오류 행동을 기록할 수 있습니다. 이를 분석하면 사용자가 자주 오류를 유발하는 병목 지점(bottleneck)을 정량적으로 분석하고 그 원인을 진단할 수 있게 됩니다.

[그림 20-3] 작업 흐름도 기반의 오류 분석 예시[96]

---

96. 「Usability Comparison of Simple Home and App Drawer Home in Smartphone」, (오의택, 김성민, 홍지영, 조민행, 최진해, 2016)

진행자는 평가의 목적과 절차에 대해 자세히 소개해 주고 참가자가 사용성 평가에 참여할 의사가 있다면 사용성 평가를 진행합니다. 먼저 참가자에게 개인 정보 보호와 비밀 서약에 대한 동의를 구합니다. 본 평가에 앞서 참가자가 편하게 평가에 임할 수 있는 아이스 브레이킹을 하면 좀 더 원활하게 진행할 수 있습니다. 프로덕트를 직접 사용해 보기 이전에 프로덕트와 관련된 기존 경험이나 태도에 대해 간단히 인터뷰를 진행합니다.

본 평가에서 진행자는 과업을 제시하고 참가자가 과업을 수행하도록 요청합니다. 참가자가 과업을 완료하면 사용 경험에 대해 설문지에 평가하도록 한 후 사후 인터뷰를 진행합니다. 인터뷰 내용은 사전에 정의된 주어진 과업에 대한 궁금한 질문이나 참가자가 특이하게 보였던 행동이 있다면 그 이유 등에 관해 물어볼 수 있습니다. 특히 설문지를 평가하면서 점수가 낮거나 높은 사용성 요인에 대해서는 참가자에게 인터뷰를 통해 그렇게 평가한 이유를 직접 파악할 수 있습니다. 이를 통해 어떤 사용 경험이 긍정적이거나 부정적인지 파악하면서 그 원인이 되는 UI를 추적해낼 수 있습니다. 과업의 제시 순서가 과제 수행에 영향을 미친다면 과제 목록을 무작위(random)로 제공해 순서 효과(order effect)로 인한 편향을 최소화해야 합니다.

사전 정의된 과제가 모두 완료되면 참가자에게 전반적인 프로덕트에 대한 경험이나 불편 사항 그리고 니즈 등에 대한 의견을 물어봅니다. 마지막으로 관찰 룸에서 관찰하던 프로덕트 이해관계자에게 참가자에게 추가로 묻고 싶은 게 있는지 확인하는 것으로 사용성 평가를 마무리합니다. 사용성 평가가 완료되면 참가자에게 감사의 말을 전하고 소정의 사례비를 전달합니다.

사용성 평가가 완료된 후 진행자는 참관하였던 프로덕트 이해관계자들에게 진빈적인 결과와 특이 사항에 대해 브리핑합니다. 이때 침기자들이 프로덕트를 이용하면서 겪은 심각한 사용성 문제가 무엇이고 이를 해결하는 방안은 무엇일지 함께 논의하고 기록해 둡니다. 이렇게 기록된 내용은 분석 단계에서 유용하게 활용됩니다.

20.4 AI를 통한 사용성 평가의 효율화

최근 생성형 AI를 활용해 사용성 평가를 효율적으로 수행하려는 다양한 시도가 있습니다. 생성형 AI는 사용성 평가의 기획 단계뿐만 아니라 수행 단계에서도 조수처럼 활용할 수 있습니다.

사용성 평가의 기획 단계에서는 [그림 20-4]와 같이 인터뷰 질문 정의, 평가 과업 및 평가 항목을 정의하는 데 생성형 AI를 활용할 수 있습니다. 예를 들면 인터뷰 질문을 프롬프트로 요청해 생성할 수 있습니다. 또한 AI를 통해 프로덕트의 사용 사례와 사용성 문제에 대해 확인하여 평가 과업 및 평가 항목을 정의하는 데 참고할 수도 있습니다.

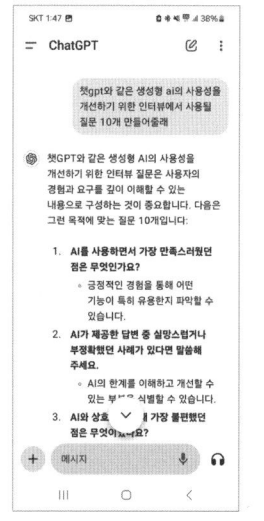 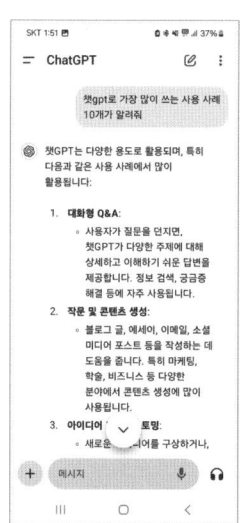 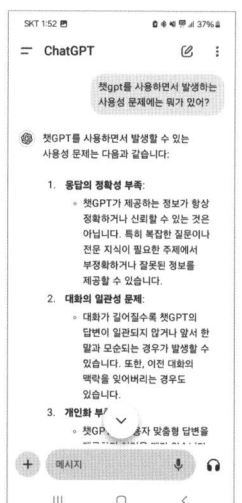

[그림 20-4] 생성형 AI를 기획 단계에 활용한 예시

생성형 AI는 사용성 평가의 수행 단계에서도 활용될 수 있습니다. UX 리서치 실무자 대상의 AI 활용 행태에 대해 조사한 결과에 따르면 사용자 조사 수행에서는 필사(transcription)와 노트 필기에 AI를 가장 많이 활용하는 것으로 나타

났습니다.[97] 즉 사용성 평가의 실행 단계에서는 직접 조사를 수행하는 데 활용하기보다는 반복적이고 보조적인 일의 효율성을 향상하는 데 효과적으로 활용할 수 있습니다.

결국 AI는 조사 기획에 대한 초안을 작성하고 조사 수행에서의 단순한 보조 역할을 수행하는 데 활용될 수 있습니다. 그렇지만 아직도 AI의 부정확한 결과 때문에 특정 단계를 전적으로 AI에 의존하는 것은 조사 결과의 신뢰성을 해칠 수 있습니다. 그러므로 AI는 디지털 조수로 단순하고 반복적인 일에 적용하여 효율성을 확보하는 데 사용합니다. 그리고 이를 통해 절약된 시간에는 AI가 생성한 초안을 검토하고, 사용자를 면밀히 이해하고, 인사이트를 도출하며 사용성 평가를 수행합니다.

20.5 사용성 평가의 활용

기존에 운영한 프로덕트나 새롭게 개발한 프로덕트에 대해 사용성 평가를 진행하면 예상하지 못했던 사용성 문제들을 발견할 수 있습니다. 디자이너나 기획자의 의도와는 달리 사용자가 이해한 멘탈 모델은 다를 수 있기 때문입니다. 또한 객관적인 관점에서 경쟁력을 파악할 수 있을 뿐만 아니라 발견된 사용성 문제의 우선순위를 제공해 데이터 기반의 합리적인 의사 결정을 지원할 수 있습니다. 특히 사용성 평가를 진행하는 과정에 프로덕트 이해관계자를 참여시키면 사용자 반응을 직접 보고 듣는 과정을 통해 사용자를 이해하고 공감할 수 있게 만듭니다. 이러한 과정은 사용자를 중심으로 프로덕트를 만들고 일하는 문화를 만드는 데 긍정적으로 작용합니다.

그렇지만 사용성 평가를 수행하려면 사용자를 모집하고 평가를 준비하는 과정에 큰 비용이 소요될 수 있습니다. 이뿐만 아니라 프로덕트 기획과 개발하는 과정이 짧은 호흡에 이루어져야 하는 경우 많은 시간이 소요되는 사용성

---

97. 유저 인터뷰(User Interviews) 웹 페이지 중 「AI in UX Research Report」, userinterviews.com/ai-in-ux-research-report

평가를 활용하는 것은 부담으로 작용할 수 있습니다. 그렇지만 꼭 많은 수의 참가자를 사용성 평가 룸으로 불러모아 대규모의 정교화된 사용성 평가로만 반드시 진행해야 하는 것은 아닙니다. 사용성 이슈를 파악하려면 소규모의 참가자를 대상으로 조용한 회의실에서 사용성 평가를 진행하는 것도 검토할 수 있습니다. 사용성 평가의 핵심은 실제 사용자를 대상으로 프로덕트에 대한 생생한 사용 행동과 목소리를 직접 관찰하는 것을 통해 사용자 입장에서 더 나은 프로덕트로 개선해 주는 것입니다.

> ☑ **파일럿 테스트**(pilot test)
> 본 조사에 앞서 시험적으로 소규모로 실시하는 예비 테스트를 말합니다. 연구 설계, 장비, 절차 등을 점검하고 개선을 위해 수행됩니다.
>
> ☑ **순서 효과**(order effect)
> 평가 대상의 순서에 따라 결과에 영향을 주는 것을 의미합니다. 동일한 프로덕트나 과업이더라도 먼저 평가하느냐 나중에 평가하느냐에 따라 서로 다른 결과가 발생할 수 있습니다. 대표적인 순서 효과로 프로덕트 사용으로 인한 학습이나 긴 시간 동안 평가가 진행되면 발생하는 피로를 들 수 있습니다.

21 개발 리스크를 줄여주는 수용도 조사

진화하는 사용자 니즈를 충족시키고 변화하는 시장 환경에 대응하려면 새로운 프로덕트와 기능을 제공해야 합니다. 이를 통해 차별화된 경쟁력을 확보하고 포화한 시장에서 새로운 비즈니스 기회를 개척해 나갈 수 있습니다. 그렇지만 새로운 프로덕트와 기능을 개발하는 것은 불확실성을 내포합니다. 신상품을 개발하려면 긴 개발 기간과 큰 비용의 발생이 수반됨에도 불구하고 출시 후 시장에서 성공을 보장할 수 없습니다.

신상품을 개발하기에 앞서 기획하고 있는 아이디어들을 검증하는 것이 필요합니다. 특히 AI와 같이 혁신적인 기술이 적용된 프로덕트는 높은 개발 비용과 함께 사용자의 행동 변화를 발생시키는 것과 같은 높은 불확실성을 지닙니다. 그러므로 새로운 아이디어가 사용자의 니즈를 충족시키며 예상치 못한 문제점을 불러일으키는지 사전에 점검하는 것은 매우 중요합니다. 그렇다면 이러한 신상품 개발 리스크를 줄여 주려면 어떻게 해야 할까요? 바로 수용도 조사(acceptance test)가 필요합니다.

수용도 조사에서는 새로운 프로덕트나 기능에 대한 사용자의 수용성을 검증합니다. 이를 통해 사용자의 니즈에 부합되는 아이디어를 선별하고 개선 방향성을 도출합니다. 이러한 사용자 검증 과정을 통해 신상품 개발 리스크를 최소화해 주고 향후 시장에 출시되었을 때의 반응을 미리 가늠해볼 수 있게 합니다. 여기에서는 새로운 프로덕트를 사용자가 어떻게 수용하는지에 대해 먼저 살펴보고 신상품 개발 리스크를 줄여주는 수용도 조사를 어떻게 진행해야 하는지 알아보도록 하겠습니다.

21.1 혁신의 수용

수용도 조사를 효과적으로 수행하려면 새로운 프로덕트를 수용하는 사용자의 인지적 특성에 대해 이해해야 합니다. 왜냐하면 새로운 프로덕트를 받아들인다는 것은 결국 사용자가 잠재적으로 얻을 수 있는 이득을 평가하는 인지적인 과정이기 때문입니다. 만약 새로운 프로덕트가 제공하는 이득이 높다면 이를 채택(adaption)하고 입소문 등을 통해 다른 사용자들에게도 빠른 확산(diffusion)이 일어날 것입니다. 예를 들면 [그림 21-1]과 같이 챗GPT는 MAU 1억을 달성하는 데 불과 2개월밖에 소요되지 않았습니다. 이는 사용자들이 챗GPT에 대해 이전의 어떤 프로덕트들보다 확연하게 이점이 높다고 평가하였거나 이전에 경험해 보지 못한 혁신적인 경험을 제공한다고 판단했기 때문입니다.

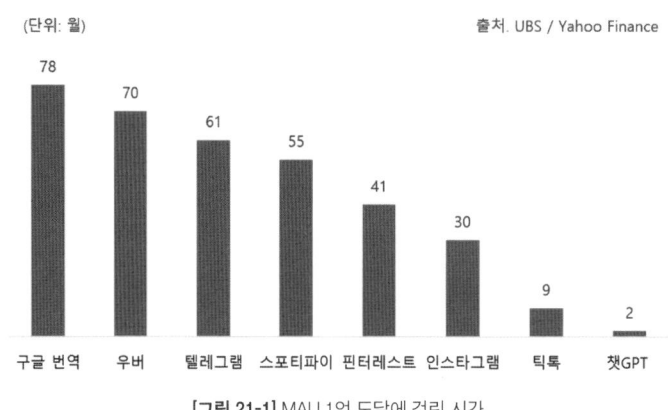

[그림 21-1] MAU 1억 도달에 걸린 시간

사용자의 혁신을 수용하는 과정을 검토할 때 단순히 이득뿐만 아니라 예상치 않게 발생할 수 있는 손실에 대해서도 고려해야 합니다. 혁신적인 프로덕트는 기능적으로 기존 프로덕트의 한계를 뛰어넘는 편익을 제공하기도 하지만 사용자의 행동 변화를 요구하게 합니다. 예를 들면 AI 프로덕트를 수용할 때 새로운 기술을 습득해야 한다는 부담감 또는 사생활 침해의 위협이나 안정성에 대한 의심과 같은 혁신의 불확실성이 존재할 수 있습니다. 만약 혁신적인 AI 프로덕트가 제공하는 편익에도 불구하고 높은 불확실성이 존재한다면 사용자는 채택을 포기할 수도 있습니다.

대표적으로 드보락 키보드는 쿼티 키보드에 비해 많이 쓰는 키가 근접하게 디자인되어 있어 타이핑 속도 향상과 피로 감소와 같은 명백한 이점이 있음에도 불구하고 그 사용에 익숙해지려면 많은 훈련과 노력이 요구됩니다. 이에 따라 대부분의 사용자는 기존에 익숙해진 쿼티 키보드의 사용을 유지하고 새로운 드보락 키보드를 채택하지 않았습니다. 이러한 불확실성이 높은 혁신의 수용 과정을 고려하여 신상품을 개발하는 과정에서는 사용자들에게 수용성을 검증받는 것이 필요합니다.

21.2 수용도 조사란?

새로운 프로덕트에 반영하고자 기획된 아이디어들은 사용자의 니즈를 만족시킬 것이라는 가설을 가집니다. 그렇지만 기획자가 예상하는 사용자의 니즈와 실제 사용자의 니즈 간에는 간극이 있을 수 있습니다. 그러므로 새로운 프로덕트나 기능에 대한 아이디어들을 사용자들이 어떻게 받아들일지를 검증하는 수용도 조사(acceptance test)가 필요합니다. 이러한 과정을 통해 신상품 개발에 활용될 아이디어들을 선별하고 더 나은 프로덕트를 위한 개선 방향성을 도출할 수 있습니다.

그렇다면 수용도 조사는 어떻게 효과적으로 수행할 수 있을까요? 수용도 조사는 디자인 프로세스 초기의 아이디어 정의 단계뿐만 아니라 이러한 아이디어가 콘셉트로 구체화해 개발이 이루어지기 직전 단계에도 수행될 수 있습니다. 이러한 수용도 조사가 수행되는 단계에 따라 평가에 사용되는 프로토타입의 수준이 결정됩니다. 만약 초기의 아이디어 정의 단계라면 단순히 아이디어를 글이나 이미지 형태로 작성한 시나리오나 스토리보드 형태의 낮은 수준의 프로토타입(low fidelity prototype)을 활용합니다. 반면에 개발 직전 콘셉트 구체화 단계라면 프로덕트 디자인 목업이나 화면 및 인터렉션을 구현한 높은 수준의 프로토타입(high fidelity prototype)을 활용합니다. 최근에는 스케치(Sketch)나 피그마(Figma)와 같은 툴이 발전됨에 따라 좀 더 이른 단계에서도 높은 수준의 프로토타입을 구현하여 수용도 조사에 활용할 수 있게 되었습니다.

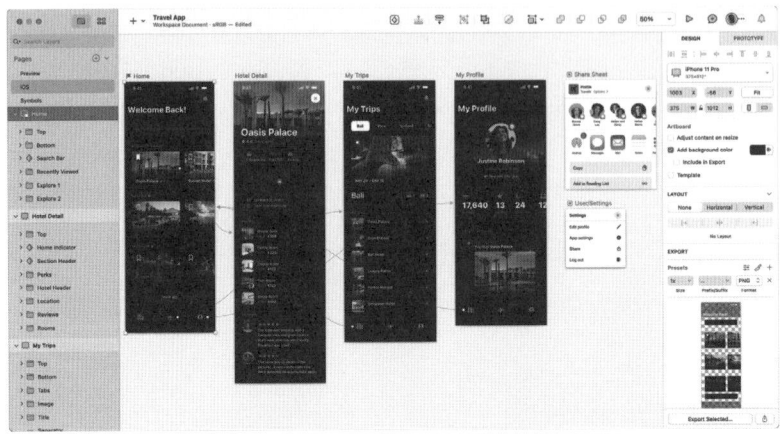

[그림 21-2] 디자인 프로토타입 툴 예시[98]

수용도 조사는 온라인 또는 오프라인으로 진행할 수 있습니다. 프로토타입의 수준이나 비용, 시간과 같은 조사 리소스에 따라 효과적인 방법을 결정하는 것이 필요합니다. 단순히 글이나 이미지 형태로 기술된 낮은 수준의 프로토타입은 온라인 설문 조사로 진행하는 것도 비용과 시간 측면에서 효과적입니다. 그렇지만 온라인으로는 참가자가 프로덕트를 보고 사용해볼 수 없으므로 아이디어에 대한 상세 정보를 명확히 기술하여 설문 조사를 진행해야 합니다. 오프라인에서는 프로토타입의 수준과 상관없이 수용도 조사를 진행할 수 있습니다. 특히 개발 직전에는 다소 높은 비용과 시간이 소요되더라도 좀 더 신중한 판단이 필요하므로 실제로 프로덕트에 가까운 프로토타입을 수용도 조사에 활용하는 것이 조사 결과의 신뢰성을 확보하는 데 효과적입니다.

만약 디자인 프로세스의 초기 단계라면 참가자에게 프로토타입을 사용하는 경험을 유도할 수 없을까요? 기술적인 부분이 구현되어 있지 않더라도 오즈의 마법사(Wizard of Oz) 기법을 활용한다면 프로토타입을 사용하는 경험을 유도할 수 있습니다. 오즈의 마법사 기법은 연구자가 마법사가 되어 참가자가 모르게 시스템의 응답을 가상으로 연기하는 기법입니다. 이를 통해 참가자가

---

98. 스케치 공식 홈페이지 중 「New prototype player」, sketch.com/changelog/new-prototype-player

실제로 작동하는 프로토타입을 사용하고 있다고 믿도록 만들고 상호 작용하는 과정에서 자연스러운 반응과 행동을 관찰할 수 있습니다.

특히 AI의 적용을 검토하고 있는 초기의 아이디어는 오즈의 마법사 기법으로 테스트하기에 적합합니다. 예를 들면 생성형 AI와 같이 대화형 AI 에이전트는 고려해야 할 디자인 요소가 많고 사용자에게는 익숙하지 않은 새로운 상호 작용 방식입니다. 오즈의 마법사 기법을 통해 사전에 준비된 대화 스크립트를 기반으로 사용자가 AI와 대화한다고 인지하도록 만들고 실제 사용 반응과 행동을 관찰해 분석할 수 있습니다. 이를 통해 사용자가 공감하는 대화 규칙, 목소리, 톤 앤드 매너 등 디자인 요소를 검증하고 어떤 부분에서 사용의 어려움을 겪는지 파악할 수 있습니다.

수용도 조사에서는 신상품의 잠재적인 수용자인 사용자를 대상으로 새로운 프로덕트 아이디어를 평가합니다. 이때 일반 사용자뿐만 아니라 전문 IT 블로거와 같은 특정 도메인의 전문가를 대상으로 평가를 진행할 수 있습니다. 혁신자(innovators)나 초기 수용자(early adopters)를 대상으로 새로운 프로덕트 아이디어를 평가하는 것도 효과적입니다. [그림 21-3]과 같이 신상품은 혁신자와 초기 수용자에 의해 먼저 사용되어 이들의 의견을 적극적으로 수용하는 것이 초기 시장에서 주효할 수 있습니다. 또한 수용도 조사에 일반 사용자와 전문가 집단을 모두 평가에 참여시킬 수도 있습니다. 일반 사용자와 전문가 간이 수용성의 차이를 분석해 보면 신상품의 적절한 출시 시점을 가늠해 보는 데 참고할 수 있습니다.

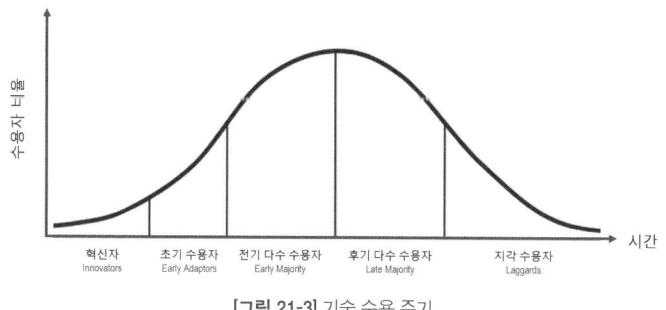

[그림 21-3] 기술 수용 주기

수용도 조사가 언제, 어디에서, 누구를 대상으로 어떤 프로토타입으로 진행해야 하는지 살펴보았습니다. 그렇다면 어떻게 평가해야 사용자가 새로운 프로덕트를 잘 수용할 수 있을지를 효과적으로 검증할 수 있을까요? 수용도 조사의 평가 요소는 디자인 프로세스 단계와 프로토타입 수준에 따라 달라질 수 있습니다. 예를 들면 디자인 프로세스 초기의 낮은 수준의 프로토타입을 평가할 때는 참가자가 실제 프로덕트를 보거나 사용해볼 수 없어 사용성이나 감성적인 측면에 대해 평가하기 어렵습니다. 그러므로 새로운 아이디어의 유용성이나 시장성에 맞춰서 평가를 진행하는 것이 효과적입니다. 기존 프로덕트 대비 얼마나 유용하고 새롭고 혁신적인지에 대해 평가하고 만약 이런 프로덕트가 출시된다면 이용하거나 구매할 의향이 있는지 평가합니다.

반면에 높은 수준의 프로토타입을 평가할 때는 프로덕트를 보고 사용해 볼 수 있어 유용성과 시장성뿐만 아니라 사용성과 감성적인 측면도 평가할 수 있습니다. 새로운 아이디어는 사용자의 행동 변화를 요구할 수도 있어 사용성 측면에서 사용하는 데 우려할 점이 있는지 평가해야 합니다. 또한 새로운 조작 방식이라면 얼마나 사용 방식을 예측할 수 있는지와 같은 평가 요소를 포함하는 것도 필요합니다. 프로덕트 디자인 목업에서는 심미성과 같은 감성적인 부분을 평가하는 것이 필요합니다. 이러한 상세한 요소를 통해 평가하고 아이디어를 선별하는 과정을 통해 프로덕트를 개발하면 실제 시장 출시 반응과의 간극을 줄여줄 수 있습니다.

21.3 수용도 조사 vs 사용성 평가

오프라인에서 진행되는 수용도 조사의 진행 절차는 사용성 평가와 유사합니다. 조사를 기획하고 참가자를 모집해 참가자들을 평가 룸으로 모집합니다. 본 평가에서는 진행자가 사전에 정의된 절차에 따라 설명해 주면 참가자가 프로토타입을 보고 조작해 보며 평가를 진행합니다. 이를 통해 새로운 프로덕트와 기능에 대한 사용자의 반응 데이터를 수집하게 됩니다.

그렇다면 수용도 조사는 사용성 평가와 무엇이 다를까요? 평가 요소 측면에서 수용도 조사와 사용성 평가의 확연한 차이를 볼 수 있습니다. 상대적으로 디자인 프로세스 초기 단계에서 이루어지는 수용도 조사는 아이디어나 콘셉트가 제시하는 유용성과 시장성에 초점을 맞춥니다. 반면에 디자인 프로세스 후기 단계에서 이루어지는 사용성 평가는 감성적인 요소에 초점을 맞추어 진행됩니다. 특히 수용도 조사에서는 아이디어를 선별하고 시장성을 파악한다는 점에서 사용성 평가와 차이를 보입니다. 수용도 조사에서 차별화되어 사용될 수 있는 평가 방법인 카노 모델(Kano model)과 지불 의향(willingness to pay)에 대해 좀 더 살펴보겠습니다.

프로덕트 개발 과정에는 비용과 시간이라는 리소스 한계로 모든 아이디어와 기능을 개발하는 데 한계가 있습니다. 그러므로 사용자의 니즈 관점에서 우선순위가 높은 아이디어나 기능을 선별하는 것이 필요합니다. 카노 모델은 사용자가 기대하는 것과 그것을 충족시켜 주는 것 사이의 만족도를 설명하는 모델입니다. 카노 모델의 분석 과정을 통해 신상품에서 기획하고 있는 기능이 구현되었을 때 사용자의 니즈 충족에 어느 정도의 의미 있는 영향이 있을지 파악할 수 있습니다.

카노 모델을 통해 특정 기능에 대한 반응을 분석하려면 참가자에게 설문지를 평가하도록 해 데이터를 수집합니다. 이때 참가자에게 특정 기능에 대해 긍정적 질문과 부정적 질문을 함께 평가하도록 합니다. 예를 들면 '만약 A 기능을 추가한다면 당신은 어떨 것 같습니까?', '만약 A 기능을 추가하지 않는다면 당신은 어떨 것 같습니까?'라는 질문에 5점 척도로 각각 답변하도록 합니다. 이렇게 측정된 데이터는 카노 모델의 산술식에 의해 만족 계수와 불만족 계수로 각각 계산됩니다.

기능별 만족도 계수와 불만족도 계수를 2차원 평면에 표시하면 [그림 21-4]와 같이 4가지 영역으로 구분됩니다. 여기서 매력적(attractive) 품질은 상품 자체에 대해 기대했던 것 이상의 만족을 주어 만족도를 급격히 상승시킵니다. 일원적(performance) 품질은 충족되면 만족을 주지만 충족되지 않으면 불만을 일으킵니다. 당연적(must-have) 품질은 충족되면 만족을 주지 못하지만 충족되지 않으면 불만을 일으킵니다. 무관심(indifferent) 품질은 충족되지 않아도 사용자의 만족도에 아무런 영향을 미치지 않습니다. 이러한 분석 결과를 참고하여 기획하고 있는 신상품의 전략에 따라 기능의 개발 우선순위를 결정합니다.

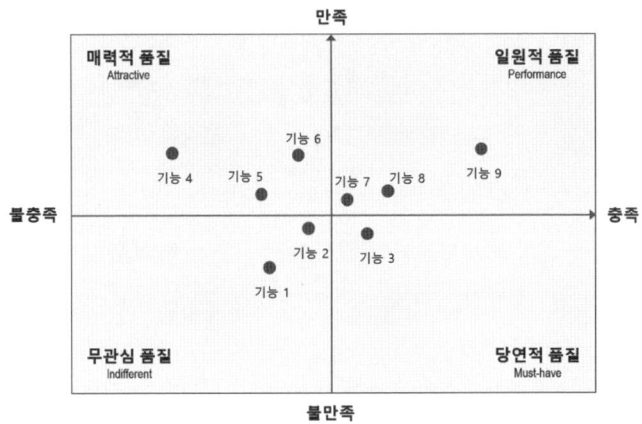

[그림 21-4] 카노 모델의 분석 결과 예시

신상품 개발 과정에는 많은 개발 인력과 시간이 들어가 그에 따른 비용이 소요됩니다. 이렇게 투자된 비용 대비 신상품이 기업에 얼마만큼의 이익을 돌려줄지에 대한 ROI는 신상품 개발에 대한 의사 결정에 중요한 정보입니다. 수용도 조사에서는 지급 의향뿐만 아니라 지급 의사 가격에 대한 데이터를 수집할 수 있습니다.

참가자에게 신상품 콘셉트에 관해 설명해 주고 설문지를 통해 지급 의향 및 가격 수용도를 파악할 수 있습니다. 지급 의향은 단순히 살 의향이 있는지 없는지로 구분해 평가할 수 있으며 좀 더 상세하게 5점이나 7점으로 구성된 리커트 척도로도 평가할 수 있습니다. 지급 의사 가격은 구매 의향이 있다면 참가자가 프로덕트에 대해 기꺼이 지급하고자 하는 가격 경계선을 파악하는 것입니다. 지급 의사 가격은 다양한 방법을 통해 도출할 수 있습니다. 대표적으로 참가자에게 특정 가격으로 프로덕트를 구매할 것인지 묻고 그런 다음 가격이 오르거나 내려도 프로덕트를 구매할 것인지를 물어봅니다. 이러한 가격

책정 방법을 통해 [그림 21-5]와 같이 특정 예상 가격 지점에 대한 수요를 파악할 수 있습니다.

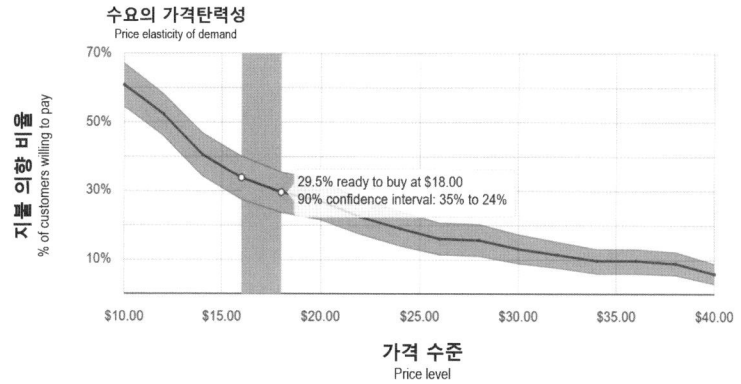

[그림 21-5] 지급 의사 가격에 대한 분석 결과 예시[99]

21.4 수용도 조사의 한계와 활용

수용도 조사는 신상품 개발에 앞서 기획하고 있는 아이디어를 평가해 사용자 니즈에 부합하는 아이디어를 선별하고 개선 방향성을 도출할 수 있게 합니다. 이러한 과정을 통해 단순히 개인의 주관이나 직관에 의존하지 않고 사용자 관점에서 합리적인 의사 결정을 할 수 있게 합니다. 그렇지만 수용도 조사 결과를 해석하고 활용하는 데 그 한계점을 이해하는 것도 중요합니다.

첫 번째로 평가에 활용되는 프로토타입이 실제 출시되는 프로덕트와 차이가 있다는 것입니다. 특히 낮은 수준의 프로토타입으로 수행하는 수용도 조사의 결과와 실제 프로덕트 출시 후 시장 반응에 대한 간극이 크게 차이 날 수 있습니다. 높은 수준의 프로토타입도 개발 양산 과정을 거치면서 초기 기획하였던 콘셉트의 이상적인 면들이 퇴색되어 전혀 다른 형태의 프로덕트로 완성될 수가 있습니다.

---

99. 컨조인틀리(Conjointly) 웹 페이지 중 「Willingness to Pay: What It Is and How to Measure It」, conjointly.com/blog/willingness-to-pay

두 번째로 평가되는 시점입니다. 실제 수용도 조사를 거쳐 짧은 기간 내에 프로덕트가 개발되고 출시된다면 그 간극은 크지 않을 수 있습니다. 그렇지만 개발 양산 기간에 많은 시간이 소요된다면 결국 사용자의 니즈는 진화하고 트렌드에 따라 변화할 수 있습니다. 이에 따라 출시 후의 시장의 반응은 수용도 조사가 이뤄진 시점과는 다른 결과를 보일 수 있습니다.

세 번째로 수용도 조사는 단순히 프로덕트나 기능에만 초점을 맞춰 평가되어 실제 출시 후 사용자가 경험하는 직간접적인 모든 경험을 대변하기 어렵다는 점입니다. 예를 들면 브랜드나 패키징과 같은 심리적이거나 시각적인 요인은 수용도 조사에서는 고려하기 어렵습니다. 이뿐만 아니라 광고나 주변인 또는 SNS로 인한 사회적인 영향도 수용도 조사에서는 예측할 수 없습니다.

그런데도 수용도 조사는 신상품 개발에 앞서 사용자의 니즈를 검증해 보고 시장 출시 후 반응을 예측할 수 있는 효과적인 방법임은 틀림없습니다. 실제 출시될 프로덕트 및 경험과의 간극을 최소화할 수 있도록 수용도 조사를 진행하고 조사 결과 해석에 유의해서 활용한다면 신상품 개발 리스크를 효과적으로 줄여줄 수 있습니다.

> ☑ **기술 수용 주기**(technology adoption lifecycle)
>
> 새로운 기술이나 혁신적인 프로덕트가 시장에 도입되어 시간이 지남에 따라 다양한 소비자 그룹에 의해 어떻게 받아들여지는지를 설명하는 모델입니다. 소비자 그룹은 새로운 기술과 프로덕트를 얼마나 빨리 받아들이냐에 따라 5단계로 구분되며 정규 분포의 형태를 이룹니다. 혁신을 수용하는 순서에 따라 혁신자는 약 2.5%, 초기 수용자는 약 13.5%, 전기 다수 수용자는 약 34%, 후기 다수 수용자는 약 34%, 지각 수용자는 약 16%를 차지합니다.
>
> ☑ **디자인 목업**
>
> 실제 제품을 만들기 전에 디자인을 검토하고자 실물과 비슷하게 만든 시제품으로 제품이나 웹사이트 등의 최종 디자인을 시각적으로 표현합니다.

☑ **수용도 조사**(acceptance test)

프로덕트가 시장에 출시되기 전에 선행 콘셉트나 프로토타입을 사용해 사용자의 수용성을 검증하는 방법입니다. 주로 기획하고 있는 프로덕트나 신기능의 유용성과 시장성을 예측하는 데에 활용됩니다.

☑ **사용성 평가**(usability test)

시장에 출시된 프로덕트를 대상으로 사용자에게 과제를 수행하게 해 사용성에 대한 경험적 증거를 얻는 방법입니다. 현재 프로덕트의 사용성의 수준을 진단하고 개선하기 위해 활용됩니다.

22 사용자 니즈를 효율적으로 검증하는 설문 조사

급격히 진화하는 사용자의 니즈에 대응하려면 발 빠르게 프로덕트를 개선할 수 있어야 합니다. 그렇지만 단순히 정성적으로 탐색된 사용자 니즈를 기반으로 프로덕트를 개발하고 보완하기에는 높은 비용이 리스크로 작용합니다. 그러므로 정량적인 사용자 조사를 통해 가설적인 사용자 니즈를 빠르게 검증하는 것이 필요합니다.

비교적 낮은 비용으로 많은 양의 사용자 데이터를 효율적으로 수집할 수 있는 대표적인 방법으로 설문 조사를 들 수 있습니다. 설문 조사는 설문지를 통해 특정 프로덕트에 대한 인식과 태도, 이용 행태 등을 파악하는 사용자 조사 방법입니다. 특히 AI 프로덕트와 같이 빠르게 변화하는 기술 트렌드와 진화하는 사용자 니즈에 대해 효율적으로 캐치합니다. 여기에서는 가설적인 사용자 니즈를 효율적으로 검증하기 위해 설문 조사를 어떻게 기획하고 수행하여야 하는지에 대해 살펴보도록 하겠습니다.

22.1 설문 조사란?

설문 조사는 구조화된 설문지(structured questionnaire)를 통해 프로덕트에 대한 인식, 행동, 태도 등에 대한 데이터를 수집하는 사용자 조사 방법입니다. 짧은 시간 내에 많은 양의 데이터를 수집할 수 있으며 상대적으로 적은 비용으로 수행할 수 있다는 장점을 가지고 있습니다.

충분히 많은 수의 응답자를 대상으로 정량 데이터를 수집한다면 다양한 통계적인 분석을 통해 의미 있는 결과를 도출할 수 있습니다. 예를 들면 프로덕트 기획 단계에서 특정 프로덕트나 기능에 대한 니즈를 검증할 수 있을 뿐만 아니라 간단한 디자인 콘셉트에 대한 선호도를 파악할 수도 있습니다. 또한 프로덕트 개선 단계에서는 현재 프로덕트에 대한 사용 행태나 만족도를 검증하는 등 다양한 목적에 대한 결과를 확인할 수 있습니다.

이러한 설문 조사를 통해 유용한 정보를 수집하려면 조사 목적과 한정적인 리소스 하에서 적합한 조사 방법을 선정해야 합니다. 그리고 의미 있고 효과적인 검증을 진행할 수 있도록 설문 문항을 잘 설계하는 것도 중요합니다. 설문 조사의 기획 단계에서 가장 핵심적인 과정인 설문 조사 방법의 선정과 설문지 개발에 대해 좀 더 자세하게 살펴보도록 하겠습니다.

22.2 설문 조사 방법 선정하기

설문 조사는 크게 오프라인 조사와 온라인 조사로 분류됩니다. 이 두 방법 간의 차이는 조사가 진행되는 공간적 차이뿐만 아니라 진행자에 의해 조사가 진행되는지에서 차이를 보입니다. 이에 따라 각 조사 방법에는 장단점이 존재하게 됩니다.

오프라인 조사에서는 온라인 조사보다 더 많은 설문 항목을 활용할 수 있습니다. 또한, 설문의 난도가 높을 경우에도 효과적입니다. 진행자가 설문 중에 조사 내용이나 문의 사항에 관해 설명해줄 수 있기 때문입니다. 그러므로 직접 설문지에 응답하는 데 한계가 있는 어린이나 시니어를 대상으로도 한 조사에서는 오프라인 조사가 적합합니다. 오프라인 조사는 상대적으로 큰 비용이 들기에 리소스가 충분히 확보된 상황에서 진행 가능하며, 크게 1:1 설문 조사와 다수의 응답자가 참여하는 갱서베이로 구분됩니다. 1:1 설문 조사에서는 진행자가 응답자를 찾아가 특정 주제에 대해 심층적으로 조사를 진행할 수 있습니다. 반면에 갱서베이는 단시간에 많은 양의 데이터를 확보할 수 있지만 1:1 설문 조사처럼 심층적으로 조사를 하는 데에는 한계가 있습니다.

온라인 조사는 시간이나 장소와 상관없이 응답자 패널에게 이메일이나 SNS 등을 통해 설문 링크를 전달하여 실시간으로 데이터를 수집할 수 있는 조사 방법입니다. 이를 통해 짧은 시간 내에 조사를 수행할 수 있을 뿐만 아니라 낮은 비용으로 대규모의 데이터를 수집할 수 있습니다. 특히 진행자에 의한 응답 편향이 없어 민감한 질문이 포함된 설문 조사에 적합합니다. 하지만 복잡하거나 분량이 긴 항목이 포함될 경우 응답자는 설문에 성실히 답변하지 않을 수 있어 응답의 신뢰성이 떨어질 수 있다는 한계점도 지닙니다.

22.3 설문지 개발하기

설문 방법이 결정되면 설문 조사를 구체화하기 위한 설문지 개발 과정이 필요합니다. 그 과정은 [그림 22-1]과 같이 무엇을 물어볼지 정의하는 것에서 시작해 구체적인 설문지를 설계하고 이를 개선하는 단계를 거칩니다. 그럼 단계별로 자세히 살펴보도록 하겠습니다.

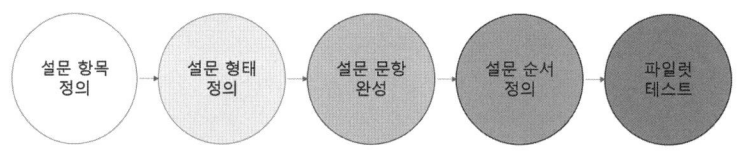

[그림 22-1] 설문 개발 과정

조사 목적에 따라 연구 주제를 세분화하고 각 주제에 대해 응답자에게 물어볼 설문 항목들을 정의합니다. 이러한 설문 항목의 구조화는 [그림 22-2]와 같이 표현할 수 있습니다. 이러한 과정에서 설문 항목의 구조는 상호배제와 전체포괄(Mutually Exclusive and Collectively Exhaustive, MECE)의 원칙을 따르는 것이 중요합니다. 즉, 각 설문 항목이 서로 중복되지 않으면서 조사 전체를 통해서는 목적이 명확하게 파악되어야 합니다. 이를 기반으로 설문 항목을 잘 대변할 수 있는 세부 내용을 정의합니다.

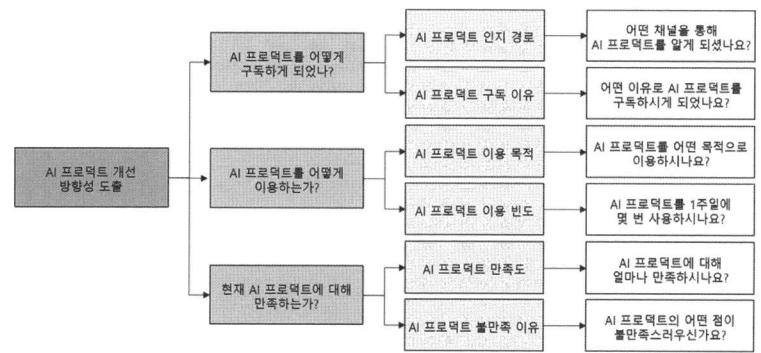

[그림 22-2] AI 프로덕트 개선 방향성에 대한 설문 구조화 예시

이때 적정한 수준의 설문 분량을 정의하는 것이 필요합니다. 왜냐하면 연구자는 많은 설문 항목을 통해 응답자들에게서 다양한 정보를 알고 싶겠지만 이는 응답자의 인지적 피로를 증가시켜 결국 설문 결과의 신뢰성을 떨어트리게 합니다. 오프라인 설문에 비해 온라인 설문에서는 참가자가 직접 설문을 읽고 질문의 의도를 이해해야 하기에 응답 피로로 인해 설문 후반부로 갈수록 응답의 신뢰성이 떨어질 수 있습니다.[100] 그러므로 설문의 분량과 난도에 따라 적정한 소요 시간을 예상하고 꼭 필요한 설문 문항만 선정하는 과정이 필요합니다. 온라인 설문을 기준으로 약 20~30분 이내로 설문 소요 시간을 한정하는 것이 좋습니다.

개별 설문 항목들이 정의되면 그 내용을 데이터화하고자 설문 형태를 정의해야 합니다. 설문 형태는 [표 22-1]과 같이 크게 주관식과 객관식으로 분류됩니다. 주관식 설문은 개방형 설문(open question)이라고도 부릅니다. 주로 응답에 대한 범주화(categorization)가 어려울 때 탐색을 위해 사용되며 응답한 단어나 문장을 분석하여 범주화합니다. 그렇지만 특히 문장으로 기술해야 하는 서술형

---

100. 「패널을 이용한 온라인 서베이와 오프라인 서베이 데이터 사이의 신뢰도에 대한 탐색적 연구」, (권익현, 이상원, 2005)

질문은 응답자의 인지적 부담을 가중해 의미 있는 데이터의 확보가 어려울 뿐만 아니라 데이터 분석의 난도도 높아지게 만듭니다. 그러므로 가능한 서술형 질문의 활용은 지양하되 꼭 필요할 경우에는 소수의 질문만 활용하는 것이 필요합니다.

[표 22-1] 주관식 질문과 객관식 질문의 예시

설문 형태	질문 예시
주관식	AI 스피커의 어떤 점이 사용을 불편하게 하나요? _____
객관식	다음 중 AI 스피커의 사용을 불편하게 하는 것은 무엇인가요? ① 음성 인식의 정확도 낮음 ② 자연스러운 대화 어려움 ③ 소음으로 인한 음성 명령의 오류 ④ 이용 가능한 기능이 제한적임 ⑤ 다른 서비스와의 연동 어려움 ⑥ 기타 _____

객관식 설문은 폐쇄형 설문(closed question)이라고도 부릅니다. 응답자의 응답이 어떨지 명백하게 짐작되고 그것이 범주화될 때 사용됩니다. 만약 답변 항목 중에 그 외 응답 가능성이 조금이라도 있다면 질문의 보기에 기타 응답을 추가하여 '기타', '해당 없음', '응답하고 싶지 않음' 등과 같이 예외적인 선택지를 만들어야 합니다.

정량적인 분석을 하는 데 객관식 설문이 많이 활용됩니다. 설문 응답의 척도에 따라 분석에 활용될 수 있는 통계적 분석 기법이 달라지므로 설문 작성 단계에서 어떤 척도로 문항을 만들어 어떻게 분석할지 구상해 두는 것이 필요합니다. 척도(scale)의 유형은 크게 선택형과 점수형으로 구분합니다. [표 22-2]와 같이 선택형에는 양자택일, 다항 선택형, 서열 선택형이 있고 점수형에는 리커트 척도(Likert scale), 의미 미분법(semantic differential method), 고정 총합형이 있습니다. 이때 분산 분석, 상관 분석, 회귀 분석과 같은 통계적 분석을 활용하려면 점수형 척도를 사용하는 것이 효과적입니다. 이러한 통계적 분석 방법에 대해서는 24장에서 상세히 알아보도록 하겠습니다.

[표 22-2] 척도의 유형 예시

척도의 유형	질문 예시
양자택일	생성형 AI를 이용해본 경험이 있으신가요? ① 예 ② 아니요
다항 선택형	다음 중 어떤 생성형 AI를 주로 이용하시나요? ① 챗GPT ② 구글 바드 ③ 빙 AI ④ 달리 ⑤ 미드저니 ⑥ 기타 ____
서열 선택형	다음은 생성형 AI의 일반적인 기능입니다. 활용하기에 유용할 것 같다고 생각이 되는 순서대로 괄호 안에 숫자를 기재해 주세요. ① 텍스트 생성 ( ) ② 이미지 생성 ( ) ③ 동영상 생성 ( ) ④ 음성 생성( ) ⑤ 코드 생성 ( )
리커트 척도	챗GPT 답변의 정확성에 대해 어떻게 생각하시나요? ① 매우 부정확하다 ② 부정확하다 ③ 보통이다 ④ 정확하다 ⑤ 매우 정확하다
의미 미분법	챗GPT에 대한 이미지가 어디에 더 가까운지 평가해 주세요. 어리석다 ① - ② - ③ - ④ - ⑤ 똑똑하다
고정 총합형	챗GPT를 이용하는 작업의 비중에 대해 총점수가 100점이 되도록 점수를 할당해 주세요. ① 글쓰기 ( ) ② 번역 ( ) ③ 정보 검색 ( ) ④ 코딩 ( ) ⑤ 데이터 요약 ( ) ⑥ 기타 ( )

인터뷰와 달리 설문 조사는 응답자의 반응을 즉각적으로 알기 어려워 설문 문항의 오류를 발견하기 어렵습니다. 이는 결국 응답률이나 응답 신뢰도와 같은 설문 결과의 품질에 크게 영향을 미칠 수 있습니다. 그러므로 좋은 설문 문항을 만들려면 응답자 관점에서 심사숙고하여 설문 문항을 개발해야 합니다.

첫 번째로 이해하기 쉽도록 문장을 짧고 간결하게 구성해야 합니다. 길고 군더더기가 붙은 설문 문항은 설문 시간을 길어지게 하며 응답자의 피로도를 높입니다. 두 번째로 누구나 쉽게 이해할 수 있는 친숙한 단어를 사용해야 합니다. 특히 속어, 약어, 유행어를 사용하지 않아야 합니다. 이러한 단어의 사용은 응답자에게 인지적 부담을 야기시킬 뿐만 아니라 질문 의도를 오인하게 만듭니다. 세 번째로 하나의 설문에는 한 가지 내용만을 물어보아야 합니다. 하나의 질문에 여러 가지를 물어본다면 응답자가 질문을 이해하고 답변하기 어려울 뿐만 아니라 분석 시 여러 갈래로 해석될 수 있어 정확한 원인 추정을 어렵게 합니다. 네 번째로 중립적인 단어와 문구를 사용해야 합니다. 특정한 방향으로 선택을 유도하는 질문을 하거나 감정에 호소하는 단어들을 사용하지 않아야 합니다. 이에 따라 응답자의 생각과는 달리 대답이 다른 방향으로 편향될 수 있습니다. 마지막으로 이중 부정 문구나 전체 긍정 및 부정어를 사용하지 않아야 합니다. 사용자의 혼란을 일으키는 표현은 응답의 신뢰도를 떨어뜨리는 원인이 될 수 있습니다.

각 설문 문항이 완성되면 응답자가 자연스럽게 평가할 수 있도록 설문의 순서를 배열해야 합니다. 먼저 같은 주제에 대해 물어보는 설문들은 한데 묶어서 물어보는 것이 응답자의 몰입을 해치지 않습니다. 이때 주제별 설문의 시작은 가벼운 것에서 시작해 좀 더 구체적이고 심화한 질문으로 옮겨가는 것이 응답자의 인지적 부담을 줄여줄 수 있습니다. 설문의 후반부는 집중도가 떨어졌을 것에 대비하여 중요한 설문보다는 인구 통계학적 정보와 같은 개인적이고 단순한 질문을 배치하는 것이 좋습니다.

설문지 초안이 완성된 후에는 소수의 응답자를 대상으로 파일럿 테스트를 진행해야 합니다. 파일럿 테스트를 통해 설문의 소요 시간, 질문의 이해 정도나 배열, 안내 문구의 적합성 등과 같은 설문지 전반에 대해 점검하여 문제점을 파악할 수 있습니다. 이렇게 발견된 문제점은 개선하여 설문 결과의 품질을 향상할 수 있습니다.

22.4 설문 조사 수행하기

최종 개선된 설문지를 이용해 설문 조사를 수행하여 연구 질문에 대한 데이터를 수집합니다. 이때 설문 조사가 수행하는 과정은 조사 방법에 따라 차이가 있습니다. 오프라인 설문에서는 설문을 진행하는 진행자의 교육이 먼저 필요합니다. 진행자는 조사의 목적, 설문 내용 그리고 예상되는 질문에 대한 답변 등에 대해 사전 이해와 연습이 필요합니다. 모든 사전 준비가 끝나면 사전 약속을 통해 조사 대상자를 방문해 설문 조사를 수행합니다. 반면 온라인 설문에서는 설문지를 온라인으로 프로그래밍하는 것이 필요합니다. 응답자 패널 등을 활용하여 메일이나 SNS 등의 채널에서 온라인 설문을 진행합니다. 이러한 조사 방법을 통해 수집된 설문지는 이상 데이터가 없는지 검수를 완료한 후 엑셀 등에 설문지 응답 내용을 입력하여 최종 분석 자료를 획득합니다. 이후 분석 과정을 거칩니다. 데이터를 통계적으로 분석하는 과정에 대해서는 24장에서 상세히 알아보도록 하겠습니다.

설문 조사는 낮은 비용으로 사용자 니즈에 대한 가설을 검증할 수 있는 조사 방법입니다. 그렇지만 사용자의 과거 기억 회고에 의존해 평가해야 해서 그 정확성이 떨어질 수 있다는 한계점을 지닙니다. 만약 사용자가 디지털 프로덕트를 경험한 직후나 시간이 많이 지나지 않은 시점에 온라인 설문을 바로 진행한다면 기억이 생생하게 반영된 경험 데이터를 확보할 수 있습니다.

온라인 설문 조사는 [그림 22-3]과 같은 툴을 이용해 누구나 손쉽게 접근해 설문을 만들어 데이터를 수집할 수 있습니다. 최근에는 더욱 효율적인 조사를 수행하고자 생성형 AI를 온라인 설문 조사에 적용하고 있습니다. 원하는 주제에 대해 프롬프트로 생성형 AI에 요청하면 설문의 초안을 작성할 수 있습니다. 연구자는 생성형 AI가 생성한 설문 초안을 검토하여 개별 질문이나 구성요소에 대해 직접 편집할 수 있습니다. 이러한 온라인 설문 조사 툴과 생성형 AI를 통해 조사에 들어가는 시간과 노력을 절약할 수 있게 되었습니다.

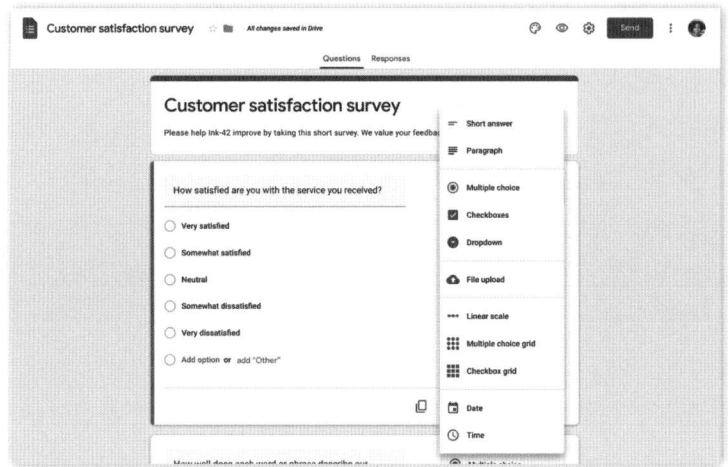

[그림 22-3] 온라인 설문 조사 툴[101]

설문 조사는 대표적인 정량적 조사로 대규모의 사용자 데이터를 수집하고 분석해 프로덕트 개발 프로세스 전반에 의미 있는 인사이트를 제공할 수 있습니다. 그렇지만 사용자가 어떤 니즈를 가졌는지조차 분명하지 않은 단계에서는 설문 조사를 수행하기가 어렵다는 한계를 지닙니다. 사용자 니즈에 대한 가설이 없다면 이를 검증할 구체적인 설문지 개발이 어렵기 때문입니다. 그러므로 이러한 탐색 단계에서는 인터뷰나 관찰 기법과 같은 정성적 연구를 먼저 수행하여 가설적 사용자 니즈를 발굴하고 그 이후에 설문 조사를 통해 정량적으로 검증하는 것이 효과적입니다.

반면에 프로덕트 만족도나 브랜드 충성도 파악과 같이 구체적인 가설이 필요하지 않은 연구에서는 설문 조사를 통해 현황을 먼저 파악하고 인터뷰나 관찰 기법과 같은 정성 연구를 통해 현상에 대한 구체적인 이유를 파악할 수 있습니다. 이렇듯 사용자 조사 방법이 지닌 장점은 극대화하되 한계점에 대해서는 보완적인 방법을 활용하는 것을 통해 사용자를 더 잘 이해하고 공감하는 것이 필요합니다.

---

101. 구글 폼(Google Forms) 웹 페이지 중「구글 폼으로 유용한 정보 빠르게 얻기」, google.com/intl/ko_kr/forms/about

☑ **상호배제와 전체포괄**(Mutually Exclusive and Collectively Exhaustive, MECE)

항목들이 상호 배타적이면서 모였을 때는 완전히 전체를 이루는 것을 의미합니다. MECE 원칙을 적용하면 복잡한 문제에 체계적으로 접근하고 명확하게 정보를 정리할 수 있습니다.

☑ **리커트 척도**(Likert scale)

설문 조사에서 응답자의 태도나 의견을 측정하고자 사용되는 척도로 응답자가 제시된 문장에 대해 얼마나 동의하는지를 답변하도록 합니다.

☑ **의미 미분법**(semantic differential method)

어떤 대상이나 개념에 대한 태도나 감정을 세분화하여 측정하기 위해 개발된 심리학적 도구입니다. 대칭적인 형용사 쌍으로 구성하여 응답자에게 답변하도록 합니다.

23. 디지털 흔적을 통해 사용자를 이해하는 디지털 에스노그래피

사용자는 디지털 세상 안에서 많은 시간을 보내며 흔적을 남깁니다. 일상을 거리낌 없이 SNS에 포스팅하거나 온라인으로 상품을 구매하고 후기를 남기기도 합니다. 사용자는 오히려 오프라인보다 온라인에서 더 솔직하게 생각과 느낌을 표현하기도 합니다.

디지털 전환이 가속화되면서 일상의 더 많은 모습이 디지털 형태로 기록되고 쌓이고 있습니다. 다양한 형태로 축적된 디지털 흔적들은 사용자를 이해할 중요한 단서로 작용합니다. 이러한 디지털 빅데이터를 AI로 분석하면 사용자의 숨겨진 니즈를 발굴할 수도 있습니다. 디지털 데이터 속의 사용자 행동을 분석해 숨겨진 니즈를 발굴하는 기법을 디지털 에스노그래피(digital ethnography)라고 합니다. 여기에서는 사용자가 디지털에 남긴 흔적을 통해 인사이트를 도출하는 디지털 에스노그래피에 대해 살펴보도록 하겠습니다.

23.1 디지털 에스노그래피란?

원래 에스노그래피는 인류학자들이 잘 밝혀지지 않은 미지의 환경에 침투해 원주민들을 관찰하고 기록해 그 문화를 연구하는 방법입니다. UX 리서치에서는 에스노그래피 기법으로 프로덕트를 사용하는 실제 환경에서 사용자의 꾸밈없는 자연스러운 행동을 주의 깊게 관찰해 인터뷰나 설문 조사로 잘 밝혀지지 않은 숨겨진 니즈를 발굴하기도 합니다. 디지털 에스노그래피는 디지털 환경에서의 사용자 행동이 담긴 빅데이터를 에스노그래피 관점에서 분석하는 기법입니다. 디지털 에스노그래피는 온라인 에스노그래피(online ethnography), 데이터 에스노그래피(data ethnography), 소셜 빅데이터 분석(social big data analysis)이라고도 불립니다.

인터뷰나 설문 조사와 같은 사용자 조사 기법과 디지털 에스노그래피의 가장 큰 차이는 데이터를 획득하는 방법입니다. 사용자 조사는 참가자에게 과제를 수행하게 하거나 질문하는 것과 같이 연구자가 사전에 정의한 연구 질문을 기반으로 사용자에게서 직접 데이터를 수집합니다. 반면에 디지털 에스노그래피는 사용자들이 디지털에 남긴 빅데이터들을 간접적으로 수집한 후에 연구자가 탐색을 통해 연구 질문에 대한 데이터를 찾습니다. 즉 디지털 에스노그래피는 데이터를 수집하기 위해 별도의 조사가 필요하지 않습니다. 그러므로 디지털 에스노그래피는 언제 어디서든 디지털 빅데이터에 접근할 수 있으며 데이터를 수집하는 데 조사 비용이 요구되지 않는다는 장점이 있습니다.

디지털에 남겨진 사용자의 어떤 형태의 데이터든지 디지털 에스노그래피의 분석 대상이 될 수 있습니다. 특히 사용자가 디지털에 남긴 글이나 이미지 및 영상과 같이 사용자의 생각과 느낌을 직접 표현한 비정형적인 데이터는 그들의 관심사나 니즈를 파악하는 데 효과적으로 활용될 수 있습니다. 예를 들면 [그림 23-1]과 같이 커머스 서비스나 블로그에 남긴 상품 리뷰, 구글에서 사용한 검색어, 트위터에 남긴 글, 커뮤니티 댓글과 같은 텍스트를 들 수 있습니다. 이뿐만 아니라 인스타그램이나 페이스북에 포스팅한 사진 그리고 유튜브에 업로드한 동영상과 같은 이미지 및 영상 데이터도 디지털 에스노그래피 분석에 활용될 수 있습니다.

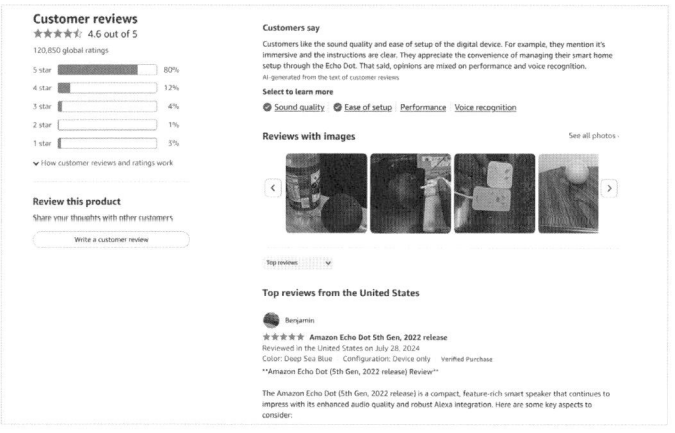

[그림 23-1] 아마존 에코에 대한 상품 리뷰

23.2 디지털 에스노그래피 분석 방법

사용자가 디지털에 남긴 데이터의 형태는 이미지 및 영상, 텍스트로 구분됩니다. 이러한 데이터 형태에 따라 디지털 에스노그래피에서 분석하는 방법이 달라집니다. 이미지 및 영상 데이터는 키워드 등을 통해 원하는 연구 질문에 부합되는 데이터를 탐색하여 그중 특이한 사용 행태를 보이는 소수의 데이터를 연구자가 직접 분석해 인사이트를 발굴할 수 있습니다. 반면 텍스트 데이터는 AI를 활용해 큰 용량의 데이터를 자동으로 수집 및 분석하여 그 속에 숨겨진 특정한 특성과 패턴을 파악할 수 있습니다.

23.2.1 이미지 및 영상 데이터 분석

사용자들은 인스타그램이나 페이스북과 같은 SNS 그리고 유튜브와 같은 영상 플랫폼에 소소한 일상들을 이미지나 영상 콘텐츠로 만들어 스스럼없이 업로드합니다. 특정 주제에 대해 업로드한 이미지 및 영상의 행동 분석을 통해 인터뷰나 설문 조사에서는 보이지 않던 사용자 니즈를 발굴할 수 있습니다. 특히 이미지와 영상 데이터에는 텍스트 분석에서 파악할 수 없었던 비언어적 정보나 맥락적 정보들이 포함되어 있어 더욱 풍부한 분석과 해석이 가능합니다.

영상 데이터 분석에 대한 사례로 아동과 AI 스피커의 상호 작용에 관한 연구를 살펴보겠습니다.[102] 이 연구에서는 AI 스피커를 사용하는 아동 사용자들이 유튜브에 업로드한 영상을 디지털 에스노그래피 방식으로 분석해 아동과 AI 스피커 사이의 자연스러운 인터랙션을 연구하였습니다. 영상 속 행동을 분석한 결과에 따르면 아이들은 AI 스피커를 살아 있는 대상으로 인지하였고 눈을 맞추며 소통하거나 포옹하고 쓰다듬는 등의 행동을 취했습니다.

이러한 분석 결과는 어떤 인사이트를 제공해 줄까요? 첫 번째로 아이를 대상으로 한 프로덕트의 외형 디자인에는 아이들에게 친숙한 캐릭터를 활용한 것이

---

102. 「아동을 대상으로 한 AI 스피커의 의인화 표현 및 인터랙션 디자인에 관한 연구」, (정주희, 전수진, 2020)

긍정적인 상호 작용을 촉진한다고 해석할 수 있습니다. 두 번째로 AI 스피커와 눈을 맞추거나 포옹했을 때 라이팅 반짝임, 표정 변화, 효과음과 같은 특화된 인터랙션 효과를 제공한다면 아이와 더욱 긍정적인 상호 작용을 높일 수 있을 것입니다. 이렇듯 아이와 같이 말이나 글로 구체적인 니즈를 잘 표출하지 못할 경우 오히려 영상 데이터를 통해 사용 행동과 맥락을 풍부하게 분석하여 잠재된 니즈(unmet needs)를 효과적으로 발굴할 수 있습니다.

23.2.2 텍스트 데이터 분석

사용자들은 디지털 프로덕트를 이용하면서 다양한 목적으로 텍스트를 입력합니다. 정보를 탐색하기 위해 검색어를 입력하거나, 커머스 서비스의 상품 후기를 남기거나, SNS나 커뮤니티에 일상과 생각을 글로 기록하고 댓글을 남기기도 합니다. 디지털에 쌓인 텍스트 데이터들은 자연어 처리나 텍스트 마이닝(text mining)과 같은 AI 기술을 통해 자동으로 분석할 수 있습니다. 예를 들면 트위터에 최근 가장 빈번하게 확산하는 키워드를 파악하거나 최근 출시된 상품에 대한 상품 후기를 분석하는 것과 같이 사용자의 생생한 반응 정보를 비즈니스에 활용하기도 합니다.

이러한 텍스트 데이터를 분석하려면 웹에서 정보를 추출해 수집하는 웹 크롤링(web crawling)과 텍스트 전처리 과정이 필요합니다. 이렇게 분석이 용이한 형태로 데이터를 변환한 후에는 키워드 분석(keyword analysis), 감성 분석(sentiment analysis), 트렌드 분석(trend analysis), 네트워크 분석(network analysis)과 같은 다양한 정량적인 분석이 가능합니다.

키워드 분석은 수집된 텍스트 데이터 내에서 키워드의 출현 빈도를 분석해 핵심 주제를 추론하는 기법입니다. 대표적인 분석 방법으로 워드 클라우드(word cloud)는 널리 알려져 있습니다. 워드 클라우드로 시각화된 결과를 통해 화제가 되는 키워드를 빠르고 직관적으로 파악할 수 있습니다. [그림 23-2]는 인간-로봇 인터랙션(Human-Robot Interaction, HRI) 연구들의 내용을 분석해 워드 클라우드로 표현한 결과입니다. 이를 통해 HRI 연구에서 어떤 주제에 관심을 가지고 있는지 한눈에 파악할 수 있습니다. 글자 크기가 클수록 더 많이 언급된 키워드로 HRI 연구에서는 사회적인 소통(social communication)과 학습(learning)이 중요한 주제라는 것을 확인할 수 있습니다.

[그림 23-2] 워드 클라우드로 분석한 HRI 연구 주제[103]

감성 분석은 감성 어휘 사전에 정의되어 있는 키워드를 기준으로 수집된 감성 반응을 분석하는 기법입니다. 특정 키워드에 대해 얼마나 많은 긍정과 부정 반응을 보이는지 파악할 수 있어 사용자들의 프로덕트에 대한 반응 분석, 브랜드 이미지에 대한 모니터링, 프로덕트의 판매 예측 등에 활용됩니다.

[그림 23-3]은 저널이나 학술 대회에 게재된 논문들에서 챗GPT에 대해 언급한 내용을 감성 분석해 시각화한 결과입니다. 각 키워드에 대한 긍정 및 부정적 언급 빈도를 계산해 긍정 반응은 양수로, 부정 반응은 음수로 직관적으로 표현하였습니다. 그 결과 연구자들의 챗GPT에 대한 감성은 전반적으로 긍정적인 부분이 더 많다는 것을 알 수 있습니다. 특히 긍정적인 반응에서는 좋음(good)이라는 키워드가 가장 많이 언급된 반면 부정적인 반응에서는 문제(issue)가 가장 많이 언급되었습니다. 좀 더 자세히 살펴보면 지원(support), 일(work), 기술(skill), 개선(improve), 창의적인(creative), 정확한(accurate), 효과적인(effective)과 같은 키워드가 긍정적으로 나타났으며 이는 연구 활동에 챗GPT가 도움이 될

---

103. 「The end of the beginning: a reflection on the first five years of the HRI conference」, (Christoph Bartneck, 2011)

수 있는 유용한 도구라고 생각하는 것으로 해석할 수 있습니다. 반면에 부정적인 키워드로 에러(error), 속임수(cheat), 편향(bias)으로는 챗GPT 결과물의 신뢰성에 대한 우려를 나타낸다고 해석할 수 있습니다. 이렇게 도출된 챗GPT에 대한 감성 분석 결과는 생성형 AI 프로덕트의 활용 방향과 개발 시 고려 사항으로 참고할 수 있습니다.

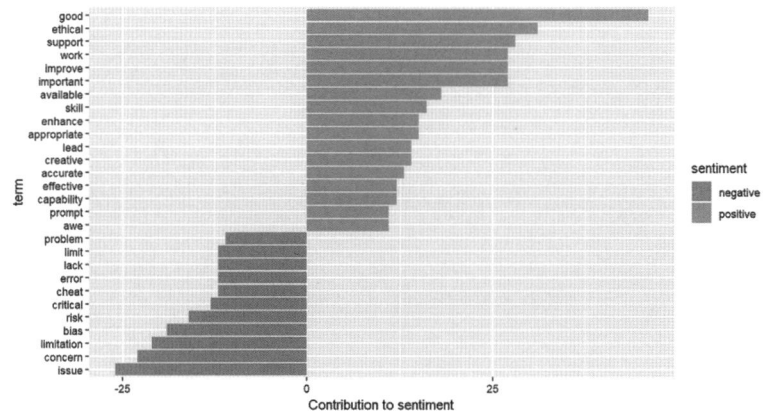

[그림 23-3] 챗GPT의 연구 활용에 대한 감성 분석 결과[104]

트렌드 분석은 특정 키워드의 출현 빈도를 시계열로 분석해 시간의 흐름에 따른 관심도 변화를 파악하는 기법입니다. 특정 시점에서의 감성 분석을 함께 진행한다면 사용자의 태도 변화도 함께 알아낼 수 있습니다. 예를 들면 기능이 업데이트되었을 때 해당 프로덕트에 대한 사용자의 관심도가 올라가는지, 그 반응은 긍정적인지 혹은 부정적인지 분석할 수 있습니다.

대표적인 사례는 누구나 손쉽게 활용할 수 있는 검색 엔진에서 검색어 사용 추이를 분석하는 것입니다. [그림 23-4]는 구글 트렌드(Google Trend)를 이용해 지난 5년간의 챗GPT와 아마존 알렉사 검색어에 대해 시계열 분석을 한 결과입니다. 챗GPT는 2022년 말을 기점으로 폭발적으로 관심이 일어나는 것에

---

104. 「What do academics have to say about ChatGPT? A text mining analytics on the discussions regarding ChatGPT on research writing」, (Rex Bringula, 2023)

비해 알렉사에 대한 관심은 많이 식어버린 것을 확인할 수 있습니다. 이러한 트렌드 분석 결과를 통해 AI에 대한 트렌드가 음성 AI 스피커에서 생성형 AI 로 패러다임이 변화했다는 것을 알 수 있습니다.

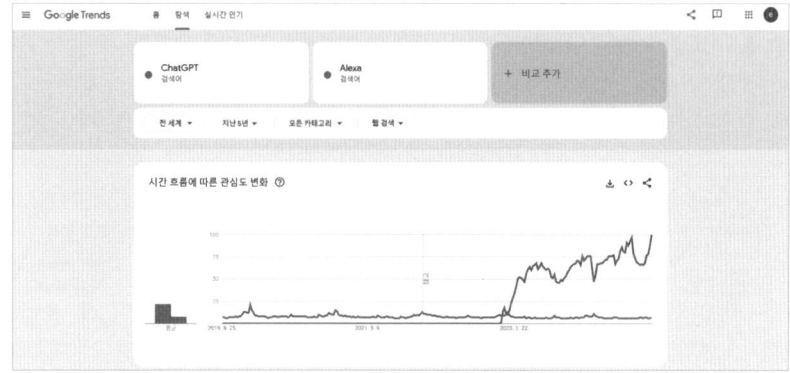

[그림 23-4] 챗GPT와 알렉사의 검색어 사용 추이 비교

앞선 분석 기법들에서는 단일 키워드의 빈도, 감성 그리고 시간에 따른 변화를 분석할 수 있었습니다. 이러한 단일 키워드의 분석만으로는 사용자들이 남긴 VoC에 대한 의미를 분석하는 데는 한계가 있습니다. 네트워크 분석은 키워드 간의 연계성으로 그 의미를 추론하는 분석 기법으로 연결 구조와 강도를 분석하여 키워드 간의 관계를 시각화합니다.

네트워크 분석 사례로 아마존 에코 쇼에 대한 아마존닷컴의 리뷰를 분석한 연구에 대해 살펴보겠습니다. [그림 23-5]는 부엌과 방을 중심으로 네트워크를 분석한 내용을 시각화해 준 결과입니다. 그 결과를 살펴보면 부엌(kitchen)에서는 불편한(inconvenient), 응답하지 않는(irresponsive), 실망한(disappointed) 등의 부정적인 형용사와 연관되는 반면에 방(room)에서는 굉장한(fantastic), 훌륭한(wonderful) 등과 같은 긍정적 형용사와 연결됩니다. 각 장소와 연결되는 대상을 살펴보면 부엌(kitchen)은 비디오(video), 디스플레이(display)와 같은 시각 인터페이스에 대한 키워드와 연결되었습니다. 반면에 방(room)은 음악(music), 소리(sound)와 같은 음성 인터페이스를 통한 청취 경험에 대한 키워드와 근접하게 연결된 것을 볼 수 있습니다. 이러한 연구 결과를 종합해 보면 방 대비 부엌이라는 공간에서는 사용자의 시각 인터페이스 활용에 대한 의존도가 높습니다. 하지만 아마존 에코 쇼에서 제공하는 시각적 경험은 사용자들의 기대를 충분히 만족시키고 있지 못하다고 해석할 수 있습니다.

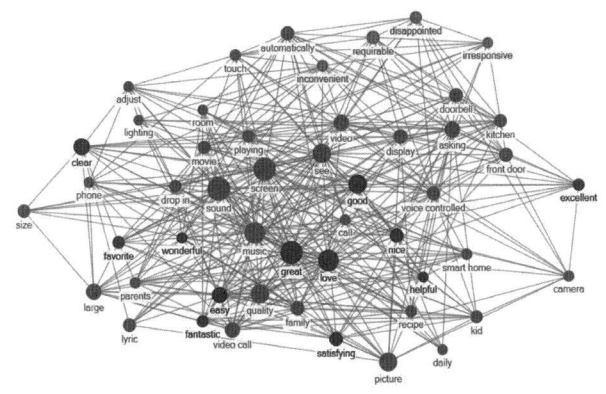

[그림 23-5] 아마존 에코 쇼의 리뷰에 대한 네트워크 분석 결과[105]

23.3 AI를 통한 디지털 에스노그래피의 효율화

디지털에 쌓인 검색어, 상품 후기 등과 같은 대용량의 텍스트 데이터들은 자연어 처리나 텍스트 마이닝과 같은 AI 기술을 통해 자동으로 수집하고 분석할 수 있습니다. 정량적인 분석 기법을 활용하면 데이터 속에 숨겨진 특정한 특성과 패턴도 파악할 수 있습니다.

반면, [그림 23-6]과 같은 그래픽 인터페이스 기반의 비정형 데이터 분석 솔루션을 비용을 지불하여 구독할 수도 있습니다. 또한, 빅데이터 분석 플랫폼이 아니더라도 구글 트렌드와 같이 무료로 접근하여 손쉽게 활용할 수 있는 툴도 있습니다. 이처럼 비정형 빅데이터 분석에 대한 문턱이 낮아졌기 때문에, 이제는 데이터 사이언티스트가 아니더라도 기획자나 디자이너도 얼마든지 텍스트 데이터를 분석하고 인사이트를 발굴할 수 있게 되었습니다.

---

[105]. 「의미 연결망 분석을 통한 디스플레이형 인공지능 스피커의 사용자 경험 요인 연구: 아마존 에코의 온라인 리뷰 분석을 중심으로」, (이정명, 김혜선, 최준호, 2019)

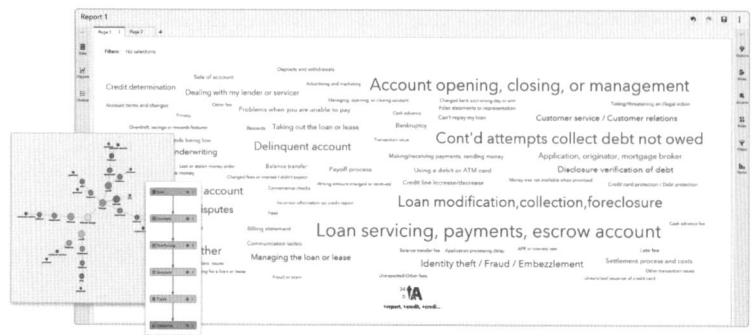

[그림 23-6] 비정형 데이터 분석 툴[106]

반면에 이미지 및 영상 데이터 분석에는 아직 AI가 활발히 활용되고 있지 않습니다. 이미지에서 다양한 시각적 특징을 추출하는 것과 같은 AI 이미지 분석 기술은 존재하지만 이미지나 영상 속에서 사용자의 행동과 맥락에 대한 풍부한 분석과 해석할 수 있는 완성도 높은 분석 솔루션은 아직 상용화되지 않았습니다. 그러므로 이미지 및 영상 데이터 분석은 아직도 연구자가 직접 데이터를 수집하고 분석해야 하는 수고스러움이 존재합니다.

디지털 에스노그래피 기법으로 언제 어디서나 온라인 빅데이터에 접근해 사용자 관심과 행동을 분석하여 잠재된 니즈를 발굴할 수 있습니다. 이를 통해 새로운 프로덕트 콘셉트를 정의하는 것에서 출시된 프로덕트의 사용자 반응을 확인하고 개선점을 파악하는 데 활용할 수 있습니다. 그렇지만 디지털 에스노그래피 기법이 지닌 한계점을 이해하고 활용하는 것이 필요합니다.

첫 번째로 데이터 수집 과정에서 아직은 많은 부분을 연구자가 직접 수작업으로 진행해야 합니다. 특히 텍스트 데이터와는 달리 이미지와 영상 데이터를 자동으로 크롤링하고 분석하는 완성도 높은 기술은 없어 모든 분석 과정을 연구자가 직접 수행해야 합니다. 텍스트 데이터의 경우도 웹 크롤링으로 자동으로 텍스트 데이터를 수집하였다 하더라도 쓸모없는 데이터가 많을 수

---

106. SAS 공식 홈페이지 중 「SAS Visual Text Analytics」. sas.com/en_us/software/visual-text-analytics.html

있습니다. 그러므로 정확한 분석 결과를 위해서는 웹 크롤링으로 수집된 데이터를 연구자가 검토하고 필요한 데이터를 선별하여 정제하는 과정이 발생할 수 있습니다.

두 번째로 텍스트 데이터를 분석하는 과정에서 AI가 아직도 사람이 작성한 텍스트를 완벽하게 이해하는 수준에 도달하지 못해 그 결과물의 정확도가 낮을 수 있습니다. 예를 들면 역설법이나 은유와 같은 사람들이 흔히 표현하는 문장의 의미를 파악하는 데는 한계가 있을 수 있습니다.

마지막으로 디지털 에스노그래피는 사용자가 디지털상에 남긴 데이터에만 의존해야 해서 연구 질문을 검증할 데이터가 없는 경우가 많습니다. 그러므로 연구 질문에 따라 사용자 조사 방법을 병행하여 진행하는 것이 필요합니다.

> ☑ **텍스트 마이닝**(text mining)
>
> 텍스트에서 의미 있는 정보를 찾아내는 기술입니다. 여기서 마이닝이란 데이터에서 통계적인 의미가 있는 개념이나 특성을 추출하고 이것 간의 패턴이나 추세 등의 정보를 끌어내는 과정을 말합니다. 텍스트 마이닝에서는 자연어 처리 및 머신러닝 기술을 이용해 텍스트 분류, 군집화, 특성 추출 등을 수행합니다.
>
> ☑ **웹 크롤링**(web crawling)
>
> 웹사이트에서 유용한 정보를 찾아 특정 데이터베이스로 자동으로 수집하는 기술을 말합니다.
>
> ☑ **텍스트 전처리**
>
> 인간이 사용하는 자연어를 머신러닝 모델이 이해할 수 있는 형식으로 사전에 처리하는 과정을 의미합니다. 텍스트 전처리에서는 문자열에서 단어 분리, 문시 특징을 표현하는 데 불필요한 단어 삭제, 문시에시의 단어를 인덱싱하고 빈도화하는 것과 같은 작업을 수행합니다.

24 사용자 경험 데이터는 어떻게 분석해야 할까?

사용자 조사를 통해 수집된 데이터는 새로운 사업 기회 영역의 발굴과 현재 프로덕트 디자인의 개선에 대한 정보를 제공합니다. 그렇지만 단순히 사용자 조사로 수집된 데이터만으로는 의미 있는 인사이트를 얻을 수 없습니다. 수집된 데이터 특성에 맞는 적합한 분석을 진행하고 이를 시각화하여 해석하는 과정이 필요합니다.

사용성 평가나 설문 조사, 인터뷰와 같은 사용자 조사를 통해 다양한 형태의 사용자 경험 데이터가 수집됩니다. 이러한 사용자 경험 데이터는 만족도 점수, 과제 수행 시간이나 에러 수와 같은 정량적 데이터와 사용자의 리얼 보이스, 행동 관찰 기록이나 사진과 같은 정성적 데이터로 구분됩니다. 주로 정량적 데이터가 얼마나 많은 행동이 일어나고 있는지를 알려 준다면 정성적 데이터는 그 행동이 왜 일어나는지에 대한 이유를 알려 줍니다.

여기에서는 수치로 이루어진 정량적 경험 데이터와 텍스트로 이루어진 정성 데이터를 어떻게 분석하고 시각화할 수 있는지 살펴보도록 하겠습니다. 또한 AI를 통해 어떻게 데이터 분석 과정을 고도화하고 효율적으로 수행해 줄 수 있는지에 대해서도 알아보도록 하겠습니다.

24.1 정량적 데이터 분석

정량적 데이터 분석을 하는 데 통계 분석(statistical analysis)이 활용됩니다. 통계 분석은 기술 통계(descriptive statistics)와 추론 통계(inferential statistics)로 구분됩니다. 기술 통계는 수집된 데이터의 특성을 파악하고자 활용되는 것에 반해 추론 통계는 샘플을 통해 모집단을 추론하거나 가설을 검정하고자 활용된다는 차이를 보입니다. 그렇지만 이 두 가지 통계 분석 방법은 별개로 진행되는 것이 아니라 기본적으로 데이터의 특성을 파악하고자 기술 통계를 진행하되 통계적인 유의성을 밝히거나 연관성을 파악하는 것과 같이 좀 더 고도화된 분석이 필요할 경우에는 추론 통계까지 진행하게 됩니다.

24.1.1 기술 통계

사용자 조사를 통해 수집된 정량 데이터는 먼저 기술 통계 분석의 과정을 거칩니다. 이러한 분석 과정은 데이터의 유형에 따라 다른 통곗값을 구합니다. 먼저 범주형 데이터로는 선호하는 디자인 타입이나 과제 성공 여부 등의 데이터를 분석해서 빈도, 백분율 등 통곗값을 구할 수 있습니다. 반면에 수치형 데이터로는 만족도나 수행 시간 등을 분석해서 평균, 표준 편차 등의 통곗값을 구할 수 있습니다.

가장 대표적인 통곗값으로 사용자의 전형적인 행동을 파악하는 중심 경향 지표를 들 수 있습니다. 바로 평균(mean)과 중앙값(median) 그리고 최빈값(mode)입니다. 평균은 표본의 데이터를 모두 더한 후 표본의 데이터 개수로 나눈 값으로 가장 널리 활용됩니다. 그렇지만 데이터 중 너무 큰 값이나 너무 작은 값, 즉 극단값이 포함될 경우 크게 영향을 받기에 해석에 조심해야 합니다. 이렇게 극단값이 많이 포함될 경우 중앙값을 활용하는 것도 고려해볼 수 있습니다. 여기서 중앙값은 표본 데이터를 크기 순서대로 나열했을 때 가운데 위치한 값을 말합니다. 7점 리커트 척도처럼 데이터가 제한된 값을 가지고 있을 때는 최빈값을 활용하는 것도 고려해볼 수 있습니다. 최빈값은 가장 빈번하게 발생하는 값을 말합니다.

이렇듯 사용자의 전형적인 행동을 파악하고자 다양한 통곗값이 사용될 수 있습니다. 사용사 조사를 통해 수집된 데이터의 분포 특성과 분석 목적에 따라 적절한 값을 활용하는 것이 필요합니다. 물론 수집된 데이터에 극단값들이 많이 포함되어 있지 않다면 평균을 가장 많이 활용합니다. 만약 이러한 극단값이 측정상의 문제나 참가자의 실수로 수집된 이상값(outliner)이라면 이를 제거하고 분석하는 방법도 고려해야 합니다.

그럼 다음으로 정량 데이터를 분석한 결과를 시각화하는 가장 대표적인 방법들에 대해 살펴보도록 하겠습니다. 이러한 기술 통계의 분석과 시각화는 엑셀과 같은 간단한 툴이나 태블로(Tableau)와 같은 전문적인 데이터 분석 툴을 통해 수행할 수 있습니다.

범주형 데이터로는 주로 백분율로 분석해 사용자의 행동이 어느 영역에 많이 분포되는지 확인합니다. 이러한 분석 결과는 원그래프(pie chart)나 누적 막대그래프(stacked bar chart)로 시각화해 그 경향성을 한눈에 파악할 수 있습니다. 원그래프는 전체 참가자의 특정한 행동이 전체 행동에서 차지하는 비율을 직관적으로 보여 줍니다. 그렇지만 세그먼트가 많아지면 복잡해져 그 개수를 최소화하거나 상대적으로 덜 중요한 세그먼트들에 대해서는 기타 등으로 처리하는 것이 필요합니다. 예를 들면 [그림 24-1]의 원그래프는 선호 프로덕트의 선택 결과를 한눈에 보여 줍니다. 그 결과 프로덕트 A가 프로덕트 B와 C보다 높은 선호도를 보인다는 것을 알 수 있습니다.

누적 막대그래프는 원그래프와 같이 각각의 막대 형태 내에서 전체 행동 중 특정한 행동이 차지하는 비율을 보여 줍니다. 다수의 막대를 한 번에 표시할 수 있어 연속된 일련의 데이터 집합을 가지고 있을 경우에 효과적으로 활용할 수 있습니다. 예를 들면 [그림 24-1]의 막대그래프는 참가자가 5개의 과업을 수행했을 때의 성공률을 보여 줍니다. 그 결과 상대적으로 과업 1의 성공률이 다른 과업들보다 낮다는 것을 알 수 있으며 이는 과업 1을 수행할 UI 디자인의 개선이 시급하다는 것을 의미합니다.

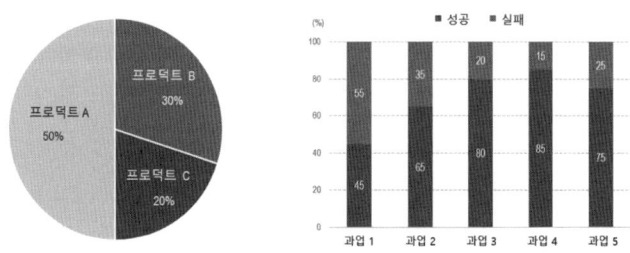

[그림 24-1] 원그래프와 누적 막대그래프 예시

수치형 데이터로는 주로 평균으로 분석해 사용자의 행동이 어디서 더 많이 발생하는지 확인합니다. 이러한 분석 결과는 막대그래프(bar chart)나 선그래프(line chart)로 시각화해 그 경향성을 한눈에 파악할 수 있습니다. 막대그래프는 디자인 콘셉트나 태스크와 같이 분리된 카테고리에 대한 연속적인 값을 표현하고자 할 때 효과적으로 사용할 수 있습니다. 이때 막대의 길이를 통해 카테고리 간의 크기를 비교합니다. 예를 들면 [그림 24-2]의 막대그래프는 7점 척도로 콘셉트들의 선호도를 평가한 결과로 콘셉트 A가 가장 높은 선호도를 보인 것을 직관적으로 알 수 있습니다. 선호도나 만족도뿐만 아니라 여러 프로덕트 또는 콘셉트 간의 사용성 경쟁력을 비교할 때도 막대그래프가 가장 자주 사용됩니다.

만약 카테고리가 연령대, 태스크나 여정의 단계 등과 같이 연속적인 속성을 지닌다면 막대그래프보다 선그래프를 활용하는 것이 더 효과적입니다. 특히 선그래프에서는 여러 개의 범주일 때 그 값을 비교하기 좋습니다. 단순히 카테고리별 우열을 가리는 것뿐만 아니라 각 카테고리의 변화를 함께 확인할 수 있습니다. [그림 24-2]의 선그래프는 경쟁사와의 태스크 단계별로 만족도 점수의 비교와 변화를 표현한 결과입니다. 전반적으로 브랜드 A와 B의 만족도가 브랜드 C보다 높은 것을 볼 수 있습니다. 브랜드 A와 B의 만족도를 비교해 보면 대부분은 브랜드 A가 높지만 과업 2에서 브랜드 B가 A를 근소하게 역전하였다가 다시 브랜드 A가 우세한 추세를 확인할 수 있습니다.

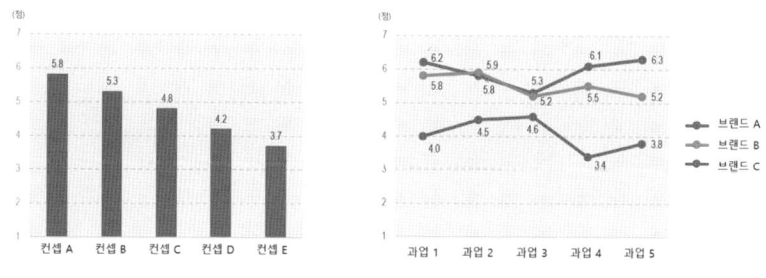

[그림 24-2] 막대그래프와 선그래프 예시

이러한 평균에 대한 결과는 신뢰 구간(confidence interval)을 통해서 더욱 정교한 해석을 할 수 있게 해줍니다. 신뢰 구간은 데이터가 어느 범위 안에 있는지를 확률적으로 알려주는 방법으로 데이터의 분포 특성을 알려 줍니다. [그림 24-3]과 같이 신뢰 구간은 막대그래프 위에 구간으로 표시해 주며 주로 95%의 신뢰 구간을 많이 활용합니다. 만약 프로덕트 A의 신뢰 구간이 2초라면 프로덕트 A에 대한 전체 데이터는 95%의 신뢰도로 평균 17초에서 ±2초인 15초에서 19초 사이에서 데이터가 분포한다는 것을 의미합니다.

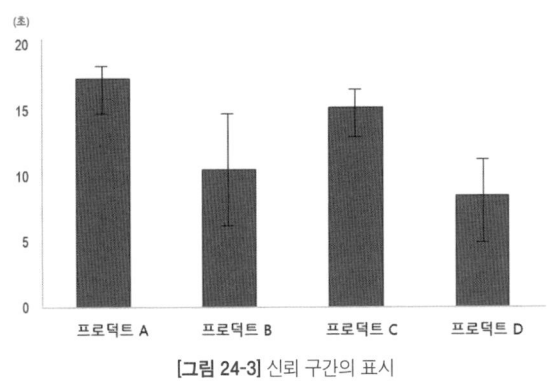

[그림 24-3] 신뢰 구간의 표시

앞서 살펴본 방법 이외에도 사용자 조사 데이터를 좀 더 구체적인 목적으로 활용할 분석과 시각화 방법도 있습니다. 대표적으로 방사형 그래프(radar chart)와 산점도(scatterplot)를 들 수 있습니다. 방사형 그래프는 특정한 대상에 대해 여러 평가 항목으로 비교해 전체적인 경향을 유추하고 싶을 때 활용됩니다. 동심원 위에 평가 항목별로 점을 찍어서 형성된 도형의 모양으로 특정 대상이 잘하는 것과 못하는 것을 한눈에 확인할 수 있습니다. [그림 24-4]는 프로덕트 A와 B의 UX 경쟁력을 분석한 결과입니다. 프로덕트 A가 B보다 사용 용이성, 효율성, 디자인의 심미성이 높지만, 기능의 유용성과 전체적인 일관성이 낮다는 것을 직관적으로 알 수 있습니다. 이러한 결과는 경쟁력 관점에서 강점은 지속해서 유지하면서 약점을 보완하는 UX 전략을 수립하는 데 도움이 될 수 있습니다.

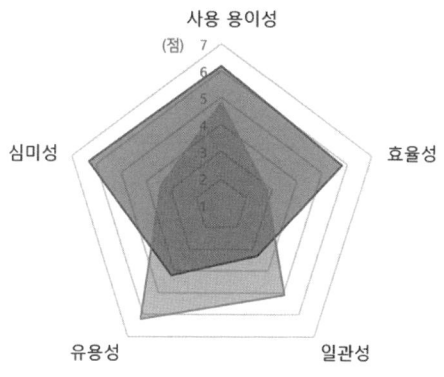

[그림 24-4] 방사형 그래프 예시

산점도는 한 쌍의 연속적인 데이터를 수평과 수직 축상의 좌푯값으로 나타내는 방법입니다. 이를 통해 서로 다른 두 척도를 비교할 수 있을 뿐만 아니라 두 변수 간의 관계를 확인할 수도 있습니다. [그림 24-5]는 산점도의 평균을 기준선으로 하여 포지셔닝 맵 형태로 변형한 결과입니다. 이를 통해 특정 프로덕트의 이용 빈도와 같은 이용 행동, 이용 의향과 같은 태도를 한 번에 비교해 볼 수 있습니다. 두 가지 변수 간의 관계는 대부분의 프로덕트가 분포된 것처럼 이용 의향이 높다면 이용도 더 많이 하는 것을 볼 수 있습니다. 그렇지만 1사분면에 위치한 프로덕트 E는 상대적으로 현재는 적게 이용되지만 앞으로 이용될 확률이 높습니다. 3사분면에 위치한 프로덕트 D는 상대적으로 이용은 많이 하지만 이용할 의향은 낮은 것을 볼 수 있습니다. 이런 경우 프로덕트 D는 현재의 이용률을 유지하려면 더 매력적인 경험을 보완해 이용 의향을 높여 향후에도 사용자의 리텐션을 유지할 필요가 있습니다. 반면 프로덕트 E는 사용자의 프로덕트 접근성을 향상하고 프로덕트의 매력성을 적극 마케팅해 미사용자의 유입을 높이는 전략이 필요하다고 해석할 수 있습니다.

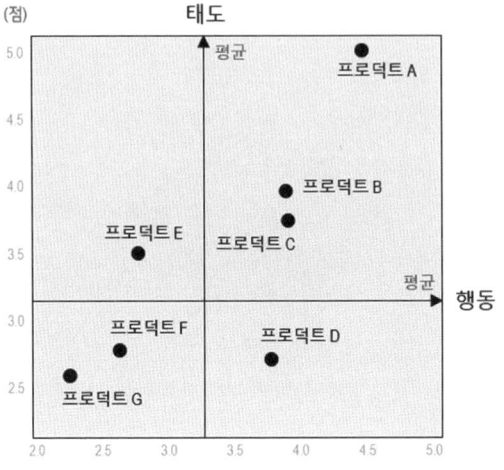

[그림 24-5] 포지셔닝 맵 형태로 표현한 산점도 예시

24.1.2 추론 통계

추론 통계는 표본을 통해 모집단을 추론하거나 가설을 검정하는 방법입니다. 대표적으로 t-검정(t-test)이나 분산 분석(ANalysis Of VAriance, ANOVA)과 같은 집단 간의 차이를 밝히는 분석 방법과 상관 분석(correlation analysis)이나 회귀 분석(regression analysis)과 같은 변수 간의 연관성을 파악하는 분석 방법을 들 수 있습니다. 이러한 추론 통계를 하려면 몇 가지 이해하고 넘어가야 하는 개념들이 있습니다. 바로 모집단과 표본, 정규 분포 그리고 통계적 유의성입니다.

먼저 모집단(population)과 표본(sample)에 대해 살펴보도록 하겠습니다. 모집단은 전체 사용자 집단으로 볼 수 있고 표본은 사용자 조사의 참가자로 볼 수 있습니다. 전체 사용자를 대상으로 조사하는 것은 시간과 비용 측면에서 불가능해 그들을 대표할 수 있는 일부 사용자를 표본으로 모집하게 됩니다. 추론 통계는 이러한 표본에서 모집단의 속성을 추정하는 과정입니다. 이때 사용자 조사에 모집된 참가자에게서 수집된 데이터가 전체 사용자를 대표할 수 있는지를 검증하는 과정이 필요합니다. 이러한 검증 과정에서 정규 분포와 통계적 유의성에 대한 개념이 등장합니다.

추론 통계를 하려면 먼저 표본으로 수집된 데이터가 정규성이 확보되는지 확인이 필요합니다. [그림 24-6]과 같이 많은 수의 사용자 특성을 분포로 나타내면 평균을 중심으로 좌우 대칭의 종 모양이 나타납니다. 이를 정규 분포(normal distribution)라고 부릅니다. 그렇다면 이러한 정규 분포를 이루려면 얼마나 많은 참가자가 필요할까요? 통상적으로는 최소한 30명 이상의 참가자가 모집되었다면 정규성을 가정하고 추론 통계를 진행하게 됩니다. 물론 좀 더 엄밀하게는 데이터가 수집된 이후에 정규성 검정을 통해 데이터가 정말 정규 분포를 이루는지 확인하는 과정을 거치기도 합니다.

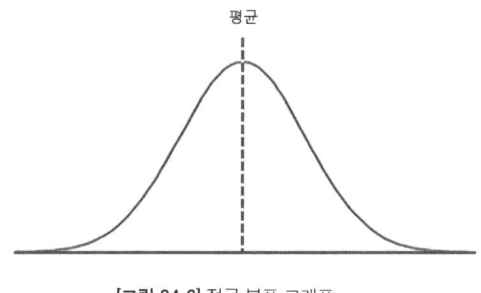

[그림 24-6] 정규 분포 그래프

이렇게 데이터의 정규성이 가정되었을 때 추론 통계를 진행하여 분석 결과가 통계적으로 유의미한지에 대해 검증하게 됩니다. 흔히 유의 수준 5%로 알려져 있는 p값(p-value)이 0.05 이하인지를 확인하여 통계적 의의성을 파악하게 됩니다. 여기서 통계적으로 유의미하다는 것은 분석된 결과가 우연에 의해 발생한 것이 아니라 재현해도 반복해서 나타난다는 것입니다. 그리고 유의 수준 5%는 표본에서 관찰된 결과와 모집단에서 다시 샘플링한 결과가 다를 가능성이 20번 중에 1번보다 적다는 것을 의미합니다. 추론 통계 분석은 SPSS나 SAS 등 통계 분석 툴을 활용해 수행할 수 있습니다.

프로덕트를 디자인하면서 가장 궁금한 부분은 무엇일까요? 디자인 개선안 또는 경쟁사의 프로덕트와 현재 우리 프로덕트의 경쟁력에 차이가 있는지 확인하고 싶을 것입니다. 예를 들면 '디자인 원안보다 개선안이 더 효율적으로 디자인되어 사용자들은 더 빨리 과업을 수행할 수 있을 것이다.'와 같은 가설에 대해 결과가 궁금할 것입니다. 이럴 때 t-검정이나 분산 분석을 수행하여 통계적으로 유의미하게 차이가 있는지를 검증하게 됩니다.

[그림 24-7]은 스마트폰 터치 키보드의 디자인 개선 효과를 t-검정을 통해 분석한 연구 결과입니다. 디자인 원안의 평균 오타 수가 12.3개인 것에 비해 개선안의 오타 수는 9.5개로 감소하였습니다. 이러한 결과가 통계적으로 유의미한 것인지를 살펴보려고 유의 확률을 확인합니다. t-검정 결과표의 유의 확률이 0.004로 통상적으로 사용하는 유의 수준인 0.05보다 낮아 통계적으로 유의미하게 원안 대비 개선안의 정확도가 높아졌다고 해석합니다.

에러 수에 대한 t 검정 결과

	평균 Mean	자유도 df	t-score	유의확률 p-value
원안	12.3	29	3.14	0.004**
개선안	9.5			

** $p < 0.01$, * $p < 0.05$

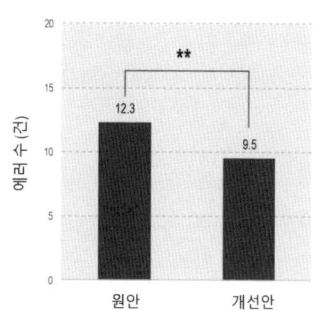

[그림 24-7] t-검정 결과 테이블 및 그래프 예시[107]

만약 비교하는 대상이 2개를 초과한다면 t-검정이 아닌 분산 분석을 통해 분석해야 합니다. 예를 들면 콘셉트 A, B, C의 수행 시간이 통계적으로 유의미하게 차이가 있는지 비교하는 것을 들 수 있습니다. 이때 분산 분석을 통해 유의 확률이 0.05 이하로 3개 집단 간의 유의성이 검증되었더라도 어느 그룹에서 차이가 있었는지 파악하고자 사후 검증(post hoc test)의 과정이 필요합니다. 예를 들면 사후 검정 결과로 콘셉트 A와 B의 수행 시간에서는 차이가 없었지만 콘셉트 A와 C에는 차이가 있다는 결과를 도출할 수 있습니다.

---

107. 「손 크기에 따른 운지 범위를 고려한 맞춤형 터치 키보드의 사용성 개선 효과에 관한 연구」, (한승숙, 최진해, 홍지영, 오의택, 김수민, 전현주, 2014)

추론 통계는 단순히 변수 간에 통계적 차이가 있는지를 분석하는 것뿐만 아니라 변수 간의 관계를 파악하는 데에도 활용할 수 있습니다. 대표적으로 상관 분석과 회귀 분석을 들 수 있습니다. 상관 분석은 2개 이상 변수의 선형적인 관계를 살펴보는 분석 방법입니다. 변수 간의 관계가 유의미하게 관련성이 있는지에 대한 검증 결과인 유의 확률과 상관 계수인 r 값을 도출합니다. 상관 계수인 r은 변수 간의 관계가 긍정적인지 또는 부정적인지와 얼마만큼 연관되는지를 나타냅니다. 예를 들면 디자인 심미성과 사용 편의성의 상관 계수 r이 0.3이라면 심미성이 높다는 것과 사용이 편리하다고 느끼는 것에 정적 상관성이 있다고 해석합니다. 이러한 결과는 사용자 조사 결과를 해석할 때는 디자인 심미성과 사용 편의성에 대한 이러한 상관성을 고려해 사용자의 행동을 이해하는 것이 필요하다는 것을 의미합니다.

회귀 분석은 하나의 종속 변수에 대해 다수의 독립 변수가 어떻게 영향을 미치는지에 대한 인과 관계를 분석할 때 많이 활용되는 방법입니다. 예를 들면 가격, 마케팅 비용 등의 여러 요인 중 매출액에 가장 큰 영향을 주는 요인이 무엇인지 분석하는 데 활용될 수도 있습니다. 이때 회귀 분석을 통해 회귀 모형의 적합도인 유의 확률, 모델 설명력인 수정된 R 제곱 값(adjusted R^2), 각 독립 변수가 종속 변수에 미치는 영향력을 나타내는 회귀 계수인 베타(beta) 값을 도출할 수 있습니다.

[그림 24-8]은 음성 AI 에이전트의 수용에 영향을 미치는 요인을 회귀 분석을 통해 도출한 결과입니다. 회귀 모형의 수정된 R 제곱 값이 60.4%로 높은 모델 설명력을 지니고 적합성인 유의 확률이 0으로 유의미한 결과로 볼 수 있습니다. 음성 AI 에이전트의 수용에 긍정적으로 영향을 미치는 3개 요인 모두 유의미하게 나타났으며 그 영향력은 베타 값의 크기 순서대로 지각된 유용성, 지각된 사용 용이성 그리고 지각된 의인화인 것으로 나타났습니다. 이러한 회귀 분석 결과는 음성 AI 에이전트를 디자인할 때는 유용한 기능을 제공하는 것을 최우선으로 하되 편리한 사용 방법과 사람처럼 자연스러운 인터랙션을 제공하는 것이 필요하는 것을 의미합니다.

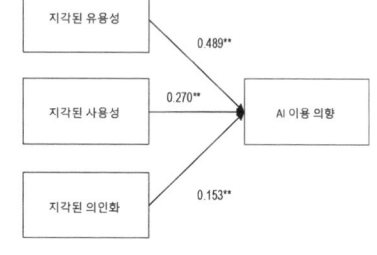

회귀분석 결과	베타 Beta	유의확률 p-value
지각된 유용성	0.489	0.000
지각된 사용성	0.270	0.000
지각된 의인화	0.153	0.000
F		315.836
수정된 R 제곱 Adjusted R²		0.604

** $p < 0.01$, * $p < 0.05$

[그림 24-8] 회귀 분석 결과 예시[108]

24.1.3 AI를 정량적 데이터 분석에 활용하기

AI는 정량적 데이터를 분석하는 데 어떻게 활용할 수 있을까요? AI는 고도화된 분석뿐만 아니라 정량적 데이터 분석 결과에 대한 해석까지도 자동으로 수행할 수 있게 해줍니다.

대규모의 정량적 데이터는 머신러닝과 같은 AI 분석 기술을 통해 고도화된 분석을 수행할 수 있습니다. 이러한 빅데이터 분석 기술은 주로 고객 관계 관리(Customer Relationship Management, CRM) 마케팅이나 큐레이션 서비스에서 고객의 세그먼트를 분류하고 이에 따라 맞춤화된 서비스를 제공하는 데 활용됩니다. 이러한 AI 분석 기술은 UX 리서치 영역에서 사용자를 좀 더 입체적으로 이해하는 데 활용할 수 있습니다. 예를 들면 대규모의 설문 조사 데이터를 클러스터링 분석(clustering analysis)을 하면 사용자의 특성을 자동으로 분류할 수 있습니다. 이러한 분석 결과는 퍼소나(persona)를 정의하는 데 활용됩니다.

데이터 분석 및 시각화 도구를 사용하면 더 빠르게 방대한 양의 데이터를 처리할 수 있습니다. 또한, 분석된 결과를 대시보드로 시각화하면 의미 있는 패턴을 쉽게 파악할 수 있습니다. 최근에는 이러한 데이터 분석 및 시각화 도구에 AI 기술이 적용되어 정량적 데이터를 더욱 효율적으로 분석하고 해석할

---

108. 「Voice AI Agent의 수용에 지각된 의인화가 미치는 영향: 성별 및 연령 비교를 중심으로」, (오의택, 권규현, 2020)

수 있게 되었습니다. [그림 24-9]와 같이 생성형 AI가 데이터를 해석해 인사이트를 텍스트로 설명해 주기도 합니다. 이를 통해 통계 분석에 대한 지식이 없어도 누구나 쉽게 데이터를 해석할 수 있게 되었습니다. 또한, 생성형 AI와의 대화를 통해 데이터 탐색과 분석을 직관적으로 수행할 수도 있습니다.

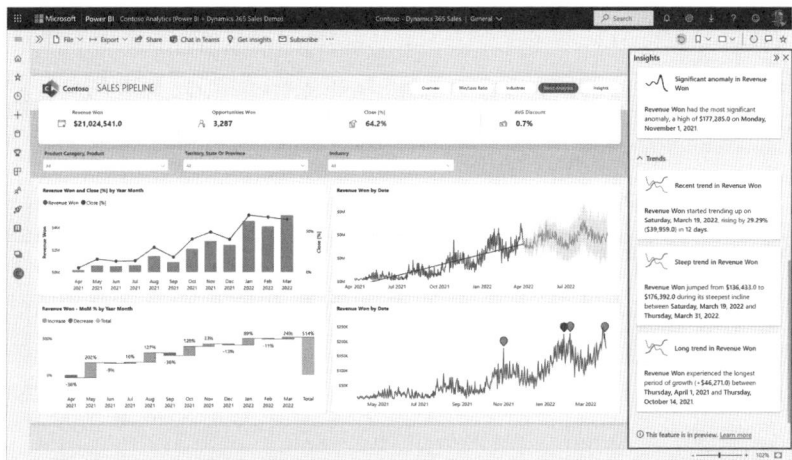

[그림 24-9] 대시보드의 분석 결과를 해석하는 생성형 AI[109]

24.1.4 정량적 데이터 분석 결과 해석하기

사용자 그룹으로 수집된 정량 데이터를 적절하게 분석하고 시각화해 의미 있는 정보를 제공해 준다면 이해관계자의 설득과 함께 의사 결정자의 객관적인 의사 결정을 효과적으로 지원할 수 있습니다. 이를 위해 간단한 기술 통계 분석에서 좀 더 전문화된 추론 통계 분석까지 활용할 수 있습니다.

만약 추론 통계 분석을 통해 도출된 분석 결과가 통계적으로 유의미하게 나타나지 않는다면 어떻게 해석해야 할까요? 통제된 조건에서 수행되는 수행 시간이나 에러와 같은 객관적인 데이터와는 달리 선호도나 만족도와 같은 주

---

109. 마이크로소프트 공식 웹 페이지 중 「Power BI 둘러보기」, powerbi.microsoft.com/ko-kr/guidedtour/power-platform/power-bi/1/1

관적 데이터를 추론 통계로 분석했을 때 통계적 유의 차가 나타나지 않는 경우가 흔하게 발생합니다. 이는 각 디자인에 대한 사용자의 취향 차이가 크거나, 평가받는 디자인 간의 UX 경쟁력의 차이가 압도적으로 나타나지 않을 경우에 흔히 발생합니다. 이런 경우 사용자 유형에 따라 데이터를 분석해 프로덕트가 타깃으로 하는 사용자 유형이 좀 더 선호하는 콘셉트가 무엇인지 파악해볼 수 있습니다. 이 외에 평균값에서 차이가 보이지 않는다면 7점 척도인 경우 5점 이상으로 평가한 긍정 답변의 비율이 더 높은 콘셉트가 무엇인지 분석해 보는 것도 또 다른 대안일 수 있습니다.

데이터 분석 결과가 51:49 정도의 미묘한 차이를 나타내는 것과 같이 데이터만으로 디자인의 의사 결정이 쉽지 않은 상황은 흔히 발생합니다. 이렇듯 데이터가 바로 답을 말해주지 않는다면 결국은 해석하는 사람의 의사 결정이 필요하게 됩니다. 이런 경우 데이터가 수집된 환경에서 포함되어 있지 않았던 맥락적 상황을 검토해야 합니다. 예를 들면 프로덕트의 방향성이나 변화하는 트렌드, 사업적인 해석 등과 같은 요소가 의사 결정에 고려될 수 있습니다. 결국은 좋은 디자인 의사 결정에는 데이터가 제공하는 객관성과 이를 해석하는 사람의 직관성이 함께 필요합니다.

24.2 정성적 데이터 분석

사람은 언어라는 고유한 매개체를 통해 생각하고 소통합니다. 사용자는 이러한 언어를 이용해 말이나 글로 프로덕트에 대한 생각과 느낌을 표현합니다. 인터뷰나 온라인에 남겨진 VoC를 수집하고 분석해 사용자가 프로덕트의 어떤 부분이 불편하고 무엇을 원하는지 알아냅니다.

정성적 경험 데이터는 주로 인터뷰 및 FGI에서 사용자가 말한 내용이나 에스노그래피 및 동행 관찰과 같이 사용자 행동을 관찰하여 기록된 내용처럼 주로 텍스트 형태의 데이터로 수집됩니다. 최근에는 온라인에 남긴 상품 리뷰와 같이 비정형 빅데이터의 형태로도 수집됩니다. 이러한 정성 데이터의 분석은 풍부한 맥락적 정보를 내포하는 리얼 보이스와 같이 가공되지 않은 원래의 형태로도 분석에 활용됩니다. 더 나아가 유사한 의미를 지닌 정보들을 범주화하고 이를 빈도화하는 분석을 통해 표나 그래프로의 시각화가 가능하게 됩니다. 정성적 데이터를 분석하는 이론과 방법론에 대해 살펴보도록 하겠습니다.

24.2.1 근거 이론

정성 데이터를 분석하는 대표적인 방법론으로 근거 이론(grounded theory)을 들 수 있습니다. 근거 이론은 현장에서 수집된 정성 데이터에 근거하여 사용자의 느낌이나 생각 등 추상적인 이론을 도출합니다.[110] 근거 이론에서 가장 널리 사용되는 분석 과정으로 개방 코딩(open coding)이 있습니다. 개방 코딩은 정보의 범주를 개발하는 과정입니다. 수집된 정성적 데이터의 의미를 분석하여 주요한 개념들을 추출한 후 유사하거나 관련성이 높은 개념들을 범주화하고 적합한 이름을 부여합니다.[111]

[표 24-1]은 음성 AI 에이전트의 사용 경험에 대한 인터뷰 내용을 오픈 코딩한 결과입니다. 수집된 사용자 의견의 의미를 분석해 유사한 내용끼리 분류하여 공감성과 감정 반응이라는 하위 범주를 정의하였습니다. 그리고 하위 범주를 묶을 수 있는 이름으로 상위 범주의 이름을 정의하였습니다. 이러한 정서적 의인화에 대한 내용을 종합해 보면 음성 AI 에이전트의 대화 내용 및 말투에서 공감성이 높아지거나 대화 내용 및 목소리에서 감정 표현이 제공될수록 사용자는 음성 AI 에이전트를 정서를 지닌 인간처럼 인식한다는 것으로 해석할 수 있습니다.

---

110. 『Basics of qualitative research: Grounded theory procedures and techniques (2nd ed.)』, (Straus, A., Corbin, J., 1998)
111. 『Qualitative data analysis: An expanded sourcebook』, (Miles, M. B., Huberman, A. M., 1994)

[표 24-1] AI 의인화 인식 요소에 대한 오픈 코딩 예시[112]

범주	하위 범주	참가자 의견
정서적 의인화	공감성	- 공감적 반응이 아닌 해결을 위한 답변을 해 기계처럼 느껴짐 □ (3) - 가끔 내 감정에 공감하는 답변을 해줄 때 사람처럼 느껴짐 ○ (1) - 내 기분을 파악해 이에 맞춰진 말투로 답변했으면 좋겠음 △ (1)
	감정 반응	- 내 질문에 유머러스하게 답변할 때 사람처럼 느껴짐 ○ (4) - 가끔 감정적 반응을 보일 때 사람처럼 느껴짐 ○ (1) - 목소리에 억양이 없으면 감정이 없는 기계음처럼 느껴짐 □ (7) - 밝고 따뜻한 톤의 목소리는 사람처럼 느껴지게 함 ○ (2)

○ 긍정적 경험, □ 부정적 경험, △ 기대 경험, ( ) 참가자 의견 수

통계 분석과 같이 정형화된 정량적 데이터 분석과는 달리 정성적 데이터 분석에서는 분석가가 직접 텍스트 데이터를 구조화하고 그 개념을 정의합니다. 이에 따라 분석가의 숙련성뿐만 아니라 주관성이 분석 결과에 영향을 미칠 수 있습니다. 이러한 한계점을 보완하려면 해당 도메인에 충분한 지식과 경험을 지닌 3인 이상의 분석가가 오픈 코딩 과정에 참여해 논의와 합의 과정을 거쳐 객관성을 확보해야 합니다.

24.2.2 어피니티 다이어그램

정성 데이터를 분석하는 데 가장 흔히 활용하는 방법론은 어피니티 다이어그램(affinity diagram)입니다. 어피니티 다이어그램은 흩어져 있는 데이터들에서 의미 있는 인사이트를 도출해 내는 효과적인 그루핑 방법입니다. 특히 팀 단위의 협업 도구로 활용하면 여러 도메인의 지식과 경험을 가진 팀원들의 집단 지성으로 균형 잡힌 분석 결과를 도출할 수 있습니다.

---

112. 「인공지능 사용자 경험에 관한 연구」, (오의택, 2021)

어피니티 다이어그램은 하나의 포스트잇에 하나의 사용자 보이스를 적어 나열한 뒤 유사성이 높은 포스트잇끼리 그루핑하고 그에 적합한 이름을 부여합니다. 팀원 간의 반복적인 논의를 통해 그루핑의 적합성에 대해 검토하여 최종적인 범주 리스트를 도출한 후 적합한 이름을 정의합니다. 포스트잇을 활용하는 것은 단지 형식일 뿐 엑셀이나 다른 온라인 툴을 활용해서도 효율적으로 그루핑하는 과정을 진행할 수 있습니다. 이 기법에서는 파편화되어 있는 데이터들 사이에서 규칙을 읽어내고 이를 유형화하는 것이 가장 중요하게 요구되는 분석 스킬입니다.

24.2.3 AI를 정성적 데이터 분석에 활용하기

정성적 데이터는 정량적 데이터가 알려주지 않는 사용자의 잠재된 니즈와 행동에 대한 이유를 알려 줍니다. 이를 통해 현재 프로덕트의 개선에 대한 방향성 도출뿐만 아니라 새로운 프로덕트를 발굴하는 데에도 인사이트를 제공합니다. 정성적 데이터 분석은 앞서 살펴본 오픈 코딩과 같이 전문성이 요구되는 분석뿐만 아니라 리얼 보이스와 같이 가공되지 않은 원래의 형태로도 인사이트 해석에 활용됩니다. 이뿐만 아니라 23장에서 살펴본 것처럼 범주화되지 않은 키워드 기반의 분석도 정성적 데이터 분석에 널리 활용됩니다.

대부분의 정성적 데이터는 인터뷰와 같은 사용자 조사를 통해 소규모로 수집됩니다. 양이 많지 않기 때문에 연구자 간에 활발한 논의가 가능하며, 데이터의 맥락적 정보를 통한 풍부한 분석과 해석으로 인사이트를 도출할 수 있습니다. 반면, 대규모의 사용자 조사 결과나 온라인 버즈와 같은 비정형 빅데이터 분석에는 충분한 인력을 투입하려면 시간과 비용 측면에 한계가 있습니다. 그러므로 대규모의 정성적 데이터는 텍스트 마이닝과 같은 AI 기반의 자동화된 빅데이터 분석 기법을 적용하는 것이 효과적입니다.

최근에는 범주화와 같은 질적 코딩에 AI를 활용하려는 다양한 시도가 있습니다. 질적 코딩은 데이터 분석 방법 중에서도 매우 복잡하고 시간이 많이 소요되는 작업입니다. 이에 따라 챗GPT와 같은 텍스트 생성형 AI를 기반으로 수행할 수 있는 다양한 솔루션을 선보이고 있습니다. 그렇지만 아직도 AI를 이용한 질적 코딩의 결과물은 데이터 편향이나 충분한 타당성을 보장받기 어렵다는 한계점을 지닙니다. 이와 관련해서 선행 연구에서는 챗GPT에게 UX 범주에 대한 정확한 정의를 설명하는 사전 학습 과정을 거칩니다. 이를 통해 챗GPT는 온라인 사용자 리뷰 데이터를 사전 정의된 UX 범주에 따라 효과적으로 분류합니다.[113]

아직 생성형 AI를 이용한 질적 코딩은 타당성 있는 연구 결과물을 도출하는 데 완벽한 수준은 아닙니다. 반면에 연구자가 진행하는 질적 코딩은 많은 시간이 소요되며 주관성에 의존한다는 한계점을 지닙니다. 그러므로 생성형 AI와 연구자의 효과적인 협업을 통해 질적 코딩 과정의 효율성을 향상하고 결과물의 타당성을 확보하는 것이 필요합니다. 예를 들면 사전에 분석 맥락에 적합한 데이터로 생성형 AI를 학습시킨 후 생성형 AI에게 질적 코딩에 대한 초안을 작성하도록 명령할 수 있습니다. 연구자는 AI가 생성한 질적 코딩 결과를 검토하여 다시 생성형 AI를 학습시키는 것과 같은 반복적인 학습 및 검토 과정을 통해 대규모의 정성적 데이터를 효율적으로 분석할 수 있을 것입니다.

24.3 좋은 데이터 분석이란?

좋은 데이터 분석이란 무엇일까요? 단순히 많은 양의 데이터를 대상으로 고도화된 분석 방법을 적용했다고 좋은 데이터 분석은 아닙니다. 오히려 적은 양의 데이터에서 단순한 분석 방법을 적용했더라도 중요한 의사 결정이나 디자인 개선에 의미 있는 인사이트를 제공했다면 좋은 데이터 분석입니다. 결국 좋은 데이터 분석에 대한 정의는 사용자를 더 잘 이해하고 공감하게 하는 수단으로서 얼마만큼이나 역할에 충실히 했느냐는 것입니다.

---

113. 「ChatGPT 4.0을 활용한 사용자 경험 계층 기반 사용자 경험 평가에 관한 기초적 연구」, (한수민, 박재완, 2024)

그렇다면 좋은 데이터 분석이 되려면 어떻게 해야 할까요? 첫 번째로 데이터 분석의 목적은 연구 질문과 가설에 대해 의미 있는 정보를 제공하는 것입니다. 왜 분석해야 하는지 망각하고 막연히 데이터만 바라본다면 근본적인 문제에 대한 답을 찾을 수 없습니다. 데이터 분석은 그 자체로 존재하는 것이 아니라 UX 리서치의 과정 중 하나입니다. 그러므로 리서치 기획 단계에서 정의한 연구 질문과 가설에 대한 답을 찾고자 데이터 분석이 진행되어야 합니다.

두 번째로 데이터 분석의 결과는 신뢰성을 가져야 합니다. 특히 탐색적 분석보다는 검증을 위한 분석에서 데이터의 신뢰성은 더욱 중요합니다. 신뢰할 수 없는 데이터에 기반한 의사 결정은 잘못된 실행 전략과 비용 손실로 이어질 수 있기 때문입니다. 그러므로 체계화된 데이터 수집 및 처리 과정과 신뢰할 수 있는 데이터 분석 방법이 필요합니다.

세 번째로 데이터 분석 결과를 적절하게 해석해 문제 해결까지 연결할 수 있는 인사이트를 끌어내야 합니다. 단순히 데이터를 분석해 결과를 도출한다고 해서 좋은 프로덕트를 만드는 데 도움이 되는 것은 아닙니다. 데이터 분석의 진정한 가치는 디자인 방향성이나 개선에 얼마나 효과적인 인사이트를 제안하는지에 의해 결정됩니다. 이를 위해서는 데이터 분석력과 창의적인 문제 해결 능력이 함께 요구됩니다.

사용자 조사를 통해 수집된 데이터는 새로운 기회 영역 발굴과 디자인 개선에 대한 정보를 제공합니다. 그렇지만 데이터 그 자체만으로는 의미 있는 인사이트를 말해주지 않습니다. 이를 위해서는 좋은 데이터 분석이 필요합니다. 좋은 데이터 분석을 통해 사용자를 더 잘 이해하고 공감할 수 있게 만들어 더 나은 경험을 제공할 수 있습니다.

☑ **이상값**(outliner)

전반적인 패턴이나 분포에서 현저하게 벗어난 값을 가진 데이터를 의미합니다. 이상값은 분석 결과에 큰 영향을 미칠 수 있어 데이터 처리와 해석에서 주의 깊게 다루어져야 합니다.

☑ **t-검정**(t-test)

2개 집단 간의 차이를 검정할 때 사용하는 통계적인 분석 방법입니다.

☑ **분산 분석**(ANalysis Of VAriance, ANOVA)

3개 이상의 집단 간 차이를 검증할 때 사용하는 통계적인 분석 방법입니다.

☑ **사후 검증**(post hoc test)

분산 분석으로 집단 간 차이를 검정 후 어떤 집단 간에 실제로 차이가 있는지를 확인하고자 사용되는 추가 분석 방법입니다. 분산 분석 결과가 유의미하다고 나타났을 때 어느 집단들이 서로 다르게 나타나는지를 구체적으로 알아보는 데 초점을 맞춥니다.

☑ **고객 관계 관리**(Customer Relationship Management, CRM)

고객의 개인화된 요구와 선호를 이해하여 고객과의 관계를 강화하는 전략 방식입니다. 고객 정보 기반의 데이터 분석을 통해 맞춤형 마케팅을 수행하고 고객의 만족도와 충성도를 높이는 데 중점을 둡니다.

☑ **클러스터링 분석**(clustering analysis)

머신러닝 분석 기법의 하나로 주어진 데이터들에서 주요한 특성을 추출하고 데이터 간의 유사성을 측정하여 데이터 군집(cluster)을 정의합니다.

☑ **퍼소나**(persona)

사용자 조사를 통해 수집된 데이터를 분석하여 대표적인 사용자 유형을 가상으로 정의합니다. 연령, 성별, 직업 등과 같은 기본적인 인구 통계학적 정보뿐만 아니라 니즈나 동기, 프로덕트 사용 행태 등과 같은 사용자 그룹에 대한 상세한 특성 정보를 제공합니다. 퍼소나는 디자인 프로세스의 초기 단계에서 사용자를 이해하고 공감하기 위한 디자인 툴로 활용됩니다.

> ☑ **근거 이론**(grounded theory)
>
> 이론 모형을 만드는 데에 사용되는 대표적인 질적 연구 방법입니다. 근거 이론에서는 현장의 자료를 바탕으로 발견한 내용을 이론으로 만듭니다. 분석과 해석의 유연한 관점을 강조하기에 연구자의 경험적 지식과 창의력을 적극 발휘할 수 있습니다.

UX×AI 인사이트

인공지능 시대의 UX 디자인 원칙과 UX 리서치 노하우

발행일	2025년 7월 7일
지은이	오의택
펴낸이	김범준
기획·책임편집	최규리
교정교열	이혜원
편집디자인	나은경
표지디자인	김준희
발행처	(주)비제이퍼블릭
출판신고	2009년 05월 01일 제300-2009-38호
주 소	서울시 중구 청계천로 100 시그니처타워 서관 9층 945, 946호
주문/문의	02-739-0739 **팩스** 02-6442-0739
홈페이지	http://www.bjpublic.co.kr **이메일** bjpublic@bjpublic.co.kr

가 격 22,000원
ISBN 979-11-6592-329-7 (93000)
한국어판 © 2025 (주)비제이퍼블릭

이 책은 저작권법에 따라 보호받는 저작물이므로 무단 전재와 무단 복제를 금지하며,
내용의 전부 또는 일부를 이용하려면 반드시 저작권자와 (주)비제이퍼블릭의 서면 동의를 받아야 합니다.

 이 책을 저작권자의 허락 없이 **무단 복제 및 전재(복사, 스캔, PDF 파일 공유)하는 행위**는 모두 저작권법 위반입니다. 저작권법 제136조에 따라 **5년** 이하의 징역 또는 **5천만 원** 이하의 벌금을 부과할 수 있습니다. 무단 게재나 불법 스캔본 등을 발견하면 출판사나 한국저작권보호원에 신고해 주십시오(불법 복제 신고 https://copy112.kcopa.or.kr).

잘못된 책은 구입하신 서점에서 교환해드립니다.